U0524339

股市长赢之道

巴菲特70年超额回报的智慧

时贞易 著

中信出版集团｜北京

图书在版编目（CIP）数据

股市长赢之道 / 时贞易著 . -- 北京：中信出版社，
2024. 12. -- ISBN 978-7-5217-7027-8
Ⅰ . F830.91
中国国家版本馆 CIP 数据核字第 2024TG2490 号

股市长赢之道
著者：时贞易
出版发行：中信出版集团股份有限公司
（北京市朝阳区东三环北路 27 号嘉铭中心　邮编　100020）
承印者：　北京通州皇家印刷厂

开本：787mm×1092mm 1/16　　印张：21　　字数：186 千字
版次：2024 年 12 月第 1 版　　　　印次：2024 年 12 月第 1 次印刷
书号：ISBN 978-7-5217-7027-8
定价：79.00 元

版权所有·侵权必究
如有印刷、装订问题，本公司负责调换。
服务热线：400-600-8099
投稿邮箱：author@citicpub.com

前言

你好,我是时贞易,一名职业交易员。本书会从实战交易的角度对照着过去近70年全球金融市场情况来解读巴菲特一生的每一笔交易。结合他本人的手稿、致合伙人的信、致股东的信和纳税申报表等,按图索骥,找出股神的实战秘籍。

一位资产管理规模曾达千亿元的公募基金经理称自己读过几十遍巴菲特致股东的信英文原版,他形容巴菲特每年的信是"九阳神功",他不能理解为什么大家不愿看这些更有价值的信而非要去找奇技淫巧般的捷径。所以,如果我们也用巴菲特的"价值心法"护体,投资就不容易走弯路且学什么都会事半功倍。本书也是我送给对金融市场有兴趣的伙伴们的第一本投资书,通过本书既能了解过去近70年的金融史,又能对照着股价走势学习正本清源的价值成长经验。

按理说,市场上只要有需求就会有供给,何况巴菲特每年都会把自己的致股东的信放在网上供大家参考,可谓手把手教你战胜市场,但几年前某平台找我做《时贞易解读〈巴菲特致股东信〉》栏目时告诉我解读巴菲特致股东的信的图书非常少,能找到的内容大多只是从1977年开始记录他的投资理念,而巴菲特其实从1956年就开始理财并整理文字佐以交易记录供我们学习了，市场缺失的21年正是他从26岁到47岁获取高回报率的当打之年。一些书中讲的仿佛是一个天降的亿万富豪轻轻松松就变成世界首富的故事，殊不知真实的巴菲特是一步一个脚印慢慢成长的，从几倍到几万倍的复利，不只是财富更是人生，让这个美国中部小城的思考者成长为世界金融的领袖。

巴菲特11岁开始买股票，从20世纪50年代正式玩这个游戏以来也已经70余年，这中间经历了美国总统被刺杀、冷战、恶性通胀、石油危机、互联网泡沫破灭与多次金融危机下的市场闪崩。他自己的风格也因此变换了很多次，每一次价值成长的转身都淘汰了一大批玩家，而他作为金融从业者矗立在世界财富前六名长达29年，更是连续30多年名列金融投资圈第一名，第二名的索罗斯身家至今也只是他的几分之一。逐年结合当时的市场环境和年代背景看巴菲特的信，答案就清晰了。那也许大家又会问道："我们为什么要看你的解析呢？"

我与一些痴迷巴菲特的投资者的不同之处在于，在许多人看热闹的时候，我一直践行至今。从8岁开始去股票交易大厅到现在35岁，我算是侥幸走了一条类似的路。从伦敦大学商学院毕业后，我便创业至今。我也从一个刚毕业的中国留学生，到能在伦敦金属交易所、芝加哥商品交易所等部分大宗商品分支有了立足之地。近十余年，我个人的整体回报率每年均能击败市场，创造正阿尔法值并实现了低回撤的复利。

我记得很清楚，高中时我曾报名去参加某位大咖的内部分享付费课程，当时正值次贷危机，我说我的志向是找到投资真谛并为祖国的金融崛起而努力，在座的叔叔阿姨惊讶地看我，仿佛在说这小孩竟然不是来要财富密码的。后来这位大咖希望收我为徒，却要18岁的我拿钱给他理财，我的家人做了调查后发现这位大咖的账户前一年就爆仓亏光了，那时正在打工每个月只拿 5 000 元的工资……年少的我受到很大打击，心中的高山在眼前崩塌，十几岁遍访名师最后发现许多大咖、畅销投资书作家的个人账户惨不忍睹，于是我出国读书了。商学院毕业后，我渐渐在伦敦金融中心站稳脚跟，本可以保持低回撤，享受复利，闷声发大财，可为什么我愿意去解读巴菲特致股东的信，又想把这些内容整理出书呢？

我想致敬巴菲特，更希望大家不要像我的求真之路那么艰辛。投资理财对家庭来说可能是除了工作收入最为重要的财务来源了。我国的居民储蓄只有 3% 投入权益类资本市场，绝大部分都投入房产或者以现金形式存在银行，而现在我们已经进入"房住不炒"的阶段。此外，根据预测，我国也将在不远的将来达到中等发达国家水平。现在全球发达国家平均 20%~40% 的居民储蓄在权益类资本市场里，可以预见，我国居民储蓄投向权益类资本市场的比例从 3% 增长至 20% 将靠我们这代人实现。我们正处在类似巴菲特少年时的资本市场腾飞之年。巴菲特少年时期，随着房价不再持续大规模上涨和 GDP 增速放缓，当时的美国开启了长达几十年的大牛市，其中指数整体涨了百倍。巴菲特依靠自己约 20% 的年化回报率，持续复利 66 年赚了 26 万倍，带给大家的不单是他自己捐出巨额财富给慈善事业，更是一言一行的长赢之道。因此，我以此书致敬巴菲特也是为了让大家更好践行巴菲特的投资哲学，少走弯路。巴菲特在我这个年龄的时候会主动去当地商学院教书，毫无名气的时候便开始给各大报社投稿发表自己对经济市场和企业的看法，这也许是小城青年和世界对话的一种方式，却让所有聆听者都获益，包括他自己。所以，作为另一个每日坚持阅读的读书人，我也想用我的理解与读者对话交流。

巴菲特的亲笔信在 1971 年之前叫《致合伙人的信》，之后则叫《致股东的信》，因为之前的投资主体是与很多个人组建的合伙公司，而之后则是以上市公司年报的形式正式表述。巴菲特早期的信件内容通常篇幅较短，更关注个体公司机会，而到20世纪70年代末期，随着资金规模的增长与投资风格的臻善，转而更关注整体市场情况，篇幅也逐渐增加，到20世纪80年代更是邀请知名编辑帮其汇编致股东的信。

截至2024年11月，伯克希尔-哈撒韦公司官方网站上的致股东的信是从1977年到2023年的。早期的巴菲特，对投资操作较为保密，总是在次年给合伙人解释上一年发生了什么和自己的部分想法，而20世纪70年代以上市公司为主体投资以后就要遵照年报披露规则，于次年2月发布致股东的信与年报。本书的章节年份就是讲述当年所发生的事件，但其内容其实是第二年才披露的，所以最新的回顾只到2023年。

从1985年开始的股东大会，更是让股东于每年5月初有了在奥马哈当面问询巴菲特与芒格的契机，所以我们也会把当中有趣的问答纳入本书，其中不乏令巴菲特和芒格难堪的挑战。

在本书中，早期巴菲特的生平、家境、教育情况多是参考巴菲特人物采访、公开信息、文献、自传中的内容，交易信息则来自纳税记录单中的买卖情况。中期开始随着巴菲特财富与名声逐渐增长，可查询到的公开演讲、采访、致股东的信等信息增多，我们不需要再像早期那样根据资料拼凑当时的情况，而是从资料中截取信息复盘他当年的重要思考，笔者力求不带入自己的思维方式，原汁原味地呈现巴菲特与芒格的智慧。

希望这是一本我们都会放在手边，在未来市场动荡下常翻阅的书，巴菲特近70年的投资周期非常长，涵盖了各个时期在不同市场环境下的应对与思考，值得我们常看，以知得失，知兴替。

献给我的家人。

目录

- 1956年　坚守长期价值投资,不受贪婪与恐惧的支配 /001
- 1957年　期待每年平均击败市场10% /007
- 1958年　最明智的投资 /011
- 1959年　遇见终生合伙人查理·芒格 /015
- 1960年　最大重仓股翻倍实战案例 /019
- 1961年　巴菲特的三种主要投资策略 /024
- 1962年　任何承诺的投资回报都不可信 /029
- 1963年　无视恐慌事件,市场继续暴涨 /032
- 1964年　重仓抄底股价腰斩的优质企业 /037

- **1965年** 唯有专注才能产生价值 /042

- **1966年** 买错公司就像买游艇 /046

- **1967年** 没有糟糕的风险,只有糟糕的费率 /050

- **1968年** 通胀来袭,股票价值存疑 /054

- **1969年** 钱只是一个计分卡 /057

- **1970年** 持续买入伯克希尔-哈撒韦,控股36% /060

- **1971年** 买入华盛顿邮报,跻身政商两界核心 /063

- **1972年** 要想股票做得好,先要做好的企业家 /066

- **1973年** 买下陷入困境的传媒巨头,开启人脉与财富的全盛时代 /073

- **1974年** 以"烟蒂股"的价格购买优质成长股票 /077

- **1975年** 诚实乃上上策 /081

- **1976年** 买下保险公司,得到浮存金 /085

- **1977年** 巴菲特投资股票的指标 /090

- **1978年** 没人能成功预测股市的短期波动 /093

- 1979年　别把时间精力花在坏公司上 /097

- 1980年　货币和财政政策都很重要，但核心还是企业本身 /103

- 1981年　用激励和信任的方式，让员工提高效率 /107

- 1982年　只有品牌价值才有议价权 /111

- 1983年　拥有会产生现金且稳定高投资收益率的公司 /114

- 1984年　维护股东权益不是口号 /119

- 1985年　把精力放在如何换条好船上 /123

- 1986年　股票的表现不可能永远超过公司本身 /128

- 1987年　大盘单日闪崩20%，巴菲特从容应对 /132

- 1988年　对有效市场假说存疑 /137

- 1989年　投资必须简单易懂 /141

- 1990年　投资不是基于简单的历史市场数据 /146

- 1991年　买入价格取决于未来获利能力 /150

- 1992年　以合理的价格买进好公司 /155

- 1993 年　短期而言股市是投票器，长期而言是称重器 /158

- 1994 年　中国之行 /162

- 1995 年　拿下 GEICO 的 100% /167

- 1996 年　如果不想持有一只股票 10 年，就连 10 分钟都不要持有 /173

- 1997 年　逆市卖出 /177

- 1998 年　好的理念加好的经理人等于好的成果 /181

- 1999 年　不买高科技股票的原因 /186

- 2000 年　投资与投机永远是一线之隔 /189

- 2001 年　行业改变不代表赚钱，不赚钱的生意就不是好生意 /195

- 2002 年　你要成为赢家，就必须与赢家共事 /201

- 2003 年　当企业出现错误决策时，董事要有挑战总裁的勇气 /205

- 2004 年　别把事情搞得太复杂 /210

- 2005 年　全部财产指定捐赠给慈善事业 /214

- 2006 年　人们塑造组织，而组织成形后就换组织塑造我们了 /218

- **2007 年** 真正伟大的公司至少有一道护城河 /224

- **2008 年** 美国次贷危机下的投资逻辑 /230

- **2009 年** 做流动资金的供应者,而非恳求者 /235

- **2010 年** 次贷危机近乎结束,世界会变得更好 /239

- **2011 年** 市场偶尔会给我们离谱的低价买入机会 /244

- **2012 年** 关注未来,而不是现在 /248

- **2013 年** 拜访企业后就知道自己该不该买 /251

- **2014 年** 构建伯克希尔-哈撒韦每股内在价值的蓝图 /256

- **2015 年** 企业以及一篮子股票,会在未来几年更加值得 /259

- **2016 年** 重仓买入苹果公司,并认为估值不贵 /263

- **2017 年** 不要借钱投资股票 /269

- **2018 年** 那些拥有良好长期前景的企业,价格已高得离谱 /274

- **2019 年** 复利的力量 /278

- **2020 年** 全球市场闪崩后复苏 /282

- 2021年　投资具有持久经济优势和一流CEO的企业 /288

- 2022年　投资的真相 /292

- 2023年　功成不必在我，而功力必不唐捐 /301

- 跋 /315

1956年

坚守长期价值投资，不受贪婪与恐惧的支配

在具体讲解 1956 年巴菲特的投资实战之前，先跟大家说一说这个时期对于巴菲特成长的重要性。

巴菲特从 1971 年开始撰写致伯克希尔 - 哈撒韦公司全体股东的信（简称"致股东的信"），这早已广为人知，其实巴菲特在 1956 年开始的 15 年"代客理财"生涯也会每年写一篇致公司投资合伙人的信（以下简称"致合伙人的信"），却很少有人去挖掘，然而这部分对于理解巴菲特的财富雪球如何滚起来，至关重要。

我在研究巴菲特所有的致合伙人的信、公司文件、年度报告、第三方参考资料和其他原始信息后，发现大多数人并没有真正注意到一点，也就是巴菲特 1996 年发布的《股东手册》，其实在很久以前就开始打磨。本章先回顾巴菲特《股东手册》第 1 条，表明了巴菲特对合伙人的态度，也可以让我们反思自身作为投资者，是否具有足够端正的投资态度。

> 你不要认为拥有的是一张价格每天都在变的纸，遇到经济或政治事件你就忙着卖出。你要像拥有这家企业一样思考。

巴菲特把投资者视为经营的合伙人，而他是管理与控股的合伙人。他对投资者说："感激投资者的信任，将安度余生的资金托付给我们共同冒险投资。"巴菲特希望投资者不要觉得自己只拥有一张价格每天波动的纸片，在经济政治紧张时就想抛售。他希望投资者视自己为企业的一部分拥有者，如同与家人共同拥有一座农场或公寓，将股份长期保留。

1956年，26岁的巴菲特第一年创业时就是按照这个守则来做的。这一年的投资，有以下4个非常重要的关键点。

第一，在创业之前，巴菲特拒绝了格雷厄姆的合伙人邀请。

巴菲特是"价值投资之父"本杰明·格雷厄姆的亲传弟子，在创业之前，他曾在格雷厄姆的公司短暂工作过。

1956年的春天，格雷厄姆宣布退休，他给了巴菲特成为公司合伙人的机会。即使这是对巴菲特的肯定和赞赏，但对巴菲特而言，成为格雷厄姆的继承人已经失去意义，因为他已经跟随自己仰慕的大师工作过，满足了儿时的心愿。

而且，格雷厄姆退休后巴菲特也不愿作为下级合伙人来工作，更不喜欢住在纽约。于是，他拒绝了邀请，回到老家奥马哈以代客理财的方式创业。（注意：在我国，非合规代客理财是违法的。）

创业之前，26岁的巴菲特大约有17.4万美元的资产。但他并没有买房而是选择了租房，他认为这样能让他的资产继续增长，因为他的回报率会远远超过房价的增长。

巴菲特揣着9 800美元上了哥伦比亚大学以来，其投资的年均增长率达61%。可他还是很着急，他有很多好想法，但缺少本金。因此，他决定成立一家合伙投资公司。要知道，在20世纪50年代，一名研究生独自创业在家里办公，是一件非同寻常的事情。

第二，巴菲特开始创业的时候，自己只出资了700美元。

是的，你没有看错，当时身家17万美元的小富豪巴菲特，真的只拿了 700 美元入股，这就是巴菲特滚雪球的开始。

从巴菲特 5 岁卖口香糖开始，他就用各种方式紧紧抓住每一分钱，这就是他变得比同龄人更富有的重要原因之一。

创业时，他邀请 6 位亲友作为投资者，筹集了 10.5 万美元开始投资，并明确表示这些资金不可撤回。他的岳父汤普森博士投资了 2.5 万美元，参与投资的还有妈妈、姐姐、姑姑、大学室友和儿时的玩伴。

也许是因为英文中的博士和医生是同一个单词，一些书中将其岳父的身份误译为医生。许多人没有注意到这个翻译上的错误，但是理解投资者的身份对理解巴菲特很重要。为什么这么说呢？因为巴菲特从小就非常重视声誉，他无法忍受因股票价格下跌而受到投资者批评，所以他只邀请自己的亲友加入合伙公司。

巴菲特自身的资金在每家公司只投资了 100 美元，但从经营基金获得的利润中提取费用。事实上，按照当时的标准，巴菲特已经有些资本了，但他觉得应该"从管理投资公司中获得杠杆作用"，他认为自己应该出主意，而不是资本。

因此，巴菲特设计了一个收费公式，4% 以上的回报他拿一半，4% 以下的回报他拿 1/4。如果没有赚钱，巴菲特就会亏钱（他以个人名誉无限担保本金）。

对巴菲特来说，作为亲朋好友的委托人意味着他承担的责任是无限的。为了让他的投资者知晓他的基本原则，他在公司成立的第一天就召开了正式会议。

一个很有趣的细节是，虽然他愿意为公司承担无限责任，但是他不愿意为投资者会议的晚餐买单，所以晚餐费用是大家分摊的。

第三，赚钱是巴菲特的娱乐方式。

巴菲特的思想永远集中在赚钱上，甚至在家里举办聚会时，他经常会在中途就离席上楼工作。他的娱乐方式要么是对着某个听众滔滔不绝地谈股票，要么就是偶尔弹奏夏威夷四弦琴。他的传记《滚雪球》里有一个很有趣的记载是，巴菲特看星星的时候都觉得像是美元符号。

巴菲特工作没有固定的时间，他会穿着睡衣一边阅读年报，一边喝着可口可乐、吃着薯片，享受着独处的乐趣。巴菲特的太太苏珊在回忆录中说，巴菲特在家里连拿小刀切火鸡都不会，所有的时间都在想着如何更好地投资，巴菲特不会照顾宝宝，而更像是一个需要别人照顾的宝宝。

工作的时候，巴菲特会亲自给文件归档、记账及报税，精确计算工作成果，自己乐在其中。他用家里电话与一些股票经纪人保持日常通话，将公司的开支尽可能缩减到零。唯一束缚巴菲特的，只有可供他使用的资金、精力及时间。

第四，巴菲特会像侦探一样全方位研究自己感兴趣的公司，也喜欢拜访管理层并影响对方。

巴菲特会找到一切他能找到的资料来研究公司，而且经常亲自去穆迪公司或者标普公司，以获得股票相关的数据和资料。

拜访管理层是巴菲特做生意的一种方式，他利用这些会面尽可能地了解公司。在与管理层的私人接触中，他凭借自己的知识和智慧给许多有影响力的人物留下了深刻印象。

1956年9月1日，恩师及前雇主格雷厄姆给巴菲特介绍了一笔12万美元的投资，这笔钱比巴菲特拿到的初始资金还要多，这让巴菲特离专业资金管理者更近了一步。

1956年，巴菲特做了一个经典预测，他预测美股市场的价值被高估了，特别是大型蓝筹股是被高估的。蓝筹股的概念源自赌场早期大额筹码为蓝色，所以大市值股票被称为蓝筹股。

巴菲特预测市场短期会跌下来，但他同时觉得对未来5~10年的市场来说，价格是被低估的，因为就算是一个完整的熊市也不会对价值本身造成大伤害，所以如果再下跌他还将增加头寸，不排除使用杠杆。这里需要注意的是，巴菲特预测市场主要是希望找到更多被低估的股票，因为这决定了未来赚取利润的比例。

1956年年底，巴菲特给合伙人写了一封描述合伙公司年底经营状况的信，提到当年的总收入为4 500美元，比市场高出4个百分点。

在此说明，标普500指数包括美国主要交易所的500只具有代表性的股票。与道琼斯工业平均指数相比，其包含股票更多，风险更分散，更能反映美国股市整体情况。图1是1956年标普500指数的走势，看到走势能逐渐培养对金融市场波动的敏感度，更能体会巴菲特面对市场变化做决策时的思考方式。此后每章都会附上标普500指数的走势，以作为对美国股市整体情况的反映。

1956年标普500指数的走势如图1所示。

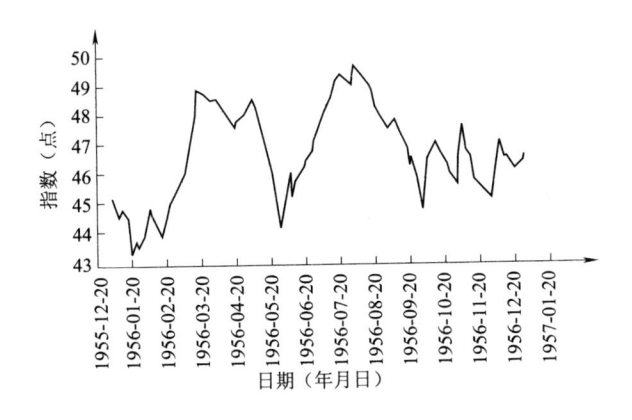

图1 1956年标普500指数的走势[①]

[①] 资料来源：本书所有标普500指数走势图的数据均源自雅虎财经。

思考

　　如果巴菲特没有选择自己创业，而是留在纽约做格雷厄姆的合伙人，你觉得我们还会知道他吗？

1956年　　**1957 年**　　1958年

期待每年平均击败市场 10%

本章的标题是巴菲特早期致合伙人的信中的一句话,"长期我期待每年平均击败市场 10%"。

1957 年的巴菲特 27 岁,2024 年巴菲特 94 岁,事实证明 67 年过去了,巴菲特做到了。经计算,巴菲特真的是以年均 10% 的超额回报击败市场,与年轻的自己的预期竟分毫不差。

巴菲特在 1957 年致合伙人的信中定下自己和指数比赛的目标,大家可以借此来审视自己的投资目标。

> 我习惯于拿股价与指数的表现来对比,我希望长期跑赢指数,创造超额回报。我希望在乏味的年景击败指数,但在过热时我们的投资回报表现不如指数也可以接受。

这里可以看到,真正的股神仅希望每年有超越市场 10% 的投资回报率,总是期望整体经济环境和商业环境顺利,且无时无刻不在思考和学习,总是谈论自己哪里做得不够好和如何提升,做任何决策都审慎无比。而许多年轻的投机者却看不起这点回报率,总是喜欢炫耀自己的涨停股和超乎常人的业绩。

金融市场永远有很多泡沫，而大多数人在投资时往往盲目自信，所以就容易走弯路。下面，我们就进入巴菲特1957年的投资实战。

1957年年初，巴菲特悄无声息地大举买入美洲国家火灾保险公司的股票。几年前他就在穆迪手册中发现了这家公司。至今，穆迪还是美国三大评级机构之一，手册里记录了各式股票信息。在20世纪50年代，股票信息还主要靠纸质媒介传播。

这只1919年发行的股票当时年均每股分得红利为29美元。少部分股票在一些农民手中，他们并不了解经过40年的演变，这只股票早已不是当年的错误投资，也不是抽屉里的一张废纸。

于是，巴菲特指派他的律师带着现金，前往可查证的持有者的住处，问询谁还持有这只股票，用现金低价换取他们的股票。

巴菲特一路从35美元出价到100美元，购买了2 000股，占该公司全部股本的10%。简单持有两三年就可以赚钱，这笔交易真的稳赚不赔。

怎么理解呢？即使是每股100美元，巴菲特也只需要4年就可以靠分红拿回全部本金。并且，这些股票的价格在两三年后很可能会上涨，只需要去华尔街以合理的价格卖掉，因为华尔街的人知道这家公司值钱。

这是一个由于信息差产生的价格远低于价值的巨大投资机会。当时经过第一次世界大战和第二次世界大战，很多公司都倒闭了，农民投资者对此早已习以为常，再加上信息传播在那个年代并不通畅，所以制造了这个绝好的买入"烟蒂股"的机会。这是巴菲特"捡烟蒂"投资的典型案例，内核在于寻找价值洼地，买入价值远高于价格且不为人知的股票，持股待涨或是直接卖到知道其价值的人手中。

还记得巴菲特在1956年的预测吗？美股市场的价格被高估

了。如果跌下来，他不排除会使用杠杆购买被低估的好股票，因为巴菲特预测现在的价格在长期处于低位，但短期会跌下来。果然，1957年全年市场跌了13%。年初小跌6%，随后反弹15%，又一路暴跌20%，这种大幅震荡其实是非常难获得正回报的，那么巴菲特是如何做到的呢？

根据巴菲特1957年致合伙人的信："市场的下跌给公司带来了伟大的投资机会，公司的多头股票头寸，以及出售、合并、清算等活动所进行的投资都有所增加。"

巴菲特评价自己说，1957年战胜市场，正因为当年是一个下跌的熊市，他在熊市中会表现很好，而在牛市中会主动选择满足于平均市场回报率的增幅。

之所以1956年没有1957年表现这么好，是因为巴菲特当时的大部分投资回报来源于兼并重组的股票配置，这些都需要时间和耐心才能得到正向结果。

此时27岁的巴菲特在投资者的眼中是这样的："他看起来大概18岁，领子敞开，外套肥大不合身，穿着旧衣裤和磨损的鞋子，而且说话非常快。"这个小伙子希望对资金有绝对的控制权并且不会告诉投资者他是如何投资的，他形容为"请不要每打一个球洞都问我分数，打完18个洞后会给出一年一次的投资报告"。

1957年标普500指数的走势如图2所示。

思考

市场大跌为什么会是绝大多数人的噩梦，却成为巴菲特的机会？他凭什么可以安全起航？

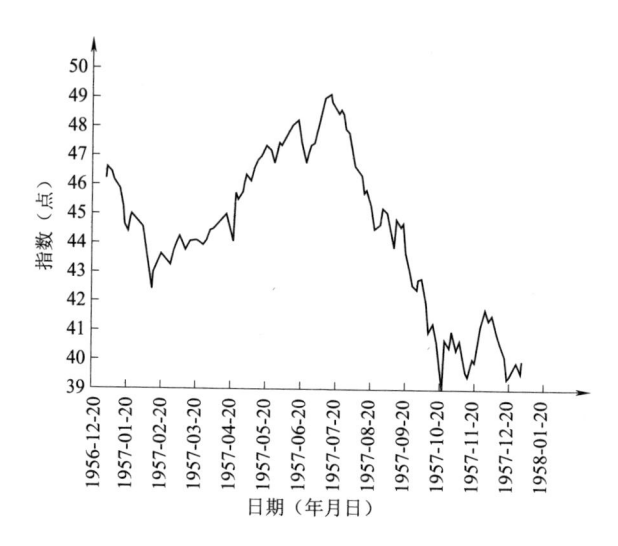

图2 1957年标普500指数的走势

1958 年

最明智的投资

这一年对巴菲特来说非常重要,有两个关键点值得注意。

第一,巴菲特的投资雪球开始滚起来了。

虽然 28 岁的巴菲特在投资界还是个无名小辈,但他意识到需要筹集更多资金。他的投资理念是,现在的 10 美元未来可能变成百万美元,并且他一生都在践行这个目标。

每增加到合伙公司的 1 美元,如果回报率超过 4% 都会为巴菲特带来更多利润。业绩表现越好,他赚的钱就越多,在合伙公司的投入也会越多,形成复利效应。

作为格雷厄姆的亲传弟子,他确实得到了资本更多的青睐。格雷厄姆也会经常提到巴菲特。

第二,巴菲特夫妇买了他们人生中的第一套房。

这套房花了 3.15 万美元,巴菲特认为这笔钱花得不值,称其为"巴菲特的蠢事"。而太太又在装修上花了 1.5 万美元,这几乎让巴菲特崩溃。其实,当时的 3 万美元约为现在的 25 万美元,而这所房子目前的估价约为 65 万美元,跑赢了通胀。但巴菲特不愿意把钱花在房产上,他认为这笔钱通过复利的作用可以达到百万美元。实际上,巴菲特后来一直住在这套房子中,晚年接受电视台采访时又表示这是他最明智的投资。在2010年致股东的信中他回忆道："总体来看，我做过的最好的投资就是买下这个房子。尽管如果选择一直租房，然后将购房的资金用来买股票，会赚得更多。"然而，像许多购房者一样，巴菲特并没有仅从金钱的角度来看待这笔投资，"花3.15万美元买下的房子，让家人获得了52年的美好回忆，而且未来还会有更多"。

显然，比起房子，巴菲特更倾向于把钱投入自己的合伙公司。巴菲特在《股东手册》第二条也表达了类似理念。

> 管理合伙人将大部分净资产与投资者放在一起，荣辱与共。
>
> 副董事长查理·芒格家族的九成以上净资产，董事长巴菲特家族的99%以上净资产全部参与投资，平等地放在伯克希尔－哈撒韦的股票投资上。

巴菲特对自己的投资能力非常有信心，他相信自己能找到优质的独角兽企业，并实现投资的分散化配置。因此，他对把所有的鸡蛋放在一个篮子里感到放心，因为这个篮子汇聚了他发掘的最好的投资机会。巴菲特还承诺，投资者的财富将在任何市场周期内与他的财富一同增长。通过坚守投资原则并创造稳定的投资回报，巴菲特吸引了稳定的投资合伙人。

1958年是一个大牛市，巴菲特形容当年的股票市场为"亢奋"。标普500指数从39.99点升至55.21点，加上3%的红利，总回报率达40%。巴菲特运营的5个合伙企业的平均回报率与大盘相似。他评价自己的表现是，在上涨的市场中仅能跟上，在下跌或盘整的市场中，其投资结果将高于平均水平。

1985年，标普500指数是直线上扬的。有一个很重要的市场现象就是，很多人在1958年的牛市中开始追涨。投资者队伍中充斥了更多浮躁的人们，他们都在幻想自己所投企业的利润可以快速且毫不费力地实现。追涨的人越多，股票的价格也越高。

所以巴菲特评价说，虽然不太可能预测这种现象会持续多长时间，但是他相信，这些人群造访的时间越长，他们退出的动能也就会越大。巴菲特深信，这种追涨的市场狂热最终将导致下跌。如果出现下跌，优质企业的股价也将不可避免地受到实质影响。之后你会看到，两年后的市场果然下跌了。

1958年这一年，巴菲特的投资策略是寻找被低估的股票。但是，股票指数越高，被低估的股票就越少。此时他还在应用格雷厄姆"捡烟蒂"投资策略，但他已经感觉到越来越难找到足够规模的、具有吸引力的投资机会。

因此，这一年巴菲特试图在几只被低估的股票上加大仓位，以创造获利。在1958年致合伙人的信中，巴菲特复盘了自己第一重仓的股票——联邦信托公司，并总结了自己为什么看中这笔投资：

- 这家公司的内在价值是股价的两倍多。当前交易价格远低于其内在价值，投资损失的可能性很小。
- 公司有很强的安全边际，属于好的行业，有好的管理层，具有优良稳定的价值。

巴菲特以被低估的价格，耐心地积少成多地收集联邦信托公司的股票。一年多后，他买入了12%的股份，平均成本约为每股51美元，成为该公司的第二大股东。他利用持有股份的投票权，推动公司朝自己期望的方向发展，希望该公司被合并。如果合并成功，这家公司的内在价值可能达到每股250美元，有涨5倍的潜力。

最终，巴菲特以每股80美元的价格卖出股份。尽管还没达到每股250美元的内在价值，但他持有的其他股票也被市场低估，卖掉这只股票可以创造利润，同时确保长期回报。

联邦信托公司是巴菲特 1958 年的第一大重仓股，占资金总量的 25%，为他创造了丰厚的回报率。

1958 年标普 500 指数的走势如图 3 所示。

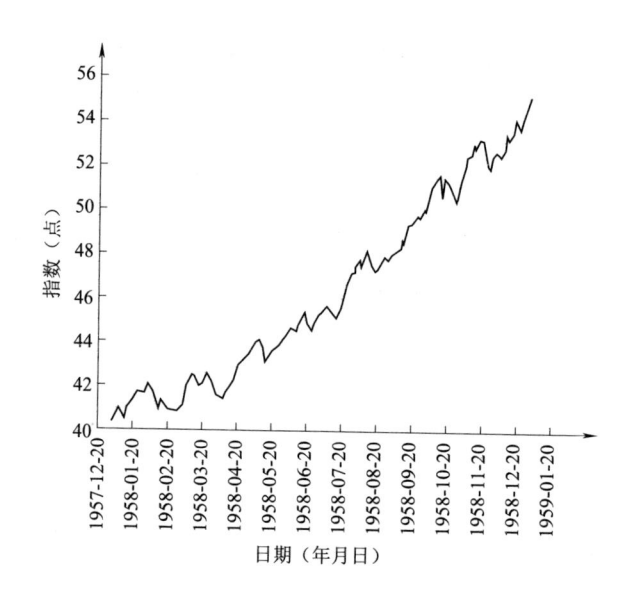

图 3　1958 年标普 500 指数的走势

思考

1. 回顾自己或身边熟悉的人在牛市中的一次投资经历，并与巴菲特选择的急流勇退进行对比。
2. 猜一猜巴菲特在晚年如何评价自己当时的购房决策？是什么原因让他现在还住在那里？

1959 年

遇见终生合伙人查理·芒格

巴菲特的投资转折之年

1959 年的巴菲特在奥马哈周边已经小有名气,主要是因为他在大学里定期开设了投资课程。开设课程既是效仿老师格雷厄姆教书育人,也是为了锻炼他自己的社交表达能力。早期的巴菲特并不擅长社交,还为此研读过戴尔·卡耐基的《人性的弱点》。

然而,当时的奥马哈并不是人人都喜欢巴菲特,有人认为他做的事情类似"庞氏骗局"。因为巴菲特只在年底向投资者汇报一次业绩,做投资时不及时说明具体方向,这给他带来了一些负面影响。当他申请奥马哈乡村俱乐部会员资格时,竟然被其他会员投票否决,后来通过关系找到熟人才成功入会。

这一年最关键的是,巴菲特的投资方法开始发生质的变化,从只买便宜的股票转变为买企业的成长,也就是买未来。此外,他之前的投资决策主要依靠独自调研、分析,但在遇到查理·芒格之后情况慢慢发生了变化。

巴菲特与芒格的首次相遇

在奥马哈乡村俱乐部的一个包房里，巴菲特和芒格第一次见面。那时，巴菲特穿得像个年轻推销员，坐在芒格对面。芒格在洛杉矶商界已有些名望，穿着谈吐都很得体，看上去与巴菲特形成了鲜明对比。

巴菲特开始谈起美洲国家火灾保险公司，而巧的是，芒格正好认识这家公司的创始人。芒格对巴菲特如此了解公司的管理层及财务情况感到惊讶。两个人的交谈逐渐深入，巴菲特开始讲起他创办的合伙公司。此时，巴菲特通过对管理合伙公司收取的费用进行再投资，已经积累了 83 085 美元，使他最初的 700 美元投资，迅速增至 9.5% 的股份占比。

几天后，巴菲特和芒格再次带着各自的妻子见面。芒格夫妇返回洛杉矶后，两个人讨论不断，电话交流越来越频繁，每次通话都能持续一两个小时。芒格对巴菲特的投资理念深感共鸣，俩人逐渐建立了深厚的友谊和合作关系。

这一年，除了芒格，巴菲特还结识了许多对自己有帮助的朋友，形成了一个强大的支持网络。巴菲特曾说，所谓的滚雪球，不仅指赚钱，也包括认识世界、结交朋友。只是坐在书房看文件、挑选股票的日子已经一去不复返了。

以保守的方法评估公司内在价值

在这些交流中，巴菲特和他的新朋友都对致富有极高的热情，这成为他们联系的关键。巴菲特开始在那些需要时间和计划去实施的大型项目上寻找机会。我们通过 1959 年的致合伙人的信，来看看巴菲特究竟在哪里倾注了他当年的时间，有怎样的投资策略。

1959年，标普500指数从55.21点涨至59.89点，年回报率为8.5%。尽管当时的市场表现强劲，但是纽约交易所中下跌的股票要多于上涨的股票。

巴菲特在1959年评价自己的合伙公司时说："很幸运，取得了相当好的成果。"所投股票取得了22.3%～30.0%的回报率，平均是25.97%，击败市场产生17%左右的阿尔法值。

1959年巴菲特有一个非常成功的投资案例，他在1960年致合伙人的信中详细解释他的思路和行为，我们在下一章会重点介绍。

简单来说，他这一年的交易策略核心是，以保守的方法评估公司内在价值，在资产价值的基础上以大打折扣的市场价格买入。

我们来看巴菲特《股东手册》中关于公司"内在价值"的判断方法。

> 一家公司的内在价值是一个估值而非准确的数字，会随着利率、未来现金流和整体环境而变化，因此需要被修正。

很多公司都会定期报告账面价值，而实际参考意义却有限。巴菲特在讲解内在价值时还举了一个大学教育的例子来帮助理解。

> 用一名大学毕业生未来人生可赚取的收入，减去其成年后因求学而放弃工作所可能获得的收入，把所得的数字用一个合理的利率折现到毕业典礼当天，就得到了他毕业那天的内在经济价值。
>
> 有些大学生会发现大学教育的账面价值超过内在价值，表示不该去读书花冤枉钱，在其他情况下，教育的内在价值远不只花费的那个数字，教育更多的是为你去分配、引导和驾驭未来的资产赋能。

在 1958 年联邦信托公司的案例中，巴菲特以每股 51 美元的价格购买了 12% 的股份，成为联邦信托公司的第二大股东，因为他相信这只股票的内在价值是股价的两倍多，当时的交易价格远低于其内在价值。

1959 年巴菲特再次击败指数，1959 年标普 500 指数的走势如图 4 所示。

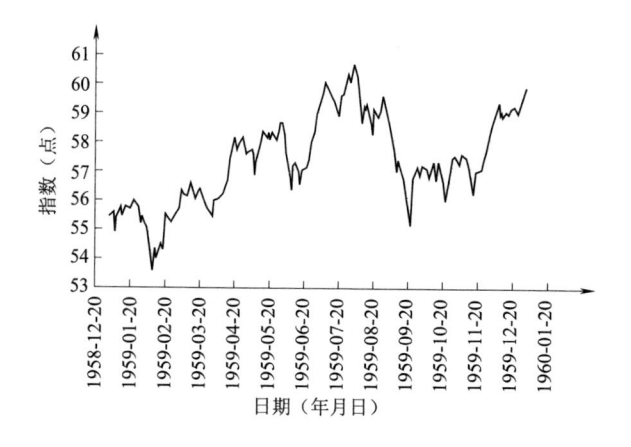

图 4　1959 年标普 500 指数的走势

思考

如果遇到自己特别想要重仓投资的企业，可以通过保守的方法来评估该企业的价值，在资产价值的基础上用大打折扣的市场价格买入。在评估公司的价值时，还需要结合各方面情况综合考虑。

1959年　**1960年**　1961年

最大重仓股翻倍实战案例

为了更好地理解巴菲特这一年的投资理念,我们先来看巴菲特《股东手册》第九条。

> 伟大的目标将以结果来检验。我们评估每保留1美元利润,股东是否从市值中得到超过1美元的回报,以此检测我们对留存收益不分红的看法。从回溯5年的基准来看,随着我们资产的增加,明智地运用利润变得越发不易。

简单地说,巴菲特认为,如果他能够持续击败市场,他就不应该发放股息,因为投资者将资金留在他手中所获得的回报,要远高于自行投资所能获得的。

巴菲特为什么这么觉得呢?从1960年的发展情况,我们可以看出其中的原因。然而,质疑声依然存在。有些人认为巴菲特不过是个纸上谈兵的年轻人,对他的成功持怀疑态度。《滚雪球》中提到,奥马哈一个显赫家族的成员在黑石酒店边吃边聊时,曾断言:"一年内他将一文不名,就给他一年,他就会消失。"

1960年秋天,尽管经济衰退,股票市场却飞涨。苏联在军备竞赛中占据上风使美国士气低落，但肯尼迪赢得总统大选后，市场迅速回升。巴菲特在这充满投机的市场中保持冷静，他没有撤退，反而加速为合伙公司筹集资金。

芒格回忆，巴菲特总能非常有说服力地谈论投资和合伙公司，他自然而然的推销术让芒格也感到好奇。他募集资金的速度和他说话一样快，但仍不及他投资的速度。

巴菲特的名字像秘密一样被传播开来，"和沃伦·巴菲特一起投资，会让你变富有"。投资门槛也提高到 8 000 美元。1960 年，巴菲特管理的资产总值接近 190 万美元，他通过再投资收取的费用，到年底已经为他赚了 24.35 万美元。合伙公司中 13% 的资产属于他。巴菲特仍然亲自处理所有事务，偶尔会停下来到咖啡馆吃顿饭。

我们来具体解析一下巴菲特 1960 年致合伙人的信，通过他亲自记录的重点案例交易策略来看看他是如何做的。

1960 年，大多数上市公司的股价波动都在 –5% ~ 5%。在纽约证券交易所，653 只股票亏损，404 只股票盈利。在讲述 1960 年的经营结果前，巴菲特首先解释了他在管理合伙公司资金方面的目标：长期来看，回报率要高于市场指数。他明确表示自己如果不能击败市场，合伙公司就没有任何存在的理由。

为了实现这一目标，巴菲特制定了以下策略：

- 在股票市场稳定或下跌时，获得高于平均水平的投资业绩。
- 在股票市场上涨时，获得与平均水平持平或者略低的业绩。

巴菲特强调，投资是一场长期游戏，不应因市场的短期波动而过度兴奋或沮丧。他将投资比作打高尔夫球，关键在于以低于标准杆数的成绩赢得比赛。举个例子，在一个标准杆数为 3 杆的球道上，如果你的成绩是4杆，那就不如在标准杆数为5杆的球道上用5杆击球入洞的成绩。

1960年，巴菲特所投资的7家公司贡献了22.8%的回报率，远远战胜市场。

接下来，我们看一看投资实战案例，这是一只被严重低估而产生安全边际的股票，巴菲特通过控制其股东大会并推动重组，使当时这只第一重仓股实现翻倍。

桑伯恩地图公司实战案例

公司背景

1. 曾是发行美国城市精密地图的巨头。主要客户是保险公司，随着保险业的并购潮，客户群体缩小。

2. 20世纪30年代开始公司把未分配利润一半用于购置债券，一半用于投资股票，拥有一个由债券和股票构成的投资组合。

3. 利润变化：1950年超50万美元；1958年不足10万美元。

股价情况

1. 当前股价：45美元/股。

2. 其持有的投资组合价值：65美元/股。

3. 历史股价：1938年，110美元/股（标普500指数为10~12点）；1958年，45美元/股（标普500指数为41~55点）。

4. 拥有价值700万美元的可售证券。

投资策略

1. 桑伯恩地图公司总股本：10.5万股。

2. 桑伯恩地图公司每年的销售额大约为250万美元，同时拥有价值 700 万美元的投资组合，巴菲特看到了机会。1958 年 11 月起，巴菲特将合伙公司 35% 的资金投入桑伯恩地图公司，使之成为其持有的最大重仓股，并鼓动亲友买入，掌握足够股份进入董事会。

3. 故去总裁的儿子辞职后，巴菲特购买其母亲持有的 1.5 万股。通过在市场公开购买，巴菲特共持有 2.4 万股，加上与他思维一致的 3 家代表，共计 4.6 万股。

4. 巴菲特希望公司分拆投资组合和地图两种业务，实现证券的公允价值，并恢复地图出版的盈利能力。董事会主要由保险公司代表组成，巴菲特建议将公司的投资组合卖出分给股东，遭到董事会反对后，巴菲特决心夺取公司控制权。由于反对的原因之一是卖出投资组合会产生约 200 万美元的税款，于是巴菲特提出置换股票以避税的方案，最终说服董事会。

5. 1960 年年初，巴菲特赢得这场战斗，桑伯恩地图公司向股东提出要约：用一定比例的投资组合交换股票。此举也提升了每股股票的盈利额和股息率。

巴菲特可以利用他的大脑和合伙公司的钱改变一家公司的方向。巴菲特不断地往返于纽约和奥马哈之间，一直在为桑伯恩地图公司努力，他要搞清楚到哪儿弄到他需要的股票，如何让董事会合拍，以及怎样才能合理避税。同时，他还在寻找其他的投资妙计。

1960 年标普 500 指数的走势如图 5 所示。

思考

1960 年，巴菲特再也不是一个只会在卧室交易股票的怪小子了，他变成一名成熟得体的商业投资家。他找到被严重低估而具有安全边际的股票，控制股东大会并进行公司业务重组，使自己的第一重仓股翻倍。你有这样的勇气吗？

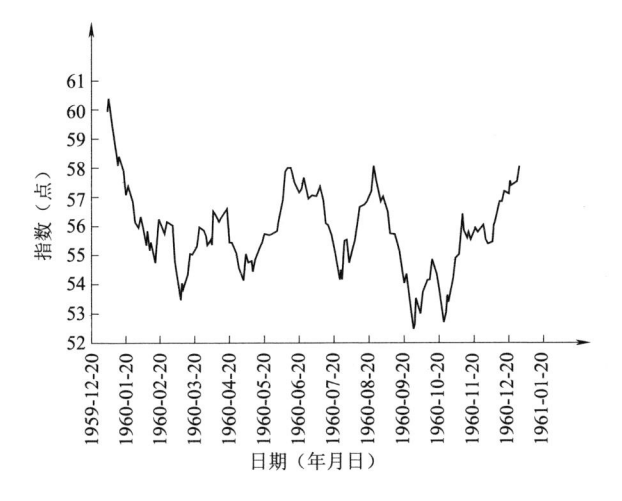

图5 1960年标普500指数的走势

1960年 — **1961年** — 1962年

巴菲特的三种主要投资策略

巴菲特的父亲霍华德于1958年检查出结肠癌后一直经受病痛考验。巴菲特的三个孩子也日渐长大。为了排解生活的苦闷，巴菲特把精力投入生意。他埋首于《美国银行家》或《石油和天然气杂志》，总是独自待在楼上看书和思考。安静内向的巴菲特也频频出现在公众场合，似乎不在乎家里发生了什么事。朋友们半开玩笑地问他："沃伦，那是你的孩子，你认得他们吗？"

此时，巴菲特已经掌握了接近400万美元的资金，投资了11家公司，拥有超过100名投资者。

1961年是个小牛市，大盘涨了20%，那么1960年开始加速募资的巴菲特能否为新进的投资者实现资金增值呢？

尽管1961年市场表现非常好，巴菲特保持谦逊，提醒投资者不要在牛市中对超高收益抱有过高期待。巴菲特强调这一预期依然不变：

- 在股票市场稳定或下跌时，获得高于平均水平的投资业绩。
- 在股票市场上涨时，获得与平均水平持平或者略低的业绩。

1961年，标普500指数上升了23%，而巴菲特的回报率是45.9%。

巴菲特认为：

> 3年是最基本的可以对业绩做出评判的时间段。最好的业绩评判周期应该是经历一个完整的市场周期。战胜市场的平均水平并不是一件容易的事。

实际上，仅是长期跟上市场的平均水平就已经是一件十分困难的事。巴菲特的业绩表现同股票指数和其他共同基金的表现有很大的区别，原因是投资方法存在差异。这一年巴菲特首次公开自己的三种不同风格的投资策略并解释了其中的逻辑。

巴菲特早期的三种主要投资策略

第一种：价值被低估的证券

1. 我们的投资组合中占比最大的是价值被低估的证券。对这一部分证券，我们无法影响其公司的政策或做出决定的具体时间。

2. 在我们的投资组合中，持有量最大的5～6只证券分别占总资产的5%～10%，持有量较小的10～15只证券占更小比例。

3. 价值修正可能很快，但通常需要一年甚至数年时间才能实现。

4. 在买入时，难以确定为何某只股票将会升值，市场也缺乏对该问题的解答。因此我们有机会买入价格大大低于价值的股票。

5. 基于证券的固有价值并以低于该价值的价格买入，具有安全边际，这样的股票有较大的升值潜力。

6. 相较于卖出时机，我们更看重买入时机。我们不指望赚到上涨的每一分钱，我们满足于以低价买入，然后在价格反映其价值时就卖出。

7. 尽管便宜，这些股票在市场下跌时也会跟随下跌。1961年市场表现很好，这部分投资表现最佳，但在市场下跌时可能表现最差。

第二种：事件驱动型投资

1. 事件驱动是指股票涨跌取决于公司特定行为，如合并、清算、重组、分拆等。

2. 这些证券具有可预期的大致时间表，带来较为稳定的利润，与整体市场表现无关。

3. 在市场表现不佳时，这类投资会有更好的表现。

4. 我们的投资组合中通常有10～15项这样的投资，有些事件刚开始，有些则接近结束。

5. 由于相对安全，可以利用借款作为补充资金，这部分投资的回报率（不包括借贷杠杆）一般在10%～20%。借款上限设为净资产的25%，我们在大多数时间没有借款，如果有，也是补充事件驱动型投资。

第三种：控制权投资

1. 控制权投资是指获得目标公司的控制权或通过持有较大比例股权影响公司政策。

2. 这种投资通常需要一年以上或数年时间见效。

3. 有时候，我们计划长期控制某家公司，但其股价上涨时我们也可能卖出一部分，但总体上会在一个较长的时间里不断增持股票，直到控制公司。

～～～～～～～～～～～～～～～～～～～～～～～～

巴菲特的三种投资策略显示了他在投资上的多样化手法。通过这三种投资策略，巴菲特能够在不同的市场环境中保持稳定的收益，最大化投资组合的整体回报。他的多样化投资方法提升了组合的整体稳健性。

31岁的巴菲特不但可以击败市场，还把自己的交易哲学细化到不同投资风格门类，相较于直接控制公司，第一种投资策略，即买入持有等待上涨，就显得有些投机性质了，也更具不确定性，但第二种和第三种投资策略的机会也不会一直有，所以这三个策略都要用上。

时时勤拂拭，金融本身就是优美的，巴菲特把那么多复杂多变的不确定性计算在内，从而得到简明的交易策略。巴菲特在市场的交易体现的不单单是击败市场同行的优越感，更是财富与自由的从容。

巴菲特把大部分时间与精力都放在生意和投资上。所谓"人若无名，专心练剑"，我们把时间花在哪里，未来就会去向哪里。

1961年标普500指数的走势如图6所示。

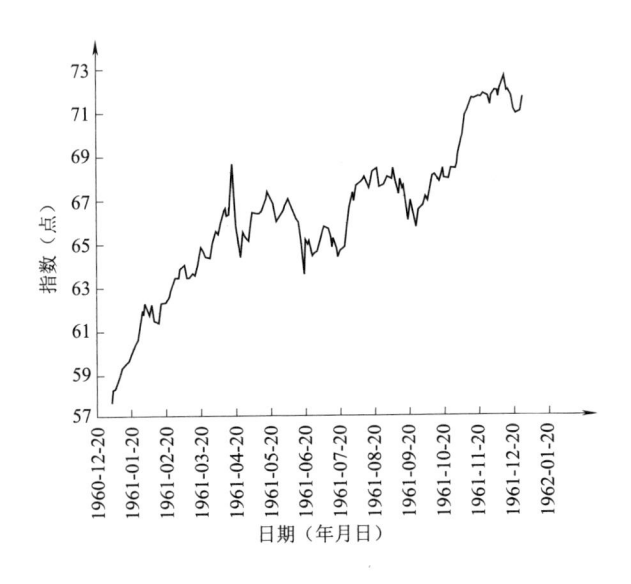

图6　1961年标普500指数的走势

思考

1. 巴菲特希望自己每年都可以战胜市场，并且在每一次投资前都很认真地决策。你期待自己的回报率是多少？你交易的决策过程是怎样的？
2. 巴菲特大约配置 5 只重仓股，每只占仓位的 5%～10%，偶尔单只达到 35%。你在投资时的持仓占比是怎样的？

1962年

任何承诺的投资回报都不可信

截至1962年,巴菲特已经创业7年了,这一年他赚到了自己人生的第一个百万美元。

考虑通胀,100万美元大约相当于现在的1 000万美元。对于一个白手起家的青年已经很不错了,小小雪球开始慢慢滚起来了。

巴菲特不铺张浪费,把自己的一切时间都用来思考和学习。巴菲特《股东手册》第八条写道:

> 不会为了多元化经营而用投资者的钱来买入自己希望拥有的公司,而是更重视投资者的长期经济利益。

只有在相信能够提高每股内在价值的前提下,巴菲特才会对并购活动感兴趣。1962年1月1日,巴菲特将所有的合伙公司整合为一个实体——巴菲特有限责任合伙公司(BPL)。新的合伙公司净资产达到720万美元,仅用了7年时间,该合伙公司规模就超过了恩师格雷厄姆的公司。并且,巴菲特和妻子苏珊这些年在合伙公司投入的资金已涨超100万美元,占BPL股份的 14%。

巴菲特在离家不远的大厦租了一间办公室，并雇了一位秘书。然而，这位秘书总是试图告诉巴菲特该做什么，甚至想操纵他。巴菲特很快意识到这一点，并迅速将她解雇。没有人能够操纵沃伦·巴菲特。

1962 年 3 月中旬，市场最终崩溃，持续下滑到 6 月底，股票价格突然变得非常低廉。此时，巴菲特手头拥有大量现金，并且他的投资组合在这个低迷时期并未受损。这使得他能够在市场暴跌时加速投资。

芒格指出，格雷厄姆的缺点在于他认为未来"更多的是危险，而不是充满机会"。巴菲特则不同，他总是看到机会，并对自己的交易决策严格保密，除非对方是他的合伙人。

1962 年第二季度，标普 500 指数从 69.55 点下滑到 54.75 点，下跌了 21.3%。上半年 BPL 的损失为 7.5%，而同期标普 500 指数损失了 23.5%——BPL 的业绩高出 16 个百分点。

需要注意的是，巴菲特并没有刻意去猜测市场走势。当股票价格显得高昂时，他自然会将目光转向其他资产。这年的表现，具有一定的偶然性。他强调，判断一年的表现好坏，主要是与指数进行比较，而不是绝对收益。只要战胜了指数，就可以判定这一年做得不错。否则，投资者就应该无情地向他扔西红柿。

1962 年标普 500 指数的走势如图 7 所示。

思考

你期待自己未来 50 年的资产复利达到多少？你将如何努力？

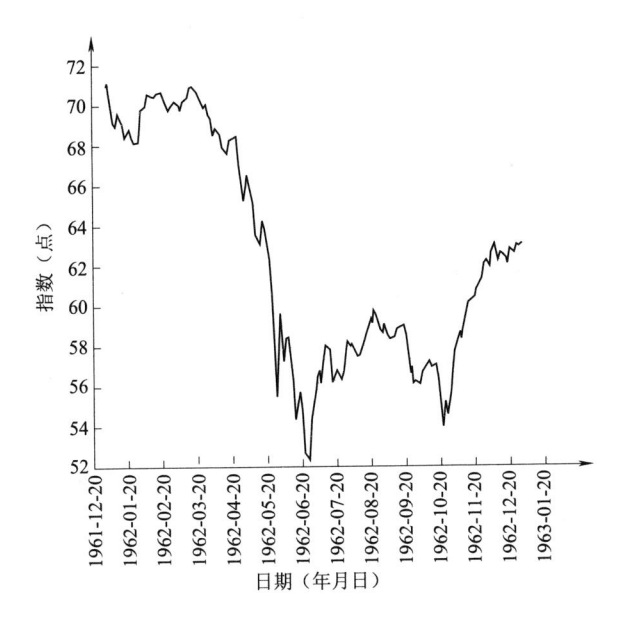

图7 1962年标普500指数的走势

1962年 任何承诺的投资回报都不可信

1963 年

无视恐慌事件，市场继续暴涨

市场恐慌事件

1963 年 11 月 22 日，时任美国总统约翰·肯尼迪在达拉斯遭到暗杀。当听见有人说这一事件时，巴菲特正在办公楼下的自助餐厅和熟人吃午饭。

巴菲特返回办公室，此时纽约股票交易所一片恐慌：股票跳水，交易量巨大；指数半小时内下跌约 3%。随后，交易所休市，这是自大萧条以来第一次在交易时间内紧急休市。不久，美联储发表声明，全球其他央行将合作打击针对美元的投机行为。

这次事件震惊全美，学校停课，企业关门。那个周末，全美人民一起收看电视报道，巴菲特也显得异常严肃。

是保险浮存金，更是杠杆

巴菲特在 1963 年首次使用了浮存金作为投资的杠杆。巴菲特对融资一向谨慎，当需要借贷时，会选择长期固定利率。为此，巴菲特可能会拒绝一些看似诱人的投资机会，但这种保守的原则让他安心。巴菲特《股东手册》第八条写道：

> 想要获得比赛第一名，首先得活着完成比赛。我们不会为了有风险的投资牺牲睡眠。

巴菲特的公司伯克希尔-哈撒韦在1996年全资并购保险公司巨头政府雇员保险公司（GEICO）后，才有能力大幅使用浮存金。但即便如此，他也只在市场暴跌危机时才会使用。在大多数时间，巴菲特会持有10%以上的现金，几乎不用杠杆。即便在金融危机期间，他也会留存大量现金和国债。

巴菲特会利用浮存金和延迟报税机会，而不动用手上的现金。因为他时刻准备在巨大的市场危机来临时，以极低的价格购买他人因流动性枯竭而被迫卖出的优质资产。当整个市场只有他有钱时，价格就由他说了算。

巴菲特的投资策略强调谨慎和长期稳定增长。他选择在需要借贷时使用长期固定利率，并坚持保守的融资原则，即使这意味着放弃一些看似有吸引力的投资机会。这种保守策略不仅让他能够安心投资，还能确保他在市场危机时有足够的资金抓住机会。

试图预测大盘是愚蠢的

1963年，巴菲特在致合伙人的信中写道：

> 衡量我们短期的投资表现意义不大，尤其是我们这种投资组合，其中包含大量已取得公司控制权的股票，而长期我们有信心跑赢市场。
>
> 我并不试图去猜测未来市场到底是上升还是下降。我们认为我们的三种投资策略在长期都会产生令人满意的利润，所不同的

只是在短期它们的表现会随着大盘的表现而有所不同。

"

巴菲特认为，试图预测大盘的未来走势并据此来调整投资策略是愚蠢的，他不会根据对大盘的预测来做投资决定。1961年以来，他虽然在投资比例和节奏上做得很好，但他坚称自己没有去预判市场。

1963年对巴菲特来说是一个好年景，市场涨了20%，巴菲特的回报率则达到38.7%。对于巴菲特，这种程度的回报率也只在合伙公司的早期取得，随着资金量的增大，超额回报就没有这么高了。

对于控制权投资，巴菲特强调不会为主动而主动，但在需要采取措施以优化资金运用时，他会毫不犹豫地行动。合适的买入需要时间，有时需要加强公司管理水平，重新分配资金，或者促成合并。这些措施可能需要几年时间才能完成。因此，在买入时，他需要一个宽大的安全边际，否则宁愿错过一些机会。

丹普斯特磨坊制造公司实战案例

公司背景

丹普斯特磨坊制造公司是一个家族企业，专门制造风车和灌溉系统。公司的主要资产包括风车、灌溉设备和制造工厂。1958年，巴菲特亲自开车前往公司所在地——一个暴风肆虐的小镇，调查公司状况。

巴菲特带了一张写有19个问题的清单，如"公司有多少经销商？""在大萧条期间，坏账情况如何？"他的结论是，这家公司有钱，不过不挣钱。因此，巴菲特将丹普斯特磨坊制造公司视为一个"便宜的烟蒂"。只要其价格低于账面价值，他就不断买入。

投资策略

巴菲特首次买入丹普斯特磨坊制造公司的股票是在5年前，作为价格被低估的股票买入的。在 1961 年 8 月，他取得了主要控制权。当时，巴菲特拥有公司 70% 的股份，公司合伙人持有 10%，其余股份则分散在约 150 名投资者手中，市场交易量几乎为零。

1961 年，丹普斯特磨坊制造公司的销售收入为 900 万美元，但公司的经营只产生了名义上的利润，成本非常高，这反映出行业困境和公司管理不善。公司的资产净值约为 450 万美元，相当于 75 美元 / 股，流动资本约为 50 美元 / 股，而巴菲特的持股成本在 28 美元 / 股左右。

控制权的取得与资产清算

在获取更多股票的同时，巴菲特买下了丹普斯特家族的所有股份，取得了控制权，并以 30.25 美元 / 股的价格向其他股东提出收购要约。他估计公司的实际价值为 51 美元 / 股。通过出售资产和削减库存，丹普斯特磨坊制造公司积累了约 200 万美元的现金，相当于 15 美元 / 股。巴菲特继续筹集资金，进一步投资。

巴菲特试图私下出售丹普斯特磨坊制造公司，但没有人愿意接受他的价格，于是他在《华尔街日报》上刊登广告："出售利润丰厚的制造公司……我公司是一家领先的农具、施肥设备以及灌溉系统制造商。"在公开拍卖之前，巴菲特给买家一个月的时间出价，并与大多数潜在买家进行了沟通。

村民的反对

巴菲特的行为激怒了当地政府和村民。人们担心新的拥有者可能会裁员或关闭工厂，所以十分气愤，发起运动反对巴菲特。他们筹集了将近 300 万美元以保证公司所有权仍然留在当地，其中 175 万美元用于支付卖方，剩余的用于扩张经营。

1963 年年底，巴菲特的整个投资以平均 80 美元 / 股的价格卖给了当地政府和村民，而最初的投资成本约为 28 美元 / 股。从 1961 年年中开始加仓，到 1963 年实现了几乎两倍的回报。这是一个非常成功的事件驱动型投资案例。

1963 年标普 500 指数的走势如图 8 所示。

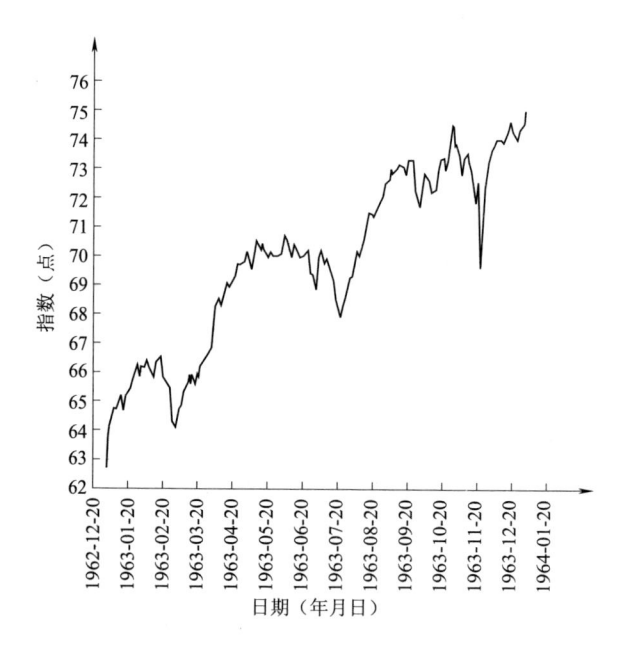

图 8　1963 年标普 500 指数的走势

思考

巴菲特早期的事件驱动型投资案例很多，故事也很精彩，可是这种"捡烟蒂"策略对我们现在的投资意义并不是太大，但是你要明白在金融学还不成熟的时候，他找到这些机会和我们现在回头看的难度不可同日而语，和我们寻找优质投资的难度几乎一样。

1964 年

重仓抄底股价腰斩的优质企业

1964 年,尽管巴菲特的父亲霍华德已接受多次手术,但癌症还是扩散全身。巴菲特开始成为家族的实际领导者。在父亲剩余的时间里,巴菲特说服父亲将自己从遗嘱中去掉,并在信托基金中增加了姐姐多丽丝和伯蒂的份额,共计 18 万美元(约合现在的 150 万美元)。霍华德的身家约为现在的 500 万美元,虽然也很丰厚,但巴菲特显然不算是"含着金汤勺出生"的。

1964 年,巴菲特取得了 4 846 312.37 美元的盈利。BPL 在这一年实现了 27.8% 的增长,而同期标普 500 指数增长了 13%,巴菲特击败市场 14.8%。

在致合伙人的信中,巴菲特表示对于低估股票,完全有可能在未来一年持续买入,只要这些公司或类似情况的公司能够持续改善盈利情况和增加资产价值,而其股票价格在资本市场上没有显著起色。这样的投资对短期业绩表现可能没有太大影响,但从长期来看,这种策略是有利可图且令人安心的。

关于策略的终止点,巴菲特提到,对低估股票的投资最终会以这两种形式终止:

- 市场价格调整：市场价格因外部因素的影响而上涨，不再被低估。
- 成为实际控制人：通过持续买入，BPL成为公司的实际控制人。

对于这两种形式，巴菲特都感到满意。他强调，很多时候他买入的低估股票不可能使他成为实际控制人，唯一的出路就是等待市场再次正确反映其价值，而市场正确反映其价值的时间是无法确定的。

这一年，巴菲特再次体验了复利的喜悦。10万美元在不同回报率下的复利表现如表1所示。

表1　10万美元在不同回报率下的复利表现　　　　　　（金额单位：美元）

	4%	8%	12%	16%
10年	48 024	115 892	210 584	341 143
20年	119 111	366 094	864 627	1 846 060
30年	224 337	906 260	2 895 970	8 484 940

巴菲特强调复利的两大要素：

- 长寿：有助于延长投资时间线。
- 相对高的回报率：在追求正回报的同时，保持相对高的回报率。

他总结了过去三年普通股买入和重组兼并事件的回报与市场指数的对比，指出：

- 市场不佳时：全靠重组兼并才能战胜市场。

- 市场较好时：普通股会跑赢重组兼并部分。

尽管巴菲特没有给出 1964 年的具体持仓比例，但通过文献和分析可以看出，他在 1964 年主要投资于普通股，从而继续战胜市场 10%。

他在这一年致合伙人的信中写道："我们需要确保是苹果和苹果相比，而不是苹果对橘子。如果是我们不了解的行业或者公司，我们就会忽略。"

巴菲特还分享了自己一个交易思路供参考，就是当市盈率为 12 倍或以下时就考虑买入，当高于 20 倍时就卖出。

美国运通实战案例

20 世纪 60 年代，美国运通（American Express，简写为 AXP）的股价几乎跌至半价。巴菲特认真调研后果断出手，在 1964 年用四成仓位买入美国运通 5% 的股份。30 年后的 1994 年，巴菲特再次买入美国运通 5% 的股份，成本是当初的 100 倍，但他的初始投资在 30 年间增长了 100 倍。

回到当年那个不确定性的场景，巴菲特是如何做决策的呢？

公司背景

美国运通成立于 1850 年，最初是做快递业务的。因缺乏覆盖全美的银行，美国运通发明了旅行支票，解决了资金转移和异地消费的痛点。

业务扩大后，美国运通会为客户仓库里的货品签发收据和证明，商人可以用这些收据和证明去银行贷款。美国运通仓库里的货物就是担保物，美国运通的证明就是担保本身。

德安吉里事件

20世纪50年代末，大宗商品交易商德安吉里把大豆油存放在美国运通的仓库中。他掌握了美国运通统计货品的时间和检查流程，通过管子和阀门挪动灌满大豆油的罐子，甚至在大部分罐子里放上海水，仅在表层放上少量大豆油，使贷款后的资产翻了几十倍。

1963年9月，德安吉里开始赌期货价格，买了12亿磅的大豆油合约，数量比全球大豆油的总量还要大。但赶上美国政府拒绝了与苏联的出口业务，市场崩溃，德安吉里破产了，并受到法律制裁。

1963年11月20日，德安吉里事件被报道，两天后肯尼迪遇刺，美国股市陷入恐慌，股票价格急剧下跌。到1964年，美国运通股价已经跌了一半。

投资策略

巴菲特思考的核心是，美国运通作为美国最有声望的金融机构，旅行支票在全球广泛使用，信用卡也取得了巨大成功。经过此事件后，公司是否还能保持信用。

巴菲特留意奥马哈的饭馆、酒店和任何接受美国运通卡和支票的地方，带着团队进行详细调研，材料堆在桌上，高度超过30厘米。他们发现客户仍然信任这个品牌，于是决定大规模买入美国运通股票，并且在买入过程中不推高股价。

在买入美国运通5%的股份后，巴菲特建议公司总裁赔偿银行6 000万美元，他认为这对长期声誉来说是合理的。最终，这一事件的赔偿确实是6 000万美元。美国运通在付清和解费用后，股价从不足35美元/股上升到49美元/股。

1964年标普500指数的走势如图9所示。

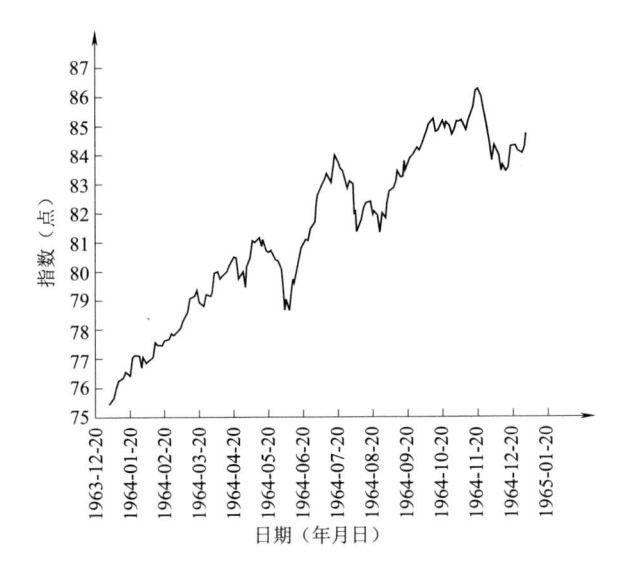

图9　1964年标普500指数的走势

> **思考**

四成仓买入受丑闻影响近乎半价的美国运通5%的股份。这不是一个拍脑袋的决策，而是在深思熟虑做了详细的基本面调研后用半年多时间才慢慢买入的。你买股票或者投资之前会做什么样的基本面调研，思考周期有多久？

1965年

唯有专注才能产生价值

1965年有两个重点：一是买伯克希尔–哈撒韦时的心路历程；二是1964年才买入的美国运通的股价快速上涨，使得35岁的巴菲特身家达680万美元。

1965年，BPL在美国运通上的投资回报丰厚。截至1965年年底，BPL的资产总额达3 700万美元。美国运通的股价从初期的35美元/股上涨到70美元/股，巴菲特赚了约250万美元。

这些收益使得巴菲特和妻子苏珊在BPL的股权达到680万美元，相当于现在的6 000万美元。

1965年致合伙人的信开头就很震撼，巴菲特在信中写道："我们对贫穷的战争在1965年取得了胜利，具体说来，我们的财产比1964年年底多了1 230万美元。我们在1965年取得了47.2%的回报率，而同期的道琼斯工业平均指数只增长了14.2%。"[①] 巴菲特在信中解释了大多数基金经理未能超越市场平均水平的原因：

• 优越的投资成果不可能来自集体讨论或决策。

---

① 同期标普500指数增长9%。

- 潜意识地遵从有声望的投资机构的配置。
- 机构声称安全投资，但基金经理的薪酬只依据回报率。
- 不理性的分散化要求。
- 对既有策略的依赖。

在个股的配置上，巴菲特承认他的分散化程度远低于大多数投资机构。他能将净资产的 40% 投入一只股票，只要认为其回报巨大且风险小。他反对过度分散化，并认为任何超过 100 只股票的资产配置组合不具逻辑性。最优资产组合应由不同投资选择的可获得性和预期收益决定，并考虑业绩波动的承受范围。

巴菲特觉得如果有 50 个投资标的，每个都能战胜指数，他一定会均分投资。然而，现实情况是，必须勤奋工作才能找到少数具有吸引力的投资项目。而具体到每一项投资的比例，则取决于对它的预期收益水平以及实现该预期的确定性。同时还要考虑最终实现的资产组合所导致的业绩波动在可以承受的范围之内。所选择的投资标的越多，投资业绩的结果和预期的年度波动就会越小，但与此同时所预期的收益水平也会降低。

想获得最优资产组合，我们需要考虑预期收益和年度波动的平衡。巴菲特认可比利·罗斯所言："过度分散化投资如同有 70 个妻妾，你无法深入了解任何一个。"也就是说，对于投资标的，你越确定，投入就越多，或者投少一点，投好一点。

伯克希尔－哈撒韦实战案例

巴菲特将伯克希尔－哈撒韦这家纺织厂从普通股投资买到了控制权投资，在随后的 50 年里，将这个小企业打造成控股多个行业巨擘的商业航母。公司业务涵盖保险、能源、制造、零售等多个领域，连续多年位列《财富》世界 500 强盈利榜前十。其实，巴菲特最初的计划是买下这家公司，清算后分拆出售，最终关闭。

公司背景

1888 年，家里做茶叶生意的霍雷肖·哈撒韦和他的会计组建了一家经营纺织的合伙公司，期待赶上一波生意潮流。然而，随着时间的推移，廉价的国外劳动力逐渐压低了产品的价格，威胁着他们的工厂。因为竞争，公司不得不压低新工厂中工人的薪酬。年复一年，更便宜的外国布料、南方更廉价的劳动力成本，逐渐侵蚀了他们的市场份额。

投资策略

根据会计师的核算，伯克希尔-哈撒韦的价值为 2 200 万美元，即 19.46 美元/股。然而，经过连续 9 年的亏损后，任何人都能以 7.5 美元/股的价格买入。巴菲特看到了机会，开始逐步吸筹，并且不断压低买入价，最终买入价低至 4.375 美元/股。

买入后不久，巴菲特决定驱车前往新贝德福德考察。他询问时任公司经理斯坦顿下一次要约收购计划。斯坦顿表示可能会进行要约收购，并问巴菲特愿意以什么价格出售。

当时的股价为 9~10 美元/股，巴菲特说如果公司想要约收购大家手上的股份，他会以 11.5 美元/股的价格出售。

冲动决定

斯坦顿同意了巴菲特的要约收购价格，但价格定为 11.375 美元/股，比之前达成一致的价格少 12.5 美分，这让巴菲特非常愤怒。他派人去商谈，但未果。巴菲特决定不按原计划出售股票，而是买下整家公司。最终，巴菲特全盘接手这家濒临倒闭的公司，尽管它很便宜，但这是一家垂败的企业，巴菲特也不知道为什么，就是很想得到它。

巴菲特后来评价道："我的很多钱被套在这个便宜的'烟蒂'里了。如果我从来没听说过伯克希尔-哈撒韦，可能我会更好。"纺织业务最终消耗了他的大量现金。虽然日后他用伯克希尔-哈撒韦账上的钱收购了很多集团而成为世界首富，但如果没有花时间和精力在这家纺织厂上，结果可能会更好。

巴菲特与一个夕阳产业搏斗了20年，最终选择在1985年关闭了纺织业务，这个过程充满了波折与无奈。

1965年标普500指数的走势如图10所示。

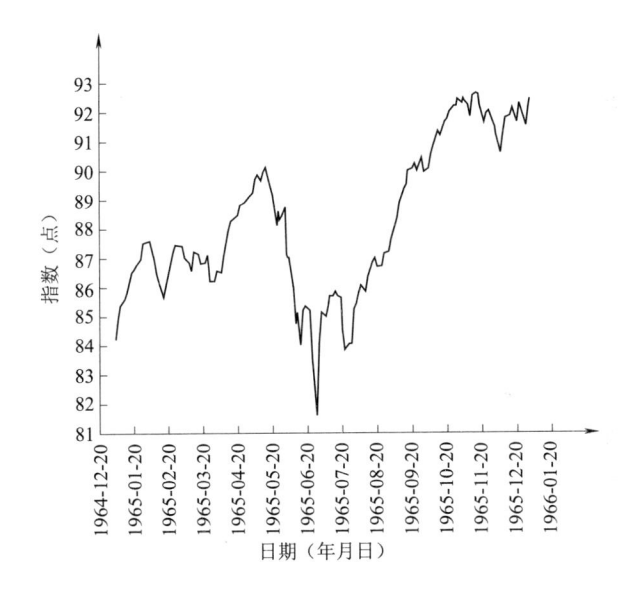

图10　1965年标普500指数的走势

思考

再便宜的资产如果不赚钱都是累赘。你在赚钱后会冲动投资吗？

1965年 —— **1966年** —— 1967年

买错公司就像买游艇

1966年，巴菲特收购了一家时装百货公司——霍克希尔曼-科恩公司（简称为"HK公司"），他为此借入大量资金。巴菲特团队计算了安全边际，可以降低风险，加上低利率，使得投资看起来可行。当时的假设是，尽管百货公司的利润薄，但如果逐年增长，且贷款利息不变，最终利润会不错。

芒格对此收购的评价很有趣。多年后接受采访时，他回忆道："买HK公司就像买游艇，高兴的日子只有两天：买的那天和卖的那天。"

1966年，巴菲特在致合伙人的信中写道："当我们买入或卖出股票时，我们关注的不是市场价格的波动，而是公司的表现。市场走势会影响我们何时被证明正确，而公司表现决定我们是否真的正确。换句话说，我们关注的是事情本身的发展，而不是其具体发生的时间。"

巴菲特想表达的是，他不注重市场的短期价格波动，而是专注于公司的内在价值发展。不过，他也会在市场价格远低于公司价值时买入，比如在2008年次贷危机时他大幅抄底买入股票。这并不是传统意义上的择时，而是基于对企业未来的信任。他不会因为市场要上涨而买入，而是发现了低估的机会。

对于百货公司的生意，巴菲特判断，可以确定 12 月圣诞节的生意会比 7 月好，但真正重要的是今年 12 月的表现是否比去年 12 月更好。这是一种相对比较的方法，用来评估投资收益率。

然而，对于总体投资组合，巴菲特无法预测今年 12 月是否比 7 月更好，甚至无法预测是否会有重大损失。他强调市场预测的难题，并分享了一段经历：当道琼斯工业平均指数从 2 月的高点 995 点下跌到 5 月的 865 点期间[①]，巴菲特接到几名合伙人的电话，他们认为股价会进一步下跌。对此，巴菲特有两个疑问：

- 如果他们知道市场会从 2 月持续下跌到 5 月，为什么不早点告知？
- 如果他们在 2 月不知道会下跌到 5 月，又怎么会知道 5 月之后会继续下跌？

还有人建议他卖出所有股份，等待市场情况更明朗。巴菲特声明：

- 未来永远是无法看清的。
- 从没有人在市场上涨 100 点后打电话告诉他看不清未来行情。

巴菲特对人性的观察让他得出结论：我们不会以被低估的价格抛售证券，即便有星象学家预测市场会下跌；我们不会以高于价值的价格买入股票，即便有专家预测市场会上涨。

购买私人公司时，有谁会根据股市涨跌趋势做决定？随着市场

---

① 同期标普 500 指数从 91 点降至 86 点。

波动，公司的核心价值并不会有很大改变，巴菲特做的正是利用市场的非理性来获利。

巴菲特也有短线交易。1966年晚春，巴菲特刚投入160万美元购买一只股票时，它的价格突然快速上涨，巴菲特随之卖出，获利约73万美元。这对1966年的业绩有正面贡献，但就长期而言，巴菲特失去了一个可能获得更多回报的机会。

1966年，巴菲特还在"捡烟蒂"阶段。我认为，巴菲特当时的买入理由是认为价格低于内在价值，快速暴涨40%以后他认为低估的理由消失，所以当价格等于价值时他选择卖出。这种交易模式在绝大多数的时候都是正确的，但也会在小部分时候卖在"脚踝"，随后一波凌厉持续的暴涨会挑战投资认知。

1966年，巴菲特取得的回报率为20.4%，而标普500指数则为-13.1%，超越了标普500指数33.5个百分点。

在致合伙人的信中，巴菲特写了十年回顾，详细梳理了自己的投资思路。巴菲特回忆起十年前成立了第一家合伙企业，初始支持者包括6位亲友，共计105 100美元的启动资金。起初，他们的问题不是买什么，而是买哪只股票，他们通常持有15~25只，期待其中任何一只股票能带来惊喜。

随着时间的推移，拥有能被理解的业务，并有足够股份可供购买的公司越来越少，同时还要确保投资组合能长期战胜指数，因此需要更加谨慎地选择投资对象。巴菲特在信中也重申了自己的投资原则：

- 不投资无法理解的科技公司。
- 不跟随市场流行的风气，尝试通过市场波动来获利。
- 不在容易出现人性失误的投资方式中寻找利润，即使预期利润非常诱人。

当时的科技公司主要是指打印机、电话公司，还有柯达。巴菲特宁愿让资产在短期内表现不佳，也要确保长期有良好表现；不愿意遭受永久性的本金损失，即使这可能带来长期回报。

1966 年标普 500 指数的走势如图 11 所示。

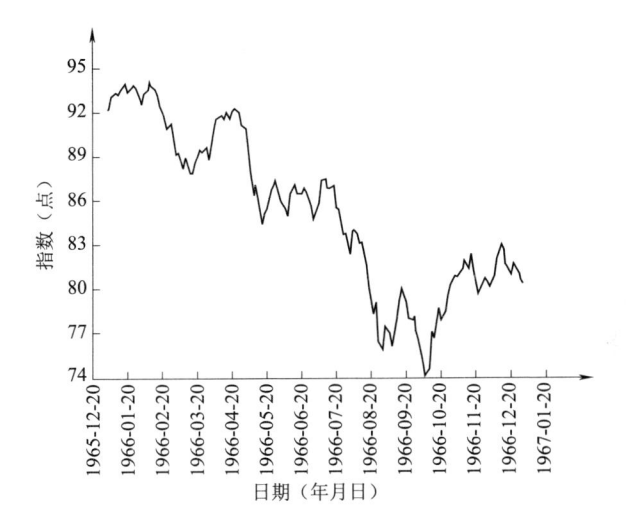

图 11　1966 年标普 500 指数的走势

思考

如果预期的利润非常诱人，你会在可能导致人性失误的投资方式中寻找利润吗？最后的投资结果如你所愿吗？

1966年 ── **1967年** ── *1968年*

没有糟糕的风险,只有糟糕的费率

1967年夏天,美国爆发了自南北战争以来最严重的骚乱。社会活动家马丁·路德·金警告,将会有更多类似的事件。这一年致合伙人的信干货较多,也许是因为美国黑人民权运动等社会事件和伯克希尔－哈撒韦纺织业务的经营不善让巴菲特开始自我反思。先来看几个要点:

- 开始思考从廉价买入普通低估股票,转型为用合理价格买入伟大企业。
- 拿纺织厂清算的一部分钱买了国民赔偿保险公司,这是资本转型的开始。
- 规定新的投资原则:看不懂的生意不买。即使是好的生意,如果对主要管理层不够满意也不买。

1967年巴菲特的整体回报率达到了35.9%,远超同期标普500指数的20.1%。

这段时间他逐步认识到,对于证券或公司的估值,定性和定量分析都不可或缺。定性分析强调买下正确的公司,不用考虑它的价格；定量分析则主张以正确的价格买入，不用考虑公司的情况。在实际操作中，两者结合显得尤为重要。

尽管巴菲特主要采用定量方法买价格低于价值的"烟蒂股"，但他真正满意的投资往往是基于定性分析的，这种被他称为"高利润性洞察力"的投资，带来了大量利润。然而，这种洞察力并不易得，更多的时候利润仍来自明确的定量决策。

巴菲特正在从"捡烟蒂"型价值投资逐渐转向买增长型企业，即以合理价格买入伟大企业，而不单单是买便宜。也许是伯克希尔－哈撒韦的纺织业务持续不赚钱，使得他对这一策略进行了反思。

1967年，尽管市场追捧宝丽来、施乐和电子数据系统这样的热点公司，但巴菲特并不了解这些技术。他告诉合伙人，他正在放慢速度："我们没有那么多好点子。"巴菲特在寻找保持资金运转的方式时，并没有放宽标准。他设定了两个新的限制条件，使寻找投资标的变得更加困难：一是不考虑技术难度过高的生意；二是即使公司预期盈利可观，但如果主要负责人不令人满意，也不会投资。

这一年，巴菲特为股东提供了股转债的选择。由于老股东总是要求分红，巴菲特为其提供了一种交换方式。如果有人希望获得分红，他们可以用股票交换利率为7.5%的公司债。通过这种方式，巴菲特排除了那些希望得到分红的股东，确保剩下的股东更关注公司的成长，而不是红利。

此时通胀升温，工资和原材料价格开始不断上升，劳动力更便宜的国外和南方纺织厂正在挤压伯克希尔－哈撒韦的销售利润。巴菲特试图尽快把钱从纺织业里抽出，他开始直接参与厂里的决策。

国民赔偿保险公司实战案例

巴菲特一直关注着奥马哈的国民赔偿保险公司，并开始深入研究保险业务。他从图书馆借了很多书，详细了解了公司拥有者杰克·林沃尔特的策略。林沃尔特为不寻常的人提供高价保险，比如马戏团表演者和驯狮员，他的名言是："没有糟糕的风险，只有糟糕的费率。"

1967年2月的一天，林沃尔特和朋友一起吃午饭，谈到了卖掉国民赔偿保险公司的事。林沃尔特觉得如果没有这家公司他会更好。朋友提到巴菲特可能有兴趣，并联系了巴菲特。巴菲特立即答应见面，并迅速与林沃尔特达成协议，收购了公司。

这次，巴菲特不再像以前那样讨价还价，而是直接接受了林沃尔特的条件，这体现了他对伟大企业的重视。伯克希尔-哈撒韦这个现金丰富但业绩不佳的纺织工厂，收购了国民赔偿保险公司，为后来成为保险和多元化投资集团奠定了基础。

如果国民赔偿保险公司赚钱，巴菲特可以用这些收益购买其他公司或股票，而不是将资金闲置。关键是要正确地给特殊的保险进行风险定价，因此，巴菲特需要资深的林沃尔特继续留在保险公司，答应给予他丰厚的报酬。

1967年对巴菲特的投资来说是一个重要的转折点，他开始尝试转变投资观点以合适的价格买入伟大企业，慢慢拼凑出集团的雏形。

1967年标普500指数的走势如图12所示。

思考

你的交易风格是偏定量的还是偏定性的？你会倾向于预测市场，还是寻找伟大企业以合理的价格买入并长期坚守价值投资呢？当然，这里有对，也有错的时候。

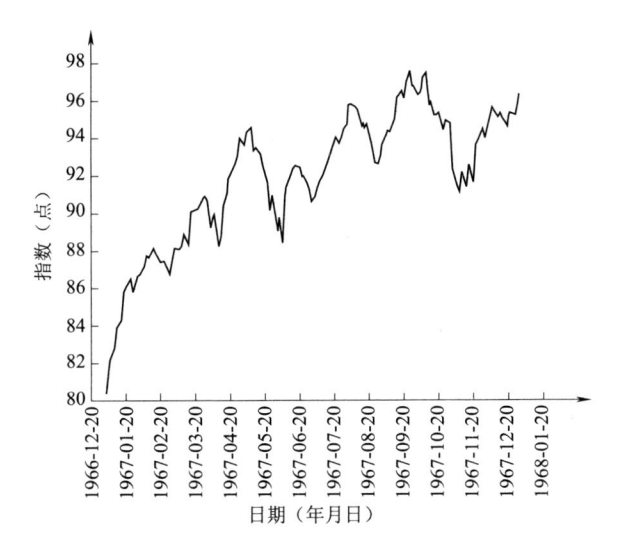

图 12　1967 年标普 500 指数的走势

1968年

通胀来袭，股票价值存疑

1968年是动荡的一年，越南战争越发激烈，社会活动家马丁·路德·金遇刺，随后数月各大城市中心爆发焚毁和骚乱。在这种背景下，巴菲特对市场的信心开始动摇，感到股票可能既没有短期价值，长期持有的价值也存疑。

4月3日，马丁·路德·金发表了他最后的演讲，其中他明显知道生命受到威胁，但他不惧危险继续推动社会运动。第二天，他在洛林汽车旅馆的阳台上被枪杀，整个黑人社区陷入悲痛与愤怒，城市中心成了激战区。与此同时，数万名学生在大学校园内举行反对越南战争的示威游行。

巴菲特在1968年年初召集了追随格雷厄姆的同伴举行了一次会议，讨论价值投资和行业未来。大家都觉得市场变得越来越没有吸引力，大量资金涌入市场，50多只新的投资基金进场，持有股票成了一种时尚。巴菲特形容这段时期的市场像患上躁狂症，人们"满怀希望、轻信和贪婪"。

这一年中，巴菲特决定放弃棘手的伯克希尔–哈撒韦，尝试将公司卖给芒格和戈特斯曼，但他们都不愿意接手。巴菲特只能继续经营，同时关闭了不赚钱的服装部和梭箱织机部。

不久后，巴菲特和芒格发现了蓝筹印花公司，一家经营印花的公司。印花是一种营销上的赠品券，零售商会购买印花，并将之连同找零一起交给顾客，顾客则会积攒这些印花，攒够一定数量可换取蓝筹印花公司提供的烤炉、钓鱼竿等用品。因此，蓝筹印花公司拥有"浮存金"，即在顾客兑换前蓝筹印花公司可以使用零售商的预付款。巴菲特认为这是一个很有潜力的投资机会。

与此同时，英特尔等科技股开始崭露头角，但巴菲特对科技股有偏见，他觉得这样的投资没有安全边际。尽管错过了英特尔这样的投资机会，但他始终坚持这样的原则：如果不能约束风险，就放弃可能的财富。

1968年年末，因为社会动荡和通胀上升，巴菲特对市场的看法越来越悲观，认为股票可能既没有短期价值，长期持有的价值也存疑。他在这一年的致合伙人的信中写道："目前的投资想法正处于低谷。再也不是以前那个样子了。"

尽管巴菲特对BPL的前景感到前所未有的悲观。然而，结果却出乎意料地好。这一年，他们获得了4 003万美元的回报，回报率达到58.8%，而同期标普500指数的回报率仅为7.6%。每年纽约交易所的交易时间约为1 200小时，相当于巴菲特在这一年每小时赚取了33 000美元，这种超常的表现简直令人难以置信，而这也是1957年全年的回报。

1968年标普500指数的走势如图13所示。

思考

为什么在越南战争激战和马丁·路德·金遇刺时，市场依然在涨？巴菲特又为什么开始强烈看空？

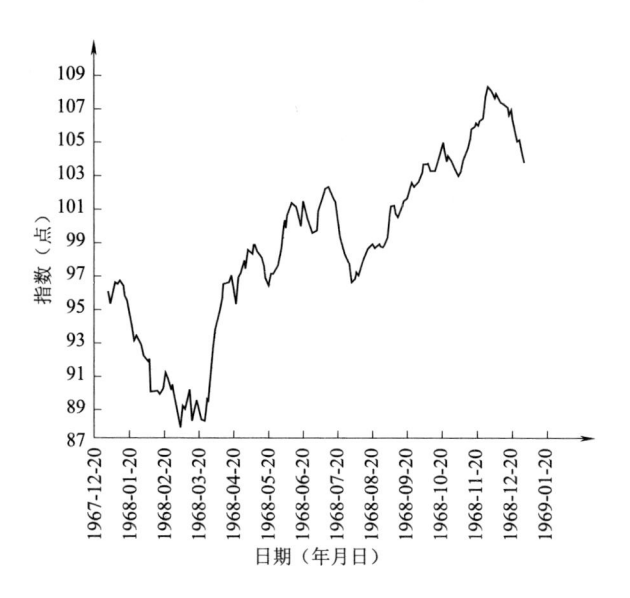

图13 1968年标普500指数的走势

1968年 — **1969年** — *1970年*

钱只是一个计分卡

1969年是一个特殊的年份。这一年巴菲特关闭了BPL，休息了几个月。1970年开始就进入伯克希尔－哈撒韦时代了。

通常，早上巴菲特来到办公室，挂上帽子就去他的书房开始一天的阅读。不久后，他会对秘书格拉迪丝说："帮我接查理。"接下来的时间，他就在打电话和阅读之间来回切换，深入研究他感兴趣的公司和股票。偶尔，他会走出办公室，指示比尔·斯科特去执行某项交易。但股票市场的持续上涨让巴菲特觉得投资变得越来越困难。

随着业绩的持续上涨，巴菲特开始受到广泛关注。媒体纷纷前来了解这位远离华尔街却能持续击败市场的神秘人物。记者参观他的办公室时描述道："一进门就看到墙上挂着1929年大崩盘的旧报纸剪报，仿佛在提醒人们市场的无情和不可预测。"

近40岁的巴菲特成了商业杂志《福布斯》的焦点。《福布斯》发表了一篇题为《奥马哈如何击败华尔街》的文章，详细报道了巴菲特的投资成就。文章开头写道："1957年投入巴菲特合伙公司的1万美元，现在价值26万美元。"拥有1亿美元资产的合伙公司年均复合增长率为31%。在这12年里，"没有哪一年是亏损的"。

在其他有关巴菲特的深入报道中,《福布斯》的专栏作家写道:"巴菲特不是一个简单的人,但他有简单的品位。"经营合伙公司时,拥有简单品位的巴菲特一直坚持股票交易的保密性,从不在采访中透露消息。他收取的费用经过再投资,在短短三年内将资产净值翻了4倍达到2 650万美元。由于没有新合伙人的资金稀释,他在BPL的股份占比从19%升至26%。

巴菲特的个人生活同样让媒体感到惊讶。他住在"一个普通的老旧的奥马哈房子"里,简陋的办公室里没有计算机和大量员工。他每天喝四五瓶可乐,晚宴上只喝可乐而不喝酒。即使有丰富美食,他也只吃小圆面包。遇上家里谁洗衣服,都可能让他赶紧换衣服。因为他看起来往往比流浪汉好不了多少,甚至有时也会邋遢地出现在公众场合。巴菲特认为,钱只是一个计分卡,而他的妻子苏珊则在乎生活质量,认为钱如果没有派上用途,便毫无意义。尽管巴菲特和苏珊的生活理念不同,但此时他们依然相爱。

致 / 合 / 伙 / 人 / 的 / 信

我曾经给你们致信,认为投资环境和我个人情况的变化将导致我对我们未来业绩预期做出调整。我当时所讨论的投资环境,已经变得更加恶劣且令人沮丧。

11月底,按要求我将提前30天正式通知各位我的退休意愿。

关于我们解散的方案的选择,你们将收到目前合伙公司控股企业的资料,请详细研究分发的资料。

这些资料详细介绍了BPL手中的资产和股票,因为解散后合伙人不再拥有 BPL 的股份而是拥有所投资的各公司的股票，大家可以自由选择去留这些资产和股票。

1969 年标普 500 指数的走势如图 14 所示。

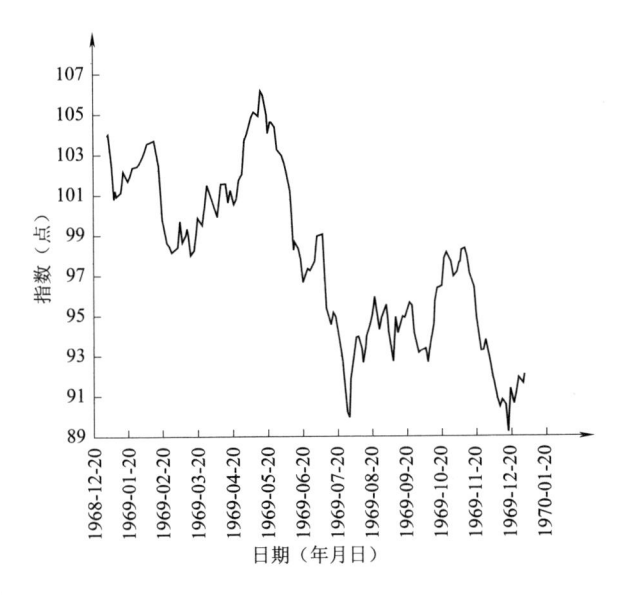

图 14　1969 年标普 500 指数的走势

思考

巴菲特总说不应该预测市场，为什么在 1968 年开始看空市场并在 1969 年关闭 BPL？关闭 BPL 清算资产后市场就开始大跌，他真的完全不预测市场吗？

1970年

持续买入伯克希尔-哈撒韦，控股 36%

1970年对巴菲特来说是承上启下的一年，他解散 BPL，持有巨额现金，休整了一年。这一年他用巨额现金低价购买伯克希尔-哈撒韦股份，随后开启保险和多元化投资集团阶段。理论上这一年是没有巴菲特的年报或致合伙人的信的，但我们还是可以通过一些蛛丝马迹来分析他的投资思路。

在 1969 年的信发出后没多久，市场就发生了剧烈动荡，许多投资者感到恐慌。正是在这种市场环境中，巴菲特逐步解散 BPL。

1970 年 1 月，巴菲特的朋友卡罗尔·卢米斯在《财富》杂志上发表了一篇关于对冲基金的文章。文中详细描述了巴菲特在 BPL 经营过程中的惊人表现，并特别提到他对股票前景的谨慎看法。这篇文章在投资界引起了不小的轰动。

即将解散的合伙人惊讶地发现，通过持有伯克希尔-哈撒韦的股票，他们实际上拥有了一家印花公司、一家银行和一家报纸。面对这种突如其来的变化，他们感到困惑，不知道是应该继续持有这些股票还是清仓变现。

如果合伙人选择拿现金离开，巴菲特就给他们结算现金，自己会得到他们的股票；如果合伙人选择继续持有股票，他们在某种意义上仍然是巴菲特的合伙人。巴菲特对忠诚看得极重，他会因担心别人是否喜欢他而寝食不安。巴菲特认为，合伙公司必须建立在一系列共同的价值观和兴趣之上，而不是短期的经济利益。他常说，他总是把合伙人看作家人。他的合伙人是一群信任他的人，而他也愿意为他们付出。作为回报，他期望得到他们的忠诚。这也是他判断合伙人忠诚度的方式——是选择继续持有公司股票还是套现。在他以后的行动中，这种思路越来越清晰。

合伙人迫切想知道下一步该怎么做。他们纷纷向巴菲特求助："我应该持有我的股票吗？"这是他们最关心的问题。面对这些问题，巴菲特给出了明确而直接的答案："我所能说的就是我打算这么做，"他坚定地说道，"并且我计划购买更多。"

巴菲特的回答不仅是对合伙人疑问的解答，更是一种信心的传递。通过简短而坚定的回复，巴菲特向所有合伙人表明了他对伯克希尔-哈撒韦的信心，以及他对公司未来发展的坚定信念。在这样一个动荡的市场中，巴菲特使合伙人意识到，继续跟随巴菲特才是明智的选择。

截至 1970 年年底，许多合伙人还是选择了套现，而巴菲特却继续购买更多的股票。他和苏珊在伯克希尔-哈撒韦的股份从原来的 18% 猛增到将近 36%，巴菲特现在已经控制了这家公司。

巴菲特在 1969 年年末市场暴跌之前反复提示风险这一策略非常高明。合伙人在市场高点卖掉股票拿到了现金，巴菲特则持有大量现金，等待市场调整到相对合理的价格之后再进行买入。这是一个精妙绝伦的操作。

1970 年标普 500 指数的走势如图 15 所示。

1970 年　持续买入伯克希尔-哈撒韦，控股 36%

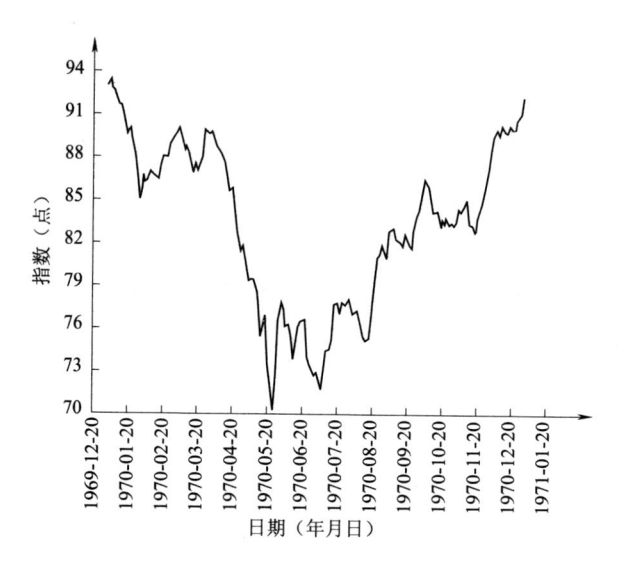

图 15　1970 年标普 500 指数的走势

思考

创始人的持股信心是投资者的重要考量因素之一。你知道 A 股有哪些创始人只增持而不卖出自家公司股票吗？这些公司发展如何？

1971年

买入华盛顿邮报，跻身政商两界核心

这是伯克希尔-哈撒韦的第一封致股东的信。目前，在伯克希尔-哈撒韦官网上只有1977年以后的致股东的信，其实巴菲特在1971年就开始认真写信了，我们跟随巴菲特的记录开启这个全盛时代。

巴菲特长期以来渴望在出版领域占据一席之地，这可能与他年少的送报经历及每天的大量阅读有关。他知道报纸行业的重要性，尤其是像《华盛顿邮报》这样的全美大报。他通过朋友结识了《华盛顿邮报》的出版商凯瑟琳·格雷厄姆，自此出入美国权力与财富的核心朋友圈。正如30岁的巴菲特所期待的，实现复利的不只是金钱，更是人脉网络与自我成长。

《华盛顿邮报》本是华盛顿地区三家仅存的报纸中发行量最小的一家，但凯瑟琳女士接手后，勇敢迎接挑战，把这家地方性报纸打造成全美大报。她与主编本·布拉德利合作，将《纽约时报》作为标杆，在报道了五角大楼文件事件后，《华盛顿邮报》的地位大大提升。

1971年年底，时任美国总统尼克松宣布废除金本位制，即美元与黄金价格脱钩，这一举动引发了金融市场的巨大震荡。原油价

格暴涨，通胀加剧，人们的生活习惯也因此发生了巨大变化。

随着物价飞涨，消费者纷纷寻找便宜商品，零售商纷纷打折促销，家庭主妇精打细算购物，收集印花的模式逐渐被人们淡忘。蓝筹印花公司后来被并入伯克希尔－哈撒韦，但此时还是分立的。巴菲特的策略是，如果该公司主业能够盈利，就继续巩固其市场地位；如果不行，就用该公司的现金购买其他优质资产，打造一个综合财团。

巴菲特在致股东的信中写道："1971年的营业利润扣除资本利得，我们的股东权益比年初增加了14%，而且是在纺织业务对利润贡献不大的情况下，这些都归功于我们5年前开始的业务重组。"这是第一年写致股东的信，当时公司重组还没完成，因此信息不多，原文也只用流水般的三面纸陈述。1971年标普500指数的走势如图16所示。

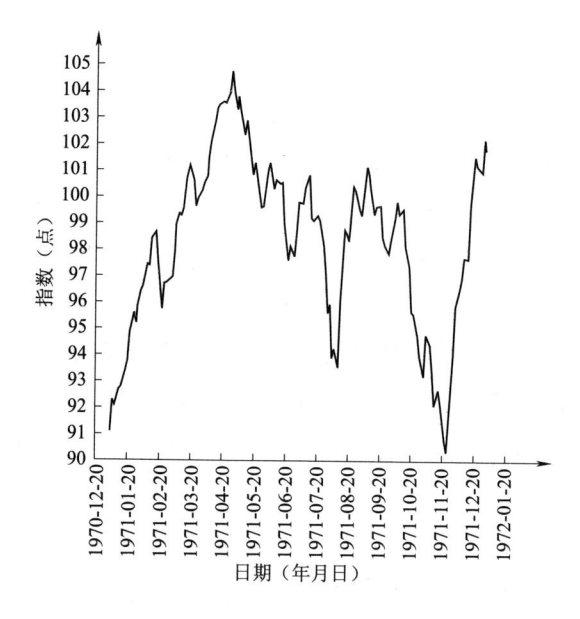

图16　1971年标普500指数的走势

思考

巴菲特能成为首富,不仅是凭借他的盈利能力,更凭借他的社会影响力。我们该如何搭建自己的朋友圈,以提升潜在社会影响力呢?

1971年 — **1972年** — 1973年

要想股票做得好，先要做好的企业家

1972年并没有发生什么大的社会事件，但有两个有趣的小故事可以帮助我们从投资之外的角度来了解巴菲特的思维方式，还有著名的喜诗糖果实战案例，其中包括指标选择与价值护城河解析。

投资少数族裔银行的失败案例

在马丁·路德·金的影响下，巴菲特的太太开始频繁地接触黑人社区。这引起了巴菲特的兴趣，他开始探索开设少数族裔银行的可行性。

巴菲特雇用了彼得和他的朋友在一家少数族裔所有的银行外统计进出人数，并按种族进行分类。统计结果显示，该银行的客户基础广泛且活跃，这让巴菲特感到乐观。巴菲特决定加入内布拉斯加州社区银行的董事会，成为顾问，同时邀请朋友也加入董事会。他向银行的创办者提出，如果他们能从黑人社区筹集到25万美元的资金，董事会的顾问将匹配同样数额的资金。

大多数经理和董事会成员都是新手，巴菲特严格培训这些人，使他们掌握银行的严格标准。他强调，银行不是慈善团体或社会服务机构。当人们向银行申请更多的钱来弥补不良贷款时，巴菲特总是严词拒绝。他知道，放松借贷标准和发放无法回收的贷款会对所有人都造成伤害。

尽管巴菲特严格管理，但这家银行最终还是因入不敷出而失败。银行管理层总是放宽借贷标准，导致产生大量坏账。管理层还抱怨巴菲特不理解贫穷的现实，并质疑一个富人在贫困社区的角色。

在此次失败的投资中我们可以看到，巴菲特通过具体的数据和事实来评估少数族裔银行的可行性，展示了他注重数据的决策方式。而且他制定了严格的管理标准，要管理人员必须遵循，不能放松借贷标准，可见他对风险管理是重视的。

可现实却不尽如人意，巴菲特的努力未能对黑人社区产生预期的积极影响。在我看来，这可以定义为职务侵占：尽管有良好的初衷和严格的标准，但管理层因为同情穷人而放宽放贷标准。巴菲特对贫困社区的运作与思维方式理解不足，导致此次失败。

揭露儿童城贪腐案

1972年，巴菲特的《奥马哈太阳报》将注意力转向奥马哈一家有名望的慈善机构——天主教儿童城。巴菲特开始了一系列调查，揭露了儿童城的贪腐行为。

儿童城宣称没有从教会、联邦或州政府那里获取资金支持，但记者在议会大厦的记录中发现这一说法是假的。巴菲特通过国会资源发现，儿童城每年通过邮局发出的募捐信大约有340万~500万封，这意味着每年至少从社会中筹集1 000万美元。然而，这些钱的一半以上都没有被用于运营。

巴菲特运用他的财务知识，发现儿童城的净值达 2.09 亿美元，每年以 1 800 万美元的速度递增，相当于其每年开支的 4 倍。巴菲特知道国会通过了一项法律，要求非营利组织向美国国税局提交纳税申报单。他的记者顺藤摸瓜，试图寻找儿童城提交给美国国税局的"990 报表"，在焦急等待 20 多天后，工作人员终于从成堆的文件中找到了这些档案。

两天后，包裹抵达奥马哈，确认了巴菲特预估数字的准确，这是揭露贪腐行为的关键证据。关于儿童城的贪腐报道传遍全美，成为全国性丑闻。儿童城的董事召开紧急会议，决定停止所有筹资活动，包括已经印好并装进信封的所有信件。调查报道产生了深远影响，推动了全美非政府组织监管方式的改革。

1973 年 3 月，美国职业新闻工作者协会和美国新闻协会授予《奥马哈太阳报》公共服务方面的最高奖励。随后，《奥马哈太阳报》还获得了新闻界最高荣誉之一——普利策地方报道奖。儿童城从此也开始有了预算，并向公众公开其财务状况。

巴菲特在揭露儿童城贪腐案的行动中展示了他强烈的社会责任感。他不满足于商业上的成功，还利用自己的资源和影响力推动社会进步。这让巴菲特受到包括凯瑟琳在内的诸多媒体同行的尊重，为他日后有资格收购《华盛顿邮报》奠定了基础。

致 / 股 / 东 / 的 / 信

1972 年，伯克希尔 - 哈撒韦的营业利润达到了年初股东权益的 19.8%。最大的利润贡献是我们的保险承保利润。保费利润已经超过了我们的历史平均水平。

近年来，无论是金融方面还是人力方面收购都表现得非常好。创始人是主要卖方，在将公司卖给我们时收到了现金，同时继续经营着公司，热情和想象力丝毫没有减少，使公司的业务继续保持好的发展势头。我们将继续稳健拓展主要业务，同时也开拓新业务，使资本更有效率地运用。

喜诗糖果实战案例

公司背景

喜诗糖果由查尔斯·喜诗和他的母亲玛丽·喜诗于1921年在加利福尼亚州创办。玛丽拥有50年制作糖果的自创配方，而查尔斯则有在加拿大成功管理连锁糖果店的经验。公司以生产高品质糖果闻名，即使在第二次世界大战期间原料短缺也坚持质量，享有极高的声誉。到1949年查尔斯去世时，喜诗糖果已在加利福尼亚州开了很多分店。之后由查尔斯的两个儿子经营，将糖果店扩展到邻近州，20世纪60年代店铺数量达150家。

投资策略

1972年，巴菲特和芒格以2 500万美元收购喜诗糖果公司，尽管这一价格是其账面价值的3倍。当时公司年收入为3 100万美元，税前利润为400万美元。尽管价格高昂，巴菲特和芒格看到了公司的长期价值。

第一，定价权和品牌影响力。喜诗糖果在加利福尼亚州市场享有极高的品牌忠诚度，使公司能逐步提高产品价格而不损失客户。例如，将糖果价格从每磅1.96美元提高到2.25美元而不损失销量，这样可以显著提高利润。

第二，低资本需求。公司无须大量再投资即可维持运营和增长。这使公司产生大量现金流，为伯克希尔－哈撒韦公司的其他投资提供资金。

第三，长期稳定的收益。公司每年收益增长率为12%，通过强大的品牌效应和客户忠诚度，确保长期稳定的收益增长，使巴菲特视其为不断增加收益的"债券"。

第四，稳定的管理层。巴菲特和芒格任命查克·哈金斯为CEO，他的管理能力和对客户服务质量的重视，进一步巩固了公司的市场地位。

护城河概念

巴菲特反复提到的"护城河"概念是指企业的竞争优势，使其能够抵御竞争对手的侵袭，保持长期的盈利能力和市场地位。这个概念类似于中世纪城堡周围的护城河，防止敌人的入侵。护城河可以有多种形式，例如品牌价值、成本优势、高利润率、高现金流等。

例如，可口可乐公司拥有护城河。其品牌价值和全球认知度极高，独特的配方和口味使其产品难以被复制。同时，消费者对品牌的忠诚度以及公司强大的分销网络，确保了其市场领导地位和高定价权。这些因素共同构成了可口可乐的护城河，使其在饮料市场中保持长期的竞争优势和盈利能力。

苹果公司同样拥有强大的护城河。其品牌价值和产品设计使其产品在市场上独树一帜。苹果的操作系统和生态系统（如iOS、macOS、App Store）形成了高转换成本，使用户很难转向其他品牌。苹果还拥有强大的全球分销网络和极高的客户忠诚度，确保了其市场领导地位和高定价权，使其在科技行业中保持长期的竞争优势和盈利能力。

喜诗糖果的护城河

第一，品牌价值。喜诗糖果拥有强大的品牌认知度和忠诚的客户群，其产品质量高、口味独特，深受消费者喜爱。这种品牌优势使得消费者更愿意选择喜诗糖果，而不是其他品牌。

第二，高质量和独特配方。喜诗糖果以其高质量的原材料和独特配方著称，使其产品在市场上具有独特性，难以被模仿。其他竞争者很难达到同样的质量标准，这为喜诗糖果提供了竞争优势。

第三，消费者忠诚度。长期以来稳定的高质量和良好的口碑，使喜诗糖果积累了大量忠实的客户。这些客户往往会重复购买，并且在节假日等特殊时段购买更多，确保了稳定的销售收入。

第四，有限的分销渠道。喜诗糖果在分销渠道上采取相对保守的策略，主要通过自营专卖店和少量精选零售商销售。这种策略确保了产品质量的控制，增强了品牌的稀缺性，树立了高端形象。

第五，高定价权。由于上述护城河的存在，喜诗糖果在市场上保持较高的定价权。消费者愿意为其高质量和品牌溢价支付更高的价格，进一步提升了公司的盈利能力。

~~~~~~~~~~~~~~~~~~~~~~~~~~~~~~~~

1972年，可以看到巴菲特运用企业管理思路和财务经验努力推动社会进步，相信这会打破一些人认为他不会创造社会价值，只会把钱挪来挪去的想法。巴菲特投资喜诗糖果公司不仅获得了高额回报，还验证了优质公司值得支付溢价的理念。这一案例不仅多年来被巴菲特反复提及，更为其后来在可口可乐和苹果等公司的投资提供了重要经验和启示。

1972年标普500指数的走势如图17所示。

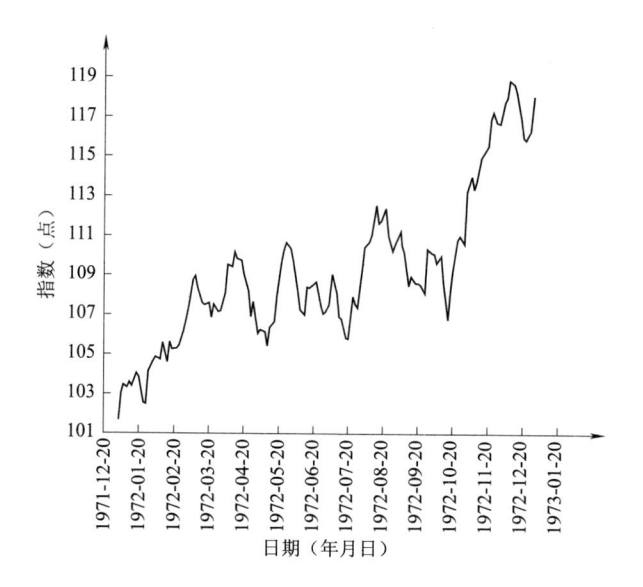

图17 1972年标普500指数的走势

思考

巴菲特通过财务分析发现了儿童城的贪腐行为，证明了财务知识的重要性。你觉得一个不懂得基本商业财会与企业管理知识的人能成为一个伟大的投资者吗？

1973年

买下陷入困境的传媒巨头,开启人脉与财富的全盛时代

1973年主要有三件大事。

第一,畅销书《超级金钱》(*Supermoney*)将巴菲特加冕为"投资之王"。乔治·古德曼以亚当·史密斯为笔名出版的《超级金钱》猛烈抨击了20世纪60年代的美股泡沫。这本书畅销数百万册,其中整整一章专门介绍本杰明·格雷厄姆和巴菲特。尽管对格雷厄姆的形象刻画不佳,但把巴菲特描绘成全美一流的投资专家。书中描述巴菲特独自经营着自己的事业,远离华尔街的"撒旦"。这本书的畅销,也使巴菲特成为家喻户晓的金融大师。

第二,成为华盛顿邮报集团的第一大股东。在"水门事件"重压之下,华盛顿邮报集团的股价跌至半价。巴菲特果断买入,成为其第一大股东。当时的报业还涵盖了早期电视业,相当于现在的全媒体霸主。值得注意的是,巴菲特在做出买入华盛顿邮报集团的决策时,并不能预知尼克松是否参与了"水门事件"以及之后会不会下台,在当时看来,总统完全可以继续用权力压制《华盛顿邮报》,让其关门停业。

第三,合并蓝筹印花公司和多元零售公司。在这一年的致股东的信中,巴菲特宣布将蓝筹印花公司和多元零售公司等合并进伯克

希尔－哈撒韦。这一举措进一步巩固了伯克希尔－哈撒韦的市场地位，增加了业务多样性。

致 / 股 / 东 / 的 / 信

我们1973年的财务结果是令人满意的，营业利润达到1 193万美元，股东权益回报率为17.4%。

管理的目标是实现长期平均资本回报率高于美国一般的产业水平，并且能够运用合理的会计和债务政策。我们在过去的几年中实现了这一目标，也在采取措施使我们在未来能保持这种表现。展望1974年，在我们扩张的资本基础上，回报率将进一步下降。

从致股东的信可以看出，巴菲特对于股票市场的未来并不乐观。下面详细解读收购华盛顿邮报集团的案例。

华盛顿邮报集团实战案例

公司背景

1973年，《华盛顿邮报》深入报道"水门事件"。然而，其他报纸和公众对此并未给予足够的重视，当年秋天，尼克松以压倒性优势连任总统。尼克松竞选连任委员会的主席（时任美国司法部部长）警告《华盛顿邮报》，如果继续报道该事件，凯瑟琳会"自讨苦吃"。一位与政府关系密切的华尔街朋友也建议她"不要一意孤行"。1973年年初，尼克松的朋友、一位共和党人士反对给华盛顿邮报集团在佛罗里达州的两家电视台继续签发执照，这一政治打击威胁到公司一半的盈利来源，使公司股价从 36 美元/股暴跌至 16 美元/股。

投资策略

1973 年 5 月 1 日，华盛顿邮报集团董事长毕比去世。律师开始处理他的遗产，给巴菲特打电话，告诉他毕比名下的 5 万股股票正要出售。巴菲特抓住机会全部买入这些股票。到 1973 年晚春，巴菲特所持有的华盛顿邮报集团的股票已超过 5%。他给凯瑟琳写了一封信，表示自己拥有 23 万股股票，并保证不会威胁她的控制权。

凯瑟琳回信提议他们在加利福尼亚州见面，巴菲特欣然同意。此时，"水门事件"丑闻已经成为爆炸性的危机。美国司法部前部长埃利奥特·理查森和副部长威廉·洛克肖斯同时辞职，以抗议尼克松总统下令解雇正在调查他的人。这是"水门事件"的转折点，引发大规模公众反对。国会弹劾总统的压力迅速增加。

在巴菲特抵达加利福尼亚州的第一个早上，凯瑟琳和多数成员一起工作到早上 6 点，连夜赶印第二天的报纸。虽然疲惫不堪，她仍然安排了午宴，巴菲特与她的团队会面。当天下午，巴菲特用 1 062.76 万美元购买了华盛顿邮报集团 12% 的股份，并与凯瑟琳签署协议，保证未经她同意不再购买股票。

社交圈的拓展

当天晚上，巴菲特夫妇参加了凯瑟琳的著名晚宴，40 位客人为他们接风洗尘。在晚宴上，巴菲特与芭芭拉·布什坐在一起，其丈夫乔治·赫伯特·沃克·布什当时是美国驻联合国大使，后来成为美国总统，其子小布什也成为美国总统。这次晚宴，使巴菲特不仅巩固了自己的投资地位，还拓展了在美国顶层贵族中的人脉圈。

1973 年标普 500 指数的走势如图 18 所示。

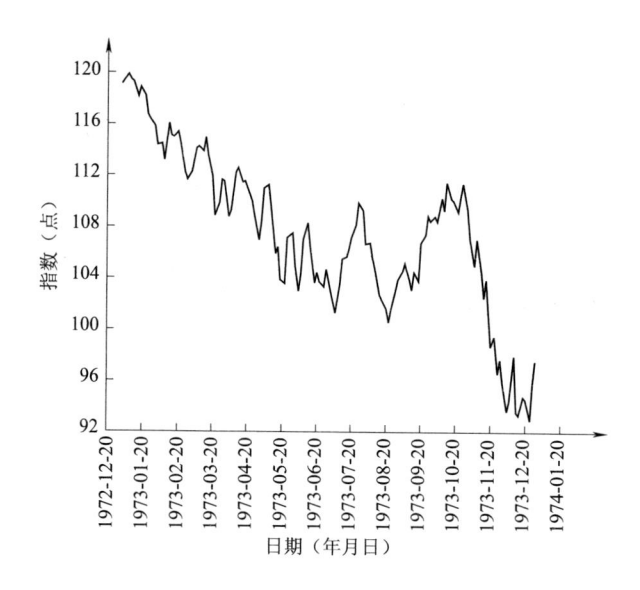

图18 1973年标普500指数的走势

> **思考**

巴菲特在"水门事件"尚未明朗、政府极力打压华盛顿邮报集团时,果断成为其最大股东,显示了他在不确定环境中抓住机遇的战略眼光。他不仅获得了财务回报,还与凯瑟琳熟识,拓展了人脉圈,这些人脉为他日后的投资和商业决策提供了宝贵的资源和支持。总有评论认为巴菲特购买华盛顿邮报集团是为了获得凯瑟琳的人脉。你认为所谓的"人脉",是相互成就还是单方面的?

1974年

以"烟蒂股"的价格购买优质成长股票

1969年《福布斯》对巴菲特的报道以及1973年《超级金钱》的畅销,使得巴菲特声名远扬。他开始利用媒体提升形象,并享受这一成果。

巴菲特也从凯瑟琳女士身上学会了为人处世的微妙方式。他能够预见他人的反应,并帮助其表达出来。致股东的信的文风变得更为恰当和富有感染力。他学会了倾听,学会了对别人表现出兴趣,还能与人谈论股票之外的事情。

此时,市场仍在失败的阵痛中煎熬,投资者所期盼的复苏仍未出现。养老基金经理人将股票投资削减了80%。伯克希尔-哈撒韦的投资组合则跌了1/3。芒格本身也有自己的合伙公司,在过去几年中尽管回报一般,但还勉强过得去,但到了1974年,芒格陷入困境,合伙公司资产损失了一半。

1974年11月,《福布斯》杂志刊登了一篇对巴菲特的采访,开篇就问:"你怎么看待当前的市场行情?"巴菲特幽默地回答:"像一个性欲旺盛的男人闯进了女儿国。"他解释道:"现在正是投资的绝佳时机。这是有史以来第一次,你能够以本杰明·格雷厄姆所青睐的'烟蒂股'的价格购买优质成长股。"

尽管对市场很热心，巴菲特在投资时仍然谨慎。他主要集中在报业集团和多媒体公司，同时巩固在房产公司的地位。他又低价购买了蓝筹印花公司的股票。巴菲特在信中回忆道："持有者以5美元的价格卖给了我，因为他手头拮据，那真是一个残酷无情的时期。"

巴菲特指出，在市场上与很多愚蠢的人打交道就像在一个巨大的赌场里，其他人都在忙着。他嘲讽人们的从众心态，涨了看多，跌了看空。他建议买入价格低得离谱的股票，并解释了判断价格低的标准，即把净资产、账面价值、企业价值作为持续经营的依据。最重要的是，坚持了解业务，不用关注太宽泛的领域。他坚信买进公司是因为想拥有它，而不是因为希望股价上涨。

当被问及如果股市再也涨不回来怎么办时，巴菲特引用了本杰明·格雷厄姆的话："从短期来看，市场是一台投票机；从长远来看，这是一台称重机。"他坚信市场最终会回归理性，并认为"现在是投资致富的时候"。

巴菲特在市场低迷时期，也没有被市场情绪左右，而是坚定地寻找被低估的投资机会，同时在投资策略上保持谨慎，集中于他熟悉的领域。

1974年，伯克希尔-哈撒韦的整体业绩并不理想，主要受保险业务拖累，但纺织和银行业务的出色表现部分缓解了这一影响。谈到伯克希尔-哈撒韦的股价下跌，巴菲特觉得尽管公司市值较小，未能被计入大盘股票指数的统计，但他仍在努力提升公司各项业务的盈利能力，以实现长期的股东价值。

随着市场狂跌，伯克希尔-哈撒韦的股价跌了近一半，股神也逃不掉。1971年开始，巴菲特并没有击败市场，做得并不好，他自己也承认。有一个年报和访问都没提及的细节是，伯克希尔-

哈撒韦的股票在 1974 年跌了 48%，而市场本身只跌了 26%。加上传闻他手下的保险公司产生很多坏账要倒闭，人言可畏，股价在恐慌之下产生共振，导致控股母公司跌了一半。

但巴菲特好像并没显出多么慌张，旗下公司的整体回报率也达 5.5%。也就是说 1 美元的萝卜，这一年的内在价值变成 1.05 美元，而市场却在以 0.5 美元大甩卖，虽然已经找不到巴菲特当年回购自家股票的证据，但从年底《福布斯》杂志对他的访谈中可以看出他当时是极有信心、乐观看待的。

当然，我们要理性分析所谓价格与价值的问题，这其实是一个估值倍数的经典问题。估值低不代表一定会涨，而估值高也不代表一定会跌，估值只是一个相对指引，比如过去某些年美股估值就是在 15～23 倍市盈率（P/E）波动，但也许在 20 世纪 70 年代的合理 P/E 是 10 倍。不同时期同一国家的合理估值相差都很大，更不要提全球那么多经济体之间的比较了，所以除了简单的统计，在实际操作以外更多的是人们对未来信心的共识。

这一年，巴菲特的好几个朋友包括芒格几乎都亏光了，巴菲特也好不到哪儿去，但巴菲特活了下来，要知道就在几年前芒格还比巴菲特有钱得多，所以在这个游戏中进攻固然重要，但活下来继续在桌上玩下去更重要。由于芒格几乎破产，他正式加入伯克希尔-哈撒韦，成为巴菲特的二把手。

1974 年标普 500 指数的走势如图 19 所示。

思考

巴菲特在采访中说："从短期来看，市场是一台投票机；从长远来看，这是一台称重机。"我们又该如何精选优质资产扛过牛熊周期呢？

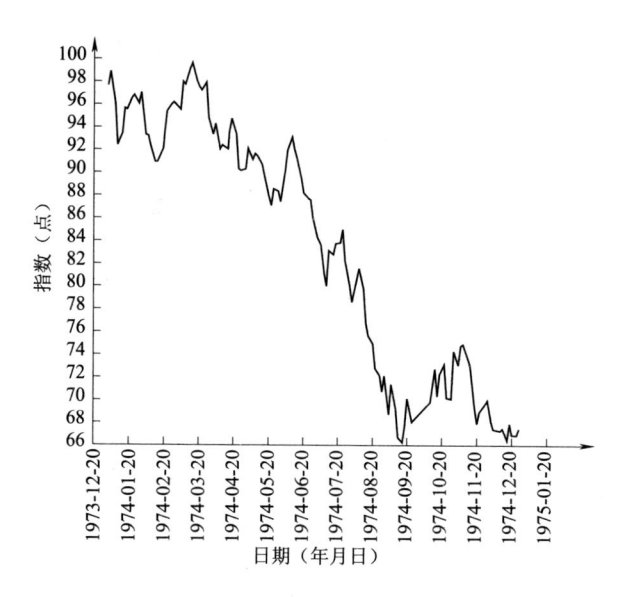

图19　1974年标普500指数的走势

1975年

诚实乃上上策

1975年，巴菲特的事业和个人生活都经历了一些冲击，我们先看他差点儿被美国证券交易委员会（SEC）起诉的事。

1975年年初，SEC正在考虑起诉巴菲特和芒格违反《证券法》。这一切源于他们两年来一直在酝酿的一项行动：理顺他们所拥有的几家公司的复杂关系，将不太重要的多元零售公司合并到伯克希尔-哈撒韦。

SEC推迟了这项并购申请，并展开了为期18个月的调查。调查最终得出结论：巴菲特和芒格通过蓝筹印花公司支付较高的价格，控制韦斯科金融公司的股份，从而破坏了韦斯科与圣巴巴拉的合并交易。SEC判定这是商业欺诈，并计划以"民事欺诈"提起诉讼，目标不仅是蓝筹印花公司，还包括巴菲特和芒格本人。

SEC针对一个目标采取行动时有两种方式：提起公诉或者和解。和解是给调查对象一个道歉的机会，调查对象不必正式承认自己有罪；调查对象可以不接受也不拒绝关于欺诈的控告，但是他们可以同意接受惩罚。

和解也有两种方式：要么指名道姓牵涉个人，要么仅针对公司。为了保护个人声誉，巴菲特请求只对蓝筹印花公司发出裁决书，不涉及个人姓名。最终，SEC 同意了这个请求，巴菲特和芒格的声誉未受影响。两周后，SEC 邀请巴菲特参加专家研讨会，暗示对他的赦免。

1975 年，还有一个关于巴菲特生活的公开信息，当巴菲特来华盛顿参加长达数月的会议时，他就住在凯瑟琳的家里。然后这位有品位女士开始帮巴菲特买衣服，教他像贵族一样生活。

这一年，美国的经济仍然麻烦不断，纽约财政几乎要破产；整个美国都沉浸在极度的悲观之中，这种局势影响了每个人的判断。时任美国总统福特拒绝对纽约的经济实施政府救援。

市场的低迷让投资者对伯克希尔－哈撒韦信心动摇。黄金价格连续 5 年涨超伯克希尔－哈撒韦的股价，引发了老股东的质疑。有位老股东把巴菲特拉到小房间，要他保证伯克希尔－哈撒韦的股票不会跌到 40 美元/股以下。这位投资者说他要崩溃了，他把每一分钱都投入巴菲特的股票。巴菲特自然无法保证股价。但另一位老股东劝说这位投资者不要卖掉伯克希尔－哈撒韦的股票，指出这将是一个大错误。

致 / 股 / 东 / 的 / 信

去年我们预测 1975 年的前景不太乐观。遗憾的是，这个预言成真了。1975 年我们的营业利润为 6 713 592 美元，每股收益为 6.85 美元，初始股东权益回报率为 7.6%。这是自 1967 年以来的最低回报率。营业利润中相当大一部分来自联邦所得税退税，这并不能确保 1976 年的业绩有所改善。

目前的局势表明，明年有些事情会有所好转。下面几个具体行业中会有关于运营和前景的进一步分析讨论。预计是，纺织业的业绩会有明显改善，近期的收购会使收益增加，蓝筹股的权益回报率会因所有权的扩大而提高，并且保险公司承保利润的增加至少可以抵销其他不利影响产生的亏损，使1976年产生可观的利润。目前最善变且完全没有把握、难以预测的是承保业务。初步迹象表明，承保业务的前景会有所改善。如果承保业务的改善是缓慢的，那么我们整体盈利的增加也会很缓慢；如果可以大幅提高，那么我们的营业利润也会大量增加。

巴菲特在信中也再次强调股权投资主要集中于这样的公司：有着良好的经济基础；拥有有上进心且很诚实的管理层，能够以一个私营业主的价值尺度来管理；购买价格很有吸引力。当这些要素都具备了，就打算长期持有。实际上，最大的股权投资是华盛顿邮报集团，花费大约1 060万美元，巴菲特期望永久持有。用并购企业的方法投资，股市波动的影响就很小了，但是经营业绩仍旧很重要。

1975年标普500指数的走势如图20所示。

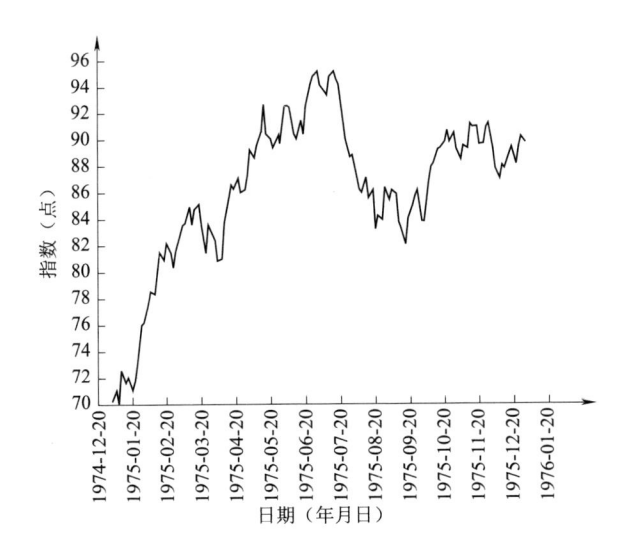

图20　1975年标普500指数的走势

> **思考**

很明显,巴菲特在盛名之下已经踏入了美国政商界的中心,个人财富积累也早已成为顶级富豪水平,可是在投资美国运通成功之后,过去五年,伯克希尔-哈撒韦却好像在逆风期,暴跌后停滞不前,不尽如人意,很多投资者都在抱怨,是什么让巴菲特最终又冲出重围,最后变成世界首富?

1975年 ○ **1976 年** ○ 1977年

买下保险公司，得到浮存金

1976 年有三件大事。

第一，在连续逆风期后巴菲特终于全垒打翻盘了，现在他有伯克希尔 – 哈撒韦近 37% 的股份，这年标普 500 指数涨了 20% 多，巴菲特投资的公司业绩赚了 59%，而股价直接暴涨超过 129%。他之前被 SEC 调查的影响渐消。

第二，华盛顿邮报集团出现了一些经营小问题——工会罢工。巴菲特作为凯瑟琳的伙伴鼓舞着她并教她如何做决策，而凯瑟琳也继续带着巴菲特出没于贵族圈，不断地开阔巴菲特的视野。在众多显贵中，巴菲特作为一名投资导师传授着他独特的金融智慧。

第三，巴菲特在这一年买下了现在还在伯克希尔 – 哈撒韦官网置顶的著名保险公司——GEICO，自此他拥有更多近乎无利息的浮存金。

1975 年年末，华盛顿邮报集团发生了工会大罢工与闹事烧毁车间的事件，连凯瑟琳的儿子唐·格雷厄姆都开始每天在印刷工厂装卸纸张。我们来看看巴菲特作为最大股东，是如何帮助企业转危为安的。

巴菲特建议凯瑟琳考虑五个变量：第一，当你回去后员工的态度；第二，你给这群人留下的印象；第三，那些转向其他报纸的广告；第四，这些广告的效果好坏；第五，读者改变阅读习惯的可能性。巴菲特强调，其他报纸并没有把我们的专栏作家或者漫画家挖走，必须找出问题的根源，为什么读者会改变习惯去购买其他报纸。

最后发现，问题还是在于工人想加工资。华盛顿邮报集团选择雇用新的员工，工人们逐渐平静，要么接受调解，要么找了别的工作，生意很快就好起来了。

凯瑟琳经常带巴菲特去参加各国国宴，面见达官显贵，虽然他每次都会去，但因为不会说法语，并且缺乏对金融以外事情的兴趣，所以他一般只是去开眼界，并没有从容地融入这些社交圈。宾客们具有贵族血统，很少与自己出身不同的人交往，但他们都很喜欢魅力四射的巴菲特。参加宴会的宾客会问他各种各样关于投资的问题，巴菲特也不知不觉地进入了这个他最为惬意的角色——教师。

GEICO 实战案例

前文我解释过浮存金是什么。它可以在股价暴跌时成为巴菲特极低利率的杠杆，让其在重要关头实现收益翻倍，比如 2008 年巴菲特就带杠杆抄底问鼎了世界首富，而给巴菲特提供大量浮存金的就是 GEICO。

公司背景

1976 年，GEICO 已经濒临破产。新任 CEO 杰克·拜恩肩负着拯救这家保险公司的重任。作为一个曾经只服务于政府雇员的保险公司，GEICO 决心面向普通大众拓展市场。他们推出了"搜寻百万投保人"的口号。尽管股价一度高达 61 美元/股，但巴菲特认为现在这个价格还是过高，劝凯瑟琳不要盲目购买，因为"对自己想要的东西付钱太多总是错误的"。

多年来其实巴菲特一直密切关注着 GEICO。他在 21 岁时不但自己靠投资这家公司赚到了钱还在财经专栏推荐过这家公司。1975 年，他再次审视这家公司的财务状况，发现 GEICO 的赔款准备金严重不足，这意味着公司的实际利润被高估。他立刻与 GEICO 的高层沟通，但巴菲特的意见被忽视了。

1976 年年初，GEICO 宣布 1975 年是其有史以来最糟糕的一年，支付保费使其损失高达 1.9 亿美元。公司停止支付红利，表明其财务状况已经极为紧张。CEO 开始疯狂寻找资金支持，急需 2 500 万美元来维持运转。

4 月，400 名愤怒的股东在华盛顿的股东大会上质问和指责管理层。公司董事会也乱作一团，决定解雇现任管理人员。在这种混乱中，杰克·拜恩接任 CEO，他曾是旅行者保险公司的精算师，在保险行业积累了丰富的经验。拜恩接任后，首先筹集资金，寻求其他保险公司的再保险支持，但遇到重重阻力。所罗门兄弟公司最终同意承担 7 600 万美元的可转换股票保险，但其他投资银行却不愿帮助分担风险。

投资策略

巴菲特决定评估拜恩。他在一次晚宴后见了拜恩。巴菲特认为拜恩"理解保险业并且具有分析能力"，是拯救 GEICO 的合适人选。于是，他通过伯克希尔－哈撒韦买入大量 GEICO 股票，总价值达 400 万美元。

巴菲特的投资增强了市场信心。拜恩采取严格的重整措施，砍掉 40% 的业务，仅保留 7 个州和华盛顿特区的业务，带领管理层逐步重建对公司的信任。几周内，总计 27 家再保险公司自愿承担再保险保单，GEICO 的股价从 2 美元/股增长到 8 美元/股。拜恩的领导和巴菲特的支持，使 GEICO 成功渡过了危机。

致 / 股 / 东 / 的 / 信

经过两年的惨淡经营后，1976 年的经营业绩获得了明显改善。1975 年我们预计保险承保业务的进程将决定我们收益的大小。最终，收益超过了我们的最高预期。这在很大程度上取决于国民赔偿保险公司菲尔·利什管理团队的杰出成绩。

以美元计，我们的营业利润达到 1 607.3 万美元，或说每股收益 16.47 美元。这是个创纪录的数字。

我们基于公司的长期表现进行投资，如果收购整个公司会考虑以下因素：

- 对公司有利的长期经济因素。
- 有能力且忠诚的管理层。
- 以收购整个公司的标准来度量，价格有吸引力。
- 是我们所熟悉的行业，我们能判断其长期的经济特征。

找到符合我们标准的公司很困难，这也是我们喜欢集中持股的原因之一。我们无法找到 100 只满足我们投资标准的股票。然而，我们觉得集中持有少量已确认有吸引力的股票也是非常舒适的。

1976 年标普 500 指数的走势如图 21 所示。

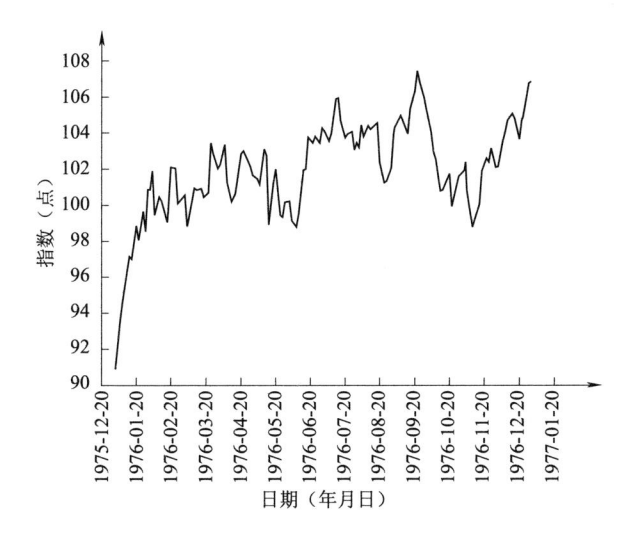

图 21　1976 年标普 500 指数的走势

> **思考**

你认为未来的人们生活消费习惯会有什么变化？五年后什么行业会消亡，什么行业会万物生长？

1976年 — **1977年** — 1978年

巴菲特投资股票的指标

1977年有两件事情比较重要。

在生活上,巴菲特的妻子苏珊去了艺术氛围更浓厚的旧金山,开始与巴菲特分居。

在事业上,巴菲特在1978年年初开始认真写年报,兼并重组也近乎最终完成,集团成了他梦想的样子。这也是第一份记录在伯克希尔-哈撒韦官网的年报。他陈述了商业活动是如何运作的,如何评估管理绩效,解释了为何短期回报是投资决策的最差标准。

这一年,巴菲特在致股东的信中写道:"1977年的表现比预期稍好。我们建议大家不必过于关注单一时期的盈余数字,因为长期累计的资本利得或损失才是关键。除非是特殊情况(如高负债或未重估的重大资产),我们认为ROE是衡量管理层表现的合理指标。"

保险业的特点

巴菲特和他的团队发现,保险公司提供的标准保单非常容易被模仿。保险行业的唯一产品是承诺,因为保险执照易得,费率公开,使得商标、专利、地点等因素并不重要。消费者对保险产品难有特别偏好。在企业年报中，经理人常强调自己不同于同行的特殊之处，有时有理，有时无理。但不可否认的是，保险业的本质使得经理人的表现对公司绩效至关重要。

股票投资的理念

巴菲特对持股比例较大的投资通常持有很长时间，因此投资绩效依据这些公司在这一期间的经营表现，而不是特定时期的股票价格。他认为，买下一家公司却只关注其短期状况是愚蠢的行为。巴菲特选择投资股票的方式与买进整家企业的模式相近。他希望企业必须具备以下特点：

- 是他可以了解的行业。
- 具有长期竞争力。
- 由德才兼备的人士经营。
- 价格吸引人。

他从不试图买进短期股价预期有所表现的股票。事实上，如果企业表现符合预期，他反而希望股价不要涨太高，以便以更理想的价格买进更多股票。

持股与并购

巴菲特发现，买入好公司的股价通常比协议谈判买下整家公司便宜。因此，想拥有价廉物美的企业所有权，直接并购往往不如通过股票市场间接拥有。在价格合理时，巴菲特愿意购买特定公司的大量股票，并期望公司表现良好，转化为长期价值和丰厚的股利收入。直接买下企业的成本可能是通过股票市场投资的两倍。控制权虽带来机会，但也带来管理责任。巴菲特认为自己无法在管理公司方面提供额外助益，实际上，不管比管更能得到好结果。

这一年开始，因为涵盖的业务比较广，所以巴菲特在致股东的信中会分主题表达他的看法。再往后一些年，当他有了专业编辑人员的辅助后行文会更通顺。

作为职业交易员，我的思路是尽量多从投资上抓取要点，但伯克希尔-哈撒韦越来越大，巴菲特每年都会按惯例表述每个细分产业的运营情况。接下来我只解读有所变化的情况，这样大家可以有更清晰的观察。1977年标普500指数的走势如图22所示。

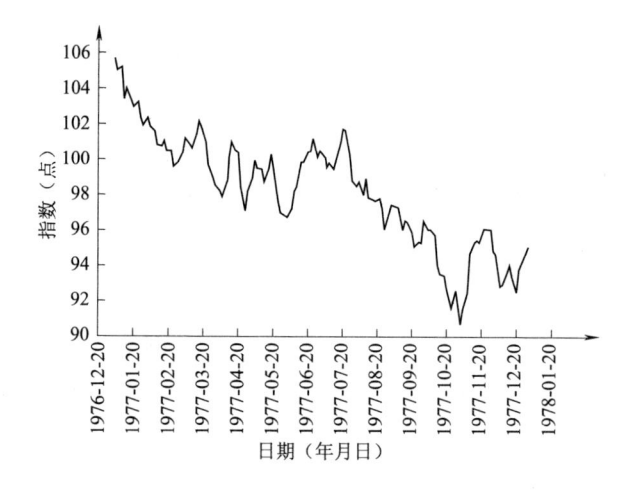

图22　1977年标普500指数的走势

思考

你用什么指标评估股票价格高低？真的有百试百灵的神奇交易策略吗？

1978年

没人能成功预测股市的短期波动

1978年是伯克希尔－哈撒韦的丰收之年，营业利润约为期初股东投资成本的19.4%。然而，巴菲特提醒股东，不应过分关注单一年度的盈余数字，而应将注意力放在长期累计的资本利得或损失上。

股票投资的乐观前景

在保险行业经历了连续三年25%增长后，巴菲特尽管对其短期营运持保守看法，但对保险子公司所持有的股票投资组合感到非常乐观。他在这一年致股东的信中写道："我们从来不会想要去预测股票市场的走势，事实上，我不认为包括我自己本身在内，有人能够成功预测股市短期的波动，就长期而言，我们觉得这些主要持股的价值终将远超过我们当初投资的成本。"

纺织业的教训

1978年，伯克希尔－哈撒韦的纺织业盈余达到130万美元，较1977年有所改进，但与投入的1 700万美元资本相比，回报率依然很低。

纺织业的现状充分地说明了教科书中提到的，资本密集但产品无重大差异化的生产者注定将赚取微薄的报酬，除非供给吃紧或真正短缺，只要市场产能过剩，产品价格就会随直接营运成本而非投入资金进行变动。也就是说，如果你的产品不具独特性，因为竞争激烈，你就要持续地投钱，最终也很难挣到大钱，这也是我们在创业或择业时要规避的。

退休基金经理人的反向操作

巴菲特提到，1971年，退休基金经理人将可运用资金的122%投资在高价股票上，但到1974年股市大幅回撤时，他们的股票投资比例降至历史新低的21%。这种反向操作反映了人性的弱点：在牛市末期疯狂投入，而在熊市末期恐慌撤资。巴菲特则反其道而行之，在1970年年初清算BPL变现，在1974年后则满仓操作。反观1978年的许多退休基金经理人，原本最应该采取长期投资策略的一群人，平均只将9%的资金放在股票上，创下比1974年更低的比例。我们都知道接下来的美股是一个二三十年大牛市，事后看，这些退休基金经理人成为一个反向指标。

巴菲特的投资哲学一直强调长期价值，而非短期市场波动。他并不在乎市场会不会立即对这些价格被低估的股票做出反应，事实上，他宁愿其对价格无反应。这样他可以不断投入资金，用低廉的价格买进这些股票，最终的回报会超过短期股价上扬带来的利益。

伯克希尔－哈撒韦的投资策略是集中持股，而不是分散投资。巴菲特说："我们试着尽量不要这也买一点，那也买一点，因为那样会使我们对于被投资的产业漠不关心。"当他们认为价格合理时，就会大量买进，而不是零星购买。

经营者的成本管理

巴菲特分享了一个重要观点：

> 一家费用成本高的公司的经营者，永远找得到增加公司开支的借口；而一家费用成本低的公司的经营者，永远找得到为公司节省开支的方法。

巴菲特认为，经营者的态度和能力对公司的成本控制至关重要。零售商店的老板本（Ben）已经 75 岁，但他仍然每天为公司灌注无比的热情与活力。伊利诺国家银行 81 岁的吉恩·阿贝格和韦斯科金融公司 73 岁的路易·文森蒂也是如此。外界或许认为巴菲特对这些年长的经理人有特殊偏好，但实际上，与这些经验丰富、充满激情的经理人一起工作，无论是在财务上还是在精神上，都是一种巨大的享受。

巴菲特说："与这群乐在其中并以老板心态每天认真经营公司的专业经理人在一起工作，实在是一种享受。"

1978 年标普 500 指数的走势如图 23 所示。

思考

1. 美国的公司常年都有一定的分红或者回购计划，这也是白马股考核指标之一，而中国不进行现金分红的上市公司较多，这是什么原因造成的？
2. 巴菲特的伯克希尔－哈撒韦也从没分过红，核心理由是他坚信自己能跑赢市场，创造更多价值。那么，那些股价涨得一般，既不分红也不回购的 A 股上市公司，还能成为我们追求的投资标的吗？

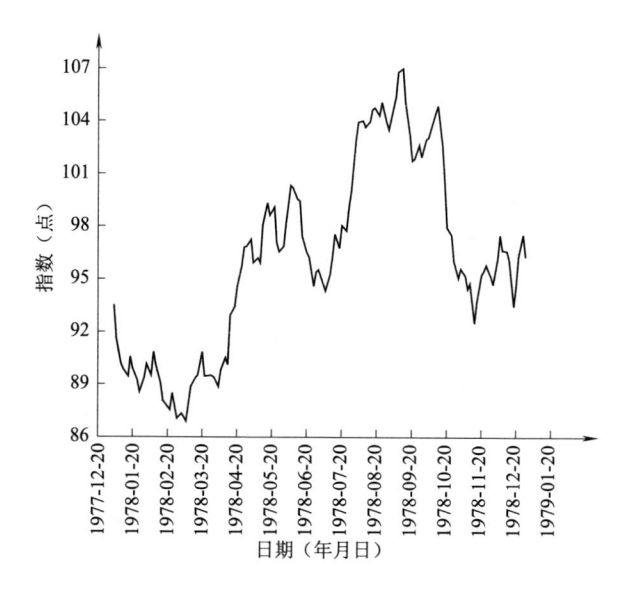

图 23　1978 年标普 500 指数的走势

1979年

别把时间精力花在坏公司上

经过与纺织厂多年的搏斗,巴菲特终于清醒地意识到,与其把时间和精力花在购买廉价的坏公司上,还不如以合理的价格投资一些资质好的企业。

1979年年底,股市陷入一片黑暗,买单犹如挤眼药水般困难。标普500指数近十年萎靡不振,仿佛一辆破旧的汽车,冒着黑烟,喘着粗气,艰难地颠簸前行,又跌回多年前的水平。

福特总统之后,卡特上台。他对伊朗的外交无能为力,导致美国在中东的彻底失败。三哩岛核事故导致放射性物质泄漏,全美震惊。与此同时,通胀率攀升至两位数,加油站前排起了长队。

《商业周刊》宣称这是"股市之死",仿佛再也没有人会购买股票。极度悲观的情绪笼罩整个美国。投资者疯狂囤积黄金、钻石、铂金、艺术品、房产、家畜和石油,当时流行的口号是"现金是垃圾"。在格林奈尔学院,一个叫史蒂夫·乔布斯的年轻人正在劝说投资委员会卖掉所有股票,买进黄金。然而,格林奈尔学院最终没有听从他的建议。

巴菲特的逆向操作

在这个悲观的市场环境中,巴菲特的观点却截然不同。他在《福布斯》上发表文章,称这是投资者购买股票的最佳时机。

> 未来的事永远没有人知道,但是当大家都看好股市的时候你再入市,就不得不出高价了。那些着眼于长远的投资者要一直学习如何与不确定性周旋。

过去 10 年,巴菲特不断获得大量现金——先是从 BPL 清算的资产中获得了 1 600 万美元,接着从一家私人数据文件公司的股票交易中获利数百万美元,但他将这些全部投到伯克希尔-哈撒韦的股票。巴菲特想要资金来投资,他又一次开始从银行借钱投资。

1979 年,在市场极度低迷的情况下,巴菲特强调投资者需要着眼于长远,而不是被短期市场波动所左右。当所有人都在抛售股票转向其他资产时,巴菲特选择继续投资股票。这里大家要注意,千万不能单纯把巴菲特当成一个股票投资者。就拿 20 世纪 70 年代末这几年美股熊市来说,他的几个朋友包括芒格在内几乎都破产而被迫变卖资产了。我做投资多年,发现在这个市场屹立不倒比跑得快重要多了,更为重要的是要有持续的现金流以应对连续多年的熊市。巴菲特在十年熊市中获得了几千万美元的现金,这些钱让他得以继续买入廉价筹码,熬过周期底部后完成蜕变。而多数人没有那么稳定的自由现金流,往往股票市场不好的时候整体经济和民生也不会太好,几年下来许多人为了生计、生意和各种用钱的需求而低位卖掉了股票,自此未来的回本机会甚至经济好起来后的大牛市都不再与其有关。所以大家学习投资时要注意防守重于进攻,在关注股市的同时,更要关注自身自由现金流的持续增长。

筛选企业标准

1979 年,伯克希尔–哈撒韦取得了不错的经营成果,营业利润达到了期初净值的 18.6%,略逊于 1978 年。尽管每股盈余增长了 20%,但巴菲特认为,不应该过于关注每股盈余。

> 即使是利率固定的定存账户,只要放着不动,利息滚入本金,每年的盈余也能稳定增长。一个静止的时钟,如果不注意,看起来也像是正常运作的时钟,每天还有两次准的时候。

在评价短期经营成果时,使用营业利润(不含出售证券损益)除以股东权益(所有股票投资按原始成本计算)。这个比被认为是衡量单一年度经营成果的最佳方式。

巴菲特强调不按市价计算股东权益是为了避免分母因市价波动而失去比较意义。如果股票价格大幅下跌,导致股东权益下降,原本平常的营业利润看起来反而会显得不错。同样,当股价表现变好,股东权益增大,营业利润率则会显得逊色。因此,他主张以期初的股东权益(按原始成本计算)为基准来衡量经营绩效。

而考虑长期绩效时,巴菲特和他的团队认为,判断一家公司经营好坏的主要依据,是其 ROE(排除不当的财务杠杆或会计记账),而非每股盈余的成长与否。从长期来看,他们认为公司净利润(包含已实现、未实现资本利得与非经常性损益)除以股东权益(所有投资以公允市价计算)的比,是衡量永续经营成果的最佳方式。短期内看起来相当特殊的资本利得,长期来看对股东利益的影响与日常营业利润并无太大差别。

面对通胀的挑战

巴菲特严格自我检视。几年前,年复合增长率达到 20% 的投资或许称得上成功,但此时未必。投资者还需要考虑通胀率与个人所得税率,唯有将这些负面因素扣除后是否达到购买力的净增加,才能用于论定投资结果是否令人满意。例如,3% 的储蓄债券、5% 的银行定期存款以及 8% 的国库券,由于通胀因素,使这些投资变成侵蚀而非增加购买力的工具。同样,每年赚取 20% 盈余的事业,在严重通胀情况下,也会产生类似效果。如果伯克希尔–哈撒韦继续维持每年 20% 的获利,成绩已相当不错,但无法保证每年如此。在 14% 的高通胀率下,股东的购买力几乎没有增加,因为剩下的 6% 将用来缴纳所得税。

在美国,短期持股和长期持股的税种不同。巴菲特选择不卖出股票,而是放在账上,因为卖出要缴税。他在致股东的信中计算过,如果每年高抛低吸并缴税,最终收益远不如长期持有一次性缴税。这是简单的数学问题。

此外,经过纺织业的惨痛教训,巴菲特得出结论,所谓的"转机"公司,最后鲜有成功。与其把时间和精力花在购买廉价的坏公司上,还不如以合理的价格投资一些资质好的企业。

纳斯达克上市

1979 年伯克希尔–哈撒韦在纳斯达克上市,这意味着每天的《华尔街日报》证券版将刊登其报价。按季度公布财报后,《华尔街日报》会立即报道相关信息,这解决了他们长期以来在信息发布上的难题。

伯克希尔–哈撒韦的股东是一群特别的人,这影响了巴菲特撰写年报的方式。每年约 98% 的股东保留他们的持股，因此巴菲特尽量避免重复内容，让股东获得有用的信息。90% 的股东将伯克希尔－哈撒韦作为最大的股票投资，因此他们花大量时间研读年报，伯克希尔－哈撒韦则努力提供所有有用信息给全体股东。相较之下，季度报告未花太多时间，因为股东和经营者都以长期眼光看待这份事业，不关注季度间波动。

巴菲特认为，年报不应交给员工或公关顾问处理，而应以经理人向老板报告的方式去做。详细程度不同，但大方向和诚挚态度一致。著名投资专家菲利普·费雪曾比喻，公司吸引股东的方式如餐厅招揽客户。餐厅标榜特色，吸引特定客户群。如果服务好、菜色佳、价格公道，客户会一再光顾。餐厅不能频繁改变特色，否则会导致客户不满。同样，公司不可能同时迎合所有投资者，因为有的要高股利报酬，有的要长期资本成长，有的希望短期股价爆炸性成长。

1979 年标普 500 指数的走势如图 24 所示。

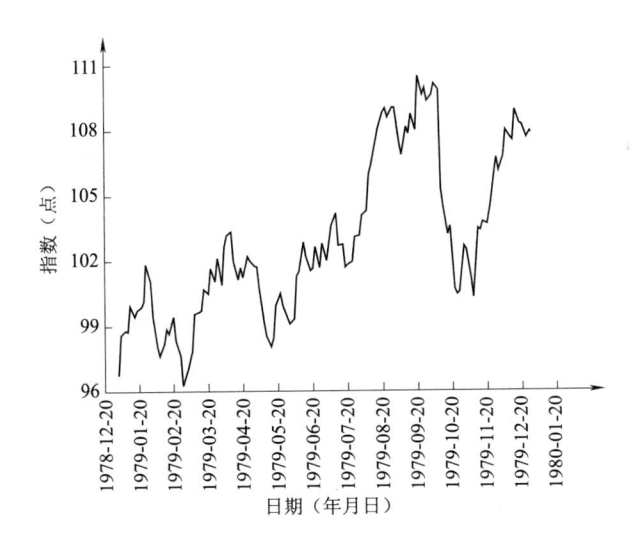

图 24　1979 年标普 500 指数的走势

思考

　　1979年的致股东的信讲到了很多的历史背景和细节，可以看到美国政府不仅在2020年印钱，1979年也是如此，当年的通胀率也是极其高的两位数，这让他专门花时间劝大家不应该买债券。那么我们自己的投资理财应该如何配置？

1980年

货币和财政政策都很重要，但核心还是企业本身

巴菲特在20世纪70年代末开始的漫长美股熊市中，逆势而行，做出了大胆的股票交易决定。当时，失业率不断上升，物价以每年15%的速度飞涨，经济环境极其恶劣。然而，巴菲特取得了成功，这也多亏了时任美国总统卡特的孤注一掷。1979年，卡特任命保罗·沃尔克为新的美联储主席。沃尔克在1980年3月将中央银行的贴现率从10.25%提升到20%，在当年6月短暂下调过利率，随后由于通胀持续，他在12月又将利率提高到20%，并保持在16%以上。这一举措确实结束了美国的通胀，但这也造成了之后两年的经济衰退。

这一年市场看到通胀被遏制的希望，股市终于涨了点儿。但1980年开始的两位数恶性通胀把人们从股市中赚到的抵销，货币购买力大幅贬值下的压力犹在，美国社会即将迎来最难熬的"历史垃圾时间"，很多投资者从现金流枯竭到直接破产被清算。

芒格的健康困境

芒格的健康状况也日益恶化。他多年坚强地忍受着日益严重的

白内障折磨，但在接受左眼白内障手术时，出现了一种极其罕见的并发症，使他几近失明。由于无法忍受眼部时而猛烈发病的痛苦，芒格决定进行眼球切除手术，并装了一只玻璃义眼。

术后，即使有护士的辅助，他也无法站立洗澡，因为剧烈的疼痛常常导致他眩晕。他告诉巴菲特，他甚至不想活了。因为害怕再经受一次这样的折磨，芒格决定不再对右眼进行白内障切除手术，只采取保守治疗，不切除晶状体。他不得不戴上一副老式、像水母一样厚的白内障眼镜。

支持盈余再投资的战略

这一年的市场并没有发生什么大事，我们直接从致股东的信的要点开始解读。

巴菲特的策略是关注盈余再投资所能产生的效益，重要的是盈余的未来增值潜力，而非当前的控制权。例如，即使公司财务报表无法反映树木的成长，伯克希尔-哈撒韦拥有成长中的山林这一事实并未改变。如果被投资公司用盈余回购自家股票，伯克希尔-哈撒韦也会表示支持，因为这通常是提升股东权益的最佳方式。

在评估企业单一年度的绩效时，伯克希尔-哈撒韦以营业利润除以股东权益为标准。而在长期评估中，巴菲特强调要考虑已实现、未实现资本利得与非经常性损益。虽然市值变化难以预测，但市场最终会反映公司积累盈余的能力。重要的是企业自身的挣钱能力，而非短期的货币政策或财政政策。

股东权益报告的重要性

巴菲特强调，公司财务报表所记载的盈余不一定代表股东的实际收益。只有当购买力增加时，投资才算真正获得盈余。

> 假设你放弃享受10个汉堡而进行投资，其间所投公司分配的股利仅够让你购买2个汉堡，而最后你卖出这笔投资时换回8个汉堡，那么你会发现事实上无论你拿到多少钱，你的这项投资实际上并无所得。

这就是著名的"巨无霸"指数，反映了通胀对实际购买力的影响。特别是20世纪80年代初美国恶性通胀的时候，股票赚的钱要能跑赢通胀率才算是盈利，所以谈的时候更要考虑实际购买力的增长，而不单是利润率。比如拿这几年的日经指数来看，如果不考虑汇率跌一半，过去12年指数涨了4倍，但如果考虑到日元对美元的汇率持续暴跌，则年化回报率只有6%。12年一倍只算正常的指数涨幅，再算上过去12年的全球物价平均涨幅，日经指数其实并没有给投资者带来多少利润。

1980年，伯克希尔-哈撒韦发行了利率为12.75%，25年期，金额为6 000万美元的公司债。巴菲特认为，在市场银根最紧的时候，拥有充足的资金尤为重要，因为那时往往是最佳投资机会出现的时候。因此，伯克希尔-哈撒韦偏爱"产生现金"而非"消化现金"的公司。高通胀使得很多公司需将赚得的每一块钱再投入才能维持原有规模，而伯克希尔-哈撒韦则保持适当的流动性和负债比例。

1980年标普500指数的走势如图25所示。

思考

在牛市，选到好股票才能取得更高的回报率。换言之，选股就要选好的行业或者企业。那么，你觉得哪些是能产生现金，未来市场足够大，且挣钱的好企业或好行业呢？

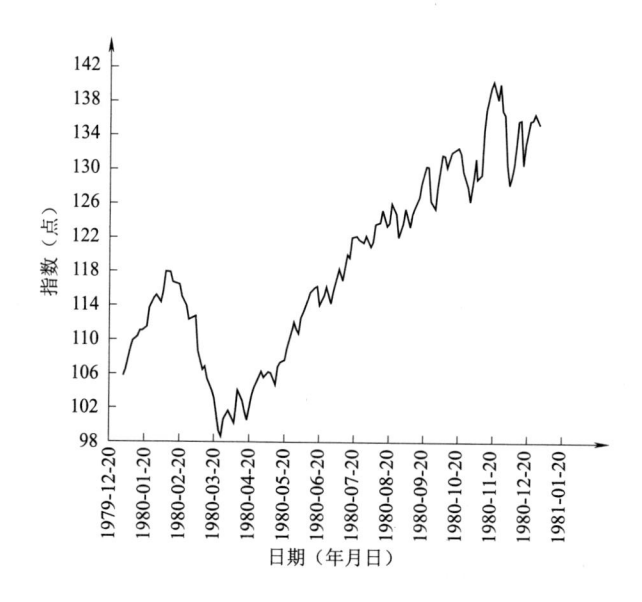

图 25　1980 年标普 500 指数的走势

1981年

用激励和信任的方式,让员工提高效率

1981年,美股继续跌。新任美国总统罗纳德·里根大幅减税,撤销对商业活动的管制,并全力支持沃尔克的政策。尽管这些政策引发了争议,但经过经济阵痛,到1982年年底,20世纪80年代的美股牛市终于到来,股票价格追上了企业利润的增长。

巴菲特更加细化地解释了自己买怎样的公司,以及为何芒格升任副董事长。芒格和巴菲特在很多方面都有相似的想法,但在商业活动上有一个主要区别:巴菲特常常对一些企业着迷,想要立刻购买并敲定协议,而芒格大部分时候则在否决这些交易。

管理哲学

芒格的回忆录中特别提到,巴菲特是一个和蔼可亲的老板,从不发脾气,也不会反复无常地改变商业想法。他对员工的工作从不过多干涉,总是充分放权,因为他认为聪明的人自然会做好一切工作。芒格说,巴菲特不会给人施加压力,而是会激发他们的潜能。

巴菲特深谙卡耐基的管理哲学,即给人们一个良好的声誉,这样他们就会朝着目标要求自己。巴菲特知道如何激发员工,实现卡耐基的伟大成就。他对员工的讲话通常是这样的："你太出色了，这份工作并不会花费你太多时间和精力。这份工作正是你的强项，再找三个人也比不上你来做。"这种激励和信任的方式，不仅提高了员工的工作效率，还提高了他们的自信和忠诚度。

长期投资的资金来源

巴菲特的大部分投资资金来源于子公司流动的现金库，即保险和印花的浮存金。虽然预付费的印花所提供的浮存金在减少，但这些资金所投资的项目在往后的几年里却取得了丰厚的回报。

巴菲特坚信，长期而言，市场价格最终会与企业价值同步发展，所以他把每年产生的大量现金再次投入市场。巴菲特指出，大多数企业领导人倾向于高价收购其他企业，这是由以下三个主要因素驱动的。

- 动物天性：企业管理层通常充满行动和战斗的意念，喜欢通过并购来展示自己的能力。这种天性促使他们在面对并购机会时倾向于迅速采取行动。然而，伯克希尔-哈撒韦的管理层则不同，即使并购成功在望，他们也能保持冷静，审慎评估每一个决策。
- 规模至上：许多公司及其管理层更注重公司的规模，而非盈利能力。他们往往以公司的规模作为衡量成功的标准，甚至不清楚自己公司的盈利能力在行业中的排名。相比之下，伯克希尔-哈撒韦更关注投资的实际价值和长期回报，而不是单纯追求企业规模的扩张。
- 童话信念：许多企业管理层沉浸于童话故事，认为只要被他们优异的管理能力一"吻"，被并购的公司便能脱胎换骨。

就像童话中被美丽公主一吻而恢复原形的青蛙王子，他们幻想通过自己的领导能够将任何公司变为成功的企业。这种过度自信往往导致他们在收购时支付过高的溢价，忽视了实际的财务和运营状况。股东之所以愿意以两倍的价格买下公司，而不是直接以市场价买进，是因为他们对管理层的乐观预期。换言之，投资者可以以蟾蜍的价格买到蟾蜍，但若愿意支付双倍价格让公主去亲吻蟾蜍，就得保佑奇迹发生。许多公主依然坚信她们的吻有使蟾蜍变成王子的魔力，即使她们的后院已经养满了一大堆的蟾蜍。

尽管如此，以下两种情况的并购是可能成功的。

第一，适应通胀的公司。这种公司通常具备两种特征：一是能够轻松提价而不失去市场占有率或销货量，二是只需少量额外资本支出便可大幅增加营业额。即使是能力普通的经理人，在这种条件下也能使购并案圆满成功。

第二，需要具有卓越经营才能的人发现少数被伪装成蟾蜍的王子，并且有能力让它们显出真身。遗憾的是，巴菲特说自己没有这个能力，所以他把精力放在第一种情况的公司上。他还提醒大家不要忽略诺亚的警告：仅预测何时下大雨没有用，必须能建造方舟。伯克希尔-哈撒韦曾以划算的价格收购了不少"蟾蜍"，但这些努力并未显著奏效。伯克希尔-哈撒韦也曾遇过一些"王子级"公司，但在收购时，它们已经是王子了，至少这些公司没有因他们的努力变回蟾蜍。巴菲特说他能做的也只是偶尔以"蟾蜍"的价格成功买入了一些"王子级"公司的股权，而且这样的机遇非常难得。

就第一种情况中可以提价而不影响市场占有率的好企业，我也有类似的思考，寻找这个行业中最大、最具有议价能力，已经有强大护城河的伟大公司，以一个相对合理的价格去买，比你去猜谁是下一个茅台，谁是下一个美国运通，谁是下一个苹果，谁是下一个特斯拉，谁是下一个英伟达，要有意义得多。

1981年标普500指数的走势如图26所示。

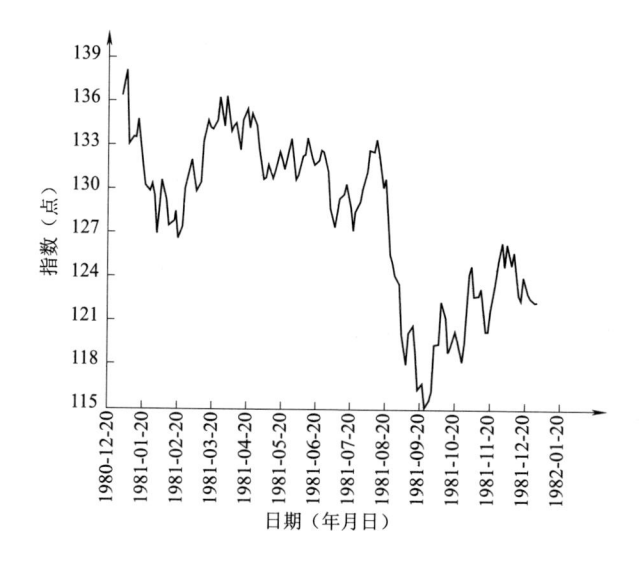

图26　1981年标普500指数的走势

思考

评估投资价值，规避风险，保留安全边际，专注于自己擅长的领域，并让复利真正发挥效用。这些简单的原则人人皆知，但能严格执行的人寥寥无几。那么，你的投资规则和方法是什么？能真正实施并严守这些准则吗？

1982 年

只有品牌价值才有议价权

1968 年 11 月，标普 500 指数为 108 点，而到了 1982 年年初这一指数一度回到 107 点。这意味着在这 14 年间，美国股市并没有实质性的增长，整体市场水平保持不变。在此期间，不断上涨的物价和高通胀率使企业利润增长变得困难。然而，个别股票依然创造了巨大的投资机会。1981 年，时任美联储主席沃尔克成功控制了通胀率，使原本高达 15% 的通胀率逐渐下降。但超高利率水平立刻导致了经济衰退，这又让市场承压，好在经济数据慢慢好转，市场也逐渐复苏。

52 岁的巴菲特已有多个孙辈，尽管他非常喜欢孩子，但与他们相处时常感到尴尬和拘谨，因此孩子们主要由他的妻子苏珊照顾。在家庭聚会中，苏珊热情地扮演祖母的角色，而巴菲特则定期前往看望孙辈。

巴菲特的大儿子豪伊起初在一家房地产公司工作，但他的梦想是成为一名农场主。由于缺乏资金，巴菲特同意买下一个农场并租给豪伊使用。豪伊在内布拉斯加州考察了 100 个农场并与卖主讨价还价，最终选择了一个价值 30 万美元的农场。尽管巴菲特为豪伊支付了租金，但是巴菲特从来没有去过这个农场。就像苏珊喜欢的画廊一样，他也没有任何兴趣，只是出钱。他认为农场是一个过度竞争的生意，就像男士西装的衬布一样。"没有人会到超市去购买豪伊种的玉米"，只有品牌价值才有议价权。

尽管巴菲特通过金钱支持孩子们，但他从未花时间教他们如何理财。他认为聪明的人自然会明白这些道理，他给了孩子们伯克希尔-哈撒韦的股份，却没有详细解释其重要性或复利的概念。他认为他的致股东的信已传递了充足的财务知识，但没有意识到他的孩子更需要指导。现在，巴菲特的三个孩子都在帮助管理基金会，同时也有各自的工作。

巴菲特曾表示，他每年只给孩子们几千美元零用钱，并且如果他去世，每个孩子最多得到 50 万美元的遗产。他认为这笔钱足够让孩子们追求自己的事业，但不足以让他们不劳而获。许多朋友曾与巴菲特讨论过这个问题，但他坚持认为，给孩子过多的财富反而会对其造成伤害，甚至是反社会的行为。然而，在 2024 年 6 月，巴菲特修改了遗嘱，将原本承诺全部捐给盖茨基金会的财富大部分转赠给三个子女的基金会，这一变动金额约为 1 300 亿美元。

下面我们开始看年报。1982 年的美股，震荡下跌盘整到 8 月，随后是一个猛涨。在这一年里，伯克希尔-哈撒韦的账面价值涨了 40%，股价涨了 38%，同期标普 500 指数只涨了 14.8%。虽然伯克希尔-哈撒韦实现了显著的增长，但巴菲特始终强调，公司所赚得的盈余对股东的真正价值在于是否被有效运用，而非简单的利润分配。

1981 年，巴菲特尝试大幅购买先前已投资的公司股权，但由于无法控制的原因未能实现。他强调，投资部分股权只有在合理价格下买入吸引人的企业才行得通，同时需要温和的股票市场配合。市场就像老天爷，帮助那些自助者，但不会原谅那些不知所为的人。伯克希尔-哈撒韦的目标是获得高于一般美国企业的长期回报率，愿以合理价格购买全部或部分具有竞争力的企业。不具控制权的股权投资市值增长往往高于实质经济利益的增长。

即使部分公司每年表现良好，也不保证其股价表现一定良好，伯克希尔－哈撒韦的净值可能大幅缩减，但巴菲特不会沮丧，如果这些公司一直吸引人，巴菲特会逢低增持已经持有的股份。

最后，巴菲特认为1982年是牛市初期，但投资者需要避免犯错。买进价格过高会抵销优质企业未来10年的发展效应。

1982年标普500指数的走势如图27所示。

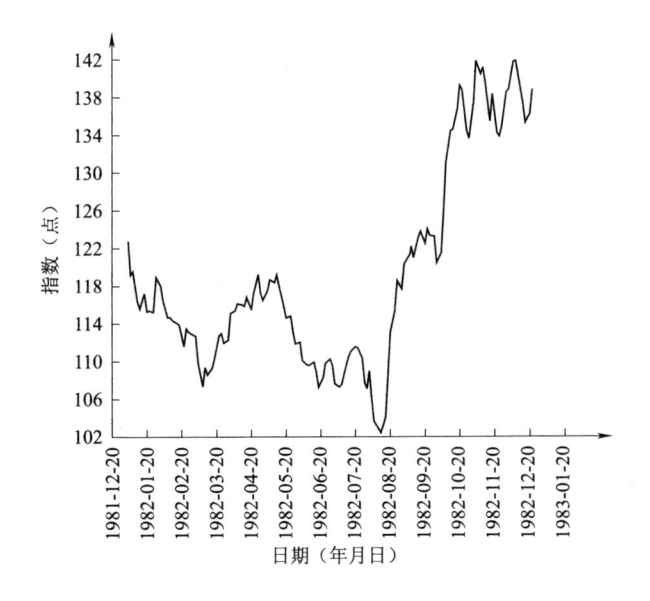

图27　1982年标普500指数的走势

思考

巴菲特本人自我进阶、穿越阶层，并未受到父母或祖上的财产或细节指导的庇佑。如果他把自己的经验传给孩子而不仅是公司合伙人，三个孩子现在的成就会不会更大一些？

1982年 ● **1983年** ● *1984年*

拥有会产生现金且稳定高投资收益率的公司

1983年，市场从年初持续上涨6个月，随后进入宽幅震荡，直到年底整体上涨了22%。与此同时，伯克希尔-哈撒韦的投资回报率上涨了32%，而股价则飙升了69%。

这一年的年报有一个巨大的不同，其篇幅第一次接近两万字，同时讲了一个很完整的故事，究竟是什么故事值得巴菲特多写一万字，在年报中从头到尾展开讲解呢？那就是罗斯·布鲁姆金（被人们尊称为"B夫人"）。

这一年，巴菲特手中拥有约7亿多美元，花费了5 500万美元现金，买下了B夫人的内布拉斯加家具城（以下简称"家具城"）90%的股份。这家优质企业在随后的几年里，每年净利润大约为1 500万美元。多年后，每次伯克希尔-哈撒韦的股东大会都是家具城的展销中心。

企业目标

伯克希尔-哈撒韦的长期经济目标是最大化每年的平均内在价值成长率。不以公司的规模来衡量其重要性或表现。尽管资本大幅增长，他们预计每股的年增长率未来会下滑，但仍会高于大型企业的平均水平。尽管 69% 的持续涨幅难以再现，但他们有信心继续击败市场指数。

伯克希尔－哈撒韦通过直接拥有能够生产现金并且具有稳定高投资收益率的公司来实现上述目标。如果无法实现完全控股，他们会通过保险子公司在市场上购买部分股权。伯克希尔－哈撒韦很少大幅举债，如果需要，他们会选择长期固定利率的贷款，以避免过度融资，因而放弃了许多吸引人的投资机会。尽管这种保守策略在短期内可能影响绩效，但为了保护股东和所有信任他们的人，这是唯一让他们感到安心的做法。

价格与价值

巴菲特解释了账面价值和内在价值的区别。账面价值记录资本与累计盈利的财务投入，内在价值是估计未来现金流流入的折现值。尽管账面价值相同，公司内在价值可能截然不同。伯克希尔－哈撒韦预计 1984 年将收到 3 900 万美元的现金股利，投资收益率为 5%。尽管短期内不会影响公司股价，但长期来说终将显现。

巴菲特希望伯克希尔－哈撒韦的股价与内在价值成正比，避免股价偏离实际价值。如果公司的股东与潜在买家基于非理性或情绪性投资，股价会时不时出现离谱价格。巴菲特认为 90%~95% 的股东已投资伯克希尔－哈撒韦或蓝筹印花公司达 5 年以上，并且持有的伯克希尔－哈撒韦股票价值比其第二大持股高出两倍以上。他坚决反对股票拆分和其他只注重股价而非企业价值的操作，认为这会吸引短期投机客，导致股价的不合理波动。

家具城实战案例

公司背景

1983年，伯克希尔-哈撒韦收购了家具城的主要股权。大约六七十年前，B夫人23岁时凭借口才说服边界警卫，逃离俄国来到美国。她未受过正式教育，不懂英文，通过女儿的帮助学会了英语。她卖了多年二手服装后，1937年用500美元开了一家家具店，取名为内布拉斯加家具城。

B夫人当时面临各种困难，包括同业竞争和供应链压力。她甚至变卖家中所有值钱的东西以维持信誉。奥马哈的零售商联合起来对抗她，但她凭借不同的方法取得了货源，并继续降价。她被告上法庭，被指控违犯公平交易法，但她最终胜诉，知名度因此大增。而且当时这位裁定B夫人胜诉的法官第二天还到了她的商场里，买了一条1 400美元的地毯。

回到1983年，此时商场总面积达2万平方米，年销售额达到1亿美元，销售的家具、地毯和家电用品比奥马哈所有竞争对手加起来还多。巴菲特常常问自己，如果有足够的资金和人才，他愿不愿意与这家公司竞争。他的回答是，宁愿与熊摔跤，也不愿意与B夫人的事业竞争，因为B夫人有一套采购方法，经营费用低，把每一分钱都省下来回馈给客人。

B夫人决定将公司出售给伯克希尔-哈撒韦。巴菲特对这家公司和家族的欣赏已有数十年，因此交易很快被敲定。B夫人仍然担任公司主要负责人，每周工作6天半，把商品展销厅当成家。

子公司管理之道

巴菲特通过信件向B夫人的儿子路易斯解释，把商场卖给伯克希尔-哈撒韦的利弊。巴菲特假设,如果他们决定不出售,未来可能会赚更多钱,更能从容不迫地寻找称心如意的买主。但巴菲特强调,如果卖给其他家具公司同行,这些家具公司最终会违背承诺,插手实际运作,带来财务风险。相比之下,巴菲特保证让布鲁姆金家族继续管理公司,他只会干涉资金分配和选择最高管理层。

尽管德国公司报价9 000万美元,比巴菲特的报价高很多,但由于B夫人的家族是犹太人,因此选择将公司卖给伯克希尔-哈撒韦。巴菲特与B夫人签署协议,合同只是一页纸。签约后,巴菲特告诉B夫人,如果她改变主意,他也不会告诉其他人。

巴菲特为签约举办了新闻发布会,播放公司的成长史,B夫人观看时眼睛湿润。买入后,家具城每年的净利润稳定在1 500万美元左右。巴菲特感激并信任B夫人,安排克雷顿大学和纽约大学为B夫人授予荣誉本科学位。

在克雷顿大学的颁奖典礼上,B夫人激动不已,用手掩面在台上大哭不止,并且连续地说:"我做梦都没有想到。"她给毕业生的建议是,第一,要诚实;第二,要努力工作;第三,如果你不能找到立刻想要做的工作,你就告诉他们你什么都愿意干,如果你很优秀,他们会雇你,并且给你机会。

在纽约大学的典礼上,尽管典礼庄严肃穆,但在被问到喜欢哪个荣誉学位时,B夫人毫不犹豫地回答:"我喜欢克雷顿大学,因为他们从我那里买的地毯。"

B夫人真是一位有趣的老奶奶,她的故事还没完,未来几年她和她的家族会持续与巴菲特产生联系并碰出新的火花。

~~~~~~

1983年标普500指数的走势如图28所示。

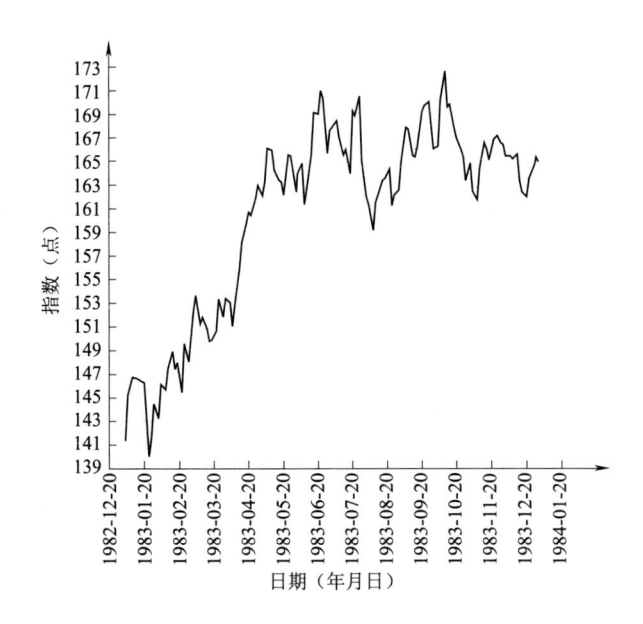

图 28　1983 年标普 500 指数的走势

> **思考**
>
> "第一，要诚实；第二，要努力工作；第三，如果你不能找到立刻想要做的工作，你就告诉他们你什么都愿意干。"B 夫人这段话只适用于年轻求职者吗，还是适用于任何想干出事业的人？

1984 年

维护股东权益不是口号

价值投资的成功

1984 年的市场并无大事发生。

这一年,为纪念本杰明·格雷厄姆和戴维·多德合著的《证券分析》出版 50 周年,哥伦比亚大学邀请巴菲特进行演讲。巴菲特详细描述了格雷厄姆的追随者如何通过价值投资法在股市中取得非凡的成功。

在演讲中,巴菲特探讨了市场有效性的问题。许多学者认为市场是有效的,所有信息都反映在股票价格中,因此不存在被低估的股票。然而,巴菲特介绍了一批长期取得优异投资回报的投资者,包括沃尔特·施洛斯、汤姆·纳普、比尔·鲁安等,以证明价值投资法并未过时。这些投资者长时间持续取得超过标普 500 指数的投资回报。他们的成功并非巧合,而是因为运用了格雷厄姆的价值投资理念。

巴菲特用掷硬币游戏来比喻投资成功。他指出,如果全美 2.25 亿人参与掷硬币游戏,最终会有一部分人连续猜对多次。然而,如果这些成功者大多来自同一个小镇或同一个知识来源,那他们的成功就不是随机的，而是有特定原因的。

巴菲特讲解了以下几个概念：

- 内在价值：这是指公司股票的真实价值，基于其未来现金流的现值、资产价值和盈利能力。内在价值可以通过详细的财务分析和对公司业务的深刻理解来估算。
- 市场价格：这是股票在市场上的交易价格，往往受到投资者情绪、市场趋势和短期事件的影响，可能与内在价值大相径庭。
- 安全边际：价值投资者通过购买市场价格低于内在价值的股票来降低风险。这种差异就是所谓的"安全边际"，它提供了一个缓冲区，即使估值不完全准确，也能保护投资者免受损失。

巴菲特解释说，在市场情绪高涨时，股票价格往往被推高，超出其内在价值。而在市场恐慌时，股票价格可能被压低，远低于其内在价值。聪明的价值投资者会在这种不合理的价格波动中找到机会，以折扣价格购买高价值的股票，从而实现长期的超额回报。

在价值投资中，潜在长期回报越大，则风险越低。通过以低于内在价值的市场价格买入股票，投资者可以在降低风险的同时提高回报。例如，在1973年，华盛顿邮报集团的市值为8 000万美元，而其内在价值远超这一数字，以低于价值的价格买入能够显著降低投资风险并获得超额回报。

盈余保留与分配的思考

这一年，伯克希尔–哈撒韦的净值增加了约1.5亿美元，虽然这个数字看起来不错，但考虑到所投入的资金，实际上只能算普通。自 1965 年以来，伯克希尔－哈撒韦的净值以 22.1% 的年复合增长率增加，而 1984 年的增长率则只有 13.6%。

巴菲特和芒格强调，要实现目标，必须有一些极棒的点子。尽管他们目前没有任何特别出色的点子，但他们相信经验有时会突然冒出来。对于那些口口声声维护股东权益却不回购自家股票的公司，巴菲特认为，久而久之，他们会被投资者所抛弃。

巴菲特解释了公司盈余保留和分配的原则。他认为，盈余保留只有一个理由，即所保留的每一分钱都能发挥更大的效益，并且必须有过去的成绩佐证或对未来的精辟分析。股东在判断盈余是否应保留时，不应该只是比较增加的资本所能增加的边际盈余，而应考虑其未来的平均报酬率。

首次股东大会

伯克希尔－哈撒韦的股东年会预计于 1985 年 5 月 21 日在奥马哈举行。巴菲特希望各位股东能参加，并强调伯克希尔－哈撒韦会与股东通常讨论有见地的商业问题，而不是愚蠢的问题或以自我为中心的言论。巴菲特和芒格愿意花时间解答这些问题，但无法在其他时间用书面或电话回答，因为这对于一家拥有 3 000 名股东的公司来说效率太低。

1985 年，巴菲特正式进入《福布斯》全球亿万富豪排行榜，许多媒体都来报道股东大会。他承诺将努力融合所有信息，以满足时代的需求，并为股东提供详尽的年度报告。

1984 年标普 500 指数的走势如图 29 所示。

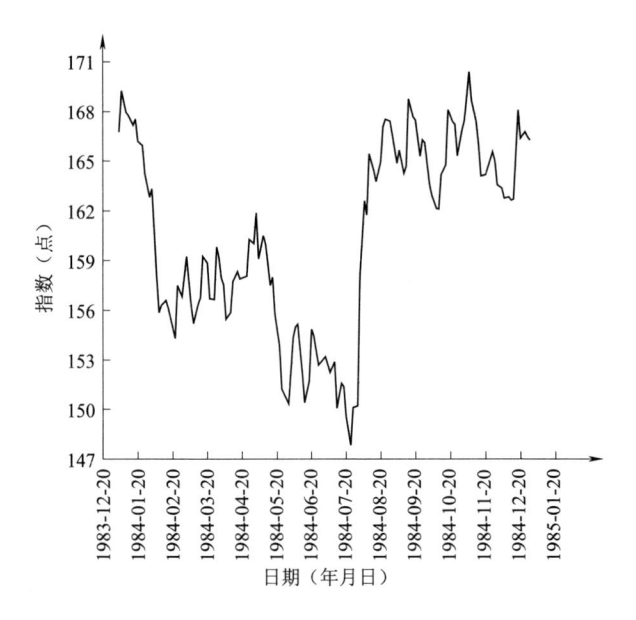

图 29　1984 年标普 500 指数的走势

> 思考

1. 你在选股的时候做何考虑，选保留现金的企业，还是给予分红的企业？
2. 你觉得哪些企业符合巴菲特所说的持续生产现金，并且有持续扩张能力？比如茅台就是 A 股最著名的价值型股票之一，它同时也符合上述特征，那么是不是随时都可以买入，未来会不会发生行情转变、行业转变？

1985年

把精力放在如何换条好船上

1985年巴菲特终于决定关掉不赚钱且拖累业绩的纺织业务，他详细表述了困境下的思考，列举了多年来他和工人共同做出的努力，最终得出的结论是，与其继续在破船上补漏，不如把精力放在如何换条好船上。

1985年的致股东的信还有段话很受用，无论在生活中还是生意上都是这个朴素的道理：

> 你不需要明白所有生意，我不明白的生意非常多，但股票市场的好处就是，你可以站在那里一直不挥杆，直到你舒服。没有必要一直拿着榔头，因为你会看到什么都想钉一下。

我作为职业交易员，产生的大多数错误是因为无聊想找点事做。人们往往没有真的思考好就做了决策，而当行情或者时机更有利于自己的时候却没有了初始规模的本金。所以也许一直不挥杆，不拿榔头才是对的。人生很多决策也是如此，"人世几回伤往事，山形依旧枕寒流"，我们如果想少些后悔就该多点耐心等待，等到那舒适的甜区好球再从容挥杆。

1985 年，伯克希尔 – 哈撒韦的净值增加了 6.1 亿美元，回报率高达 48.2%。巴菲特评价这个回报率如哈雷彗星造访，稀有而珍贵。

市场持续关注的股票往往价格不合理

巴菲特在信中指出，许多人错误地认为高薪专业人士组成的机构会使金融市场更稳定、更理性。事实上，那些机构持股且市场持续关注的股票的价格往往并不合理。

那些市场大热的股票往往因为机构持有的缘故产生溢价，市场价格远高于那些并未被市场持续关注的股票。此时投资者因为媒体报道也好，或是追逐热点也罢，其买入价格往往并不合理，从而产生风险。我做过一个统计，每个月都买入上个月换手率猛增的股票，持有一个月卖出，这样循环交易连续 5 年，在考虑手续费的情况下本金会亏损 90%，可见跟风追市场热门股票无论在哪里都不是一个好的投资策略。

石油大亨的故事

巴菲特回忆起他的老师讲过的故事，以描述市场的非理性行为。一个老石油开发商在天堂门口被告知他有资格进入天堂，但那里已经没有多余的位置容纳石油开发商了。于是，老开发商对着天堂里的人大喊："地狱里发现石油了！"结果，所有的石油开发商纷纷奔向地狱，而老开发商竟然选择跟随他们。

这个故事给我们带来了关于市场非理性群体行为的重要启示。市场参与者常常会因为听到某个消息而做出非理性的集体行为，就像故事中的石油开发商听到地狱里有石油的消息后，盲目跟随大部队行动一样，投资者也会因为市场谣言或趋势而做出非理性的投资决策。群体效应在市场中非常常见。当一大群人开始做某件事时，个体很容易被这种趋势影响，而忽略了自己的独立判断。我们在投资中要保持冷静和理性，不被市场的疯狂所左右。理解市场的非理性行为，才能在波动中找到真正的投资机会。

薪酬只与自己的业绩挂钩

在伯克希尔-哈撒韦，巴菲特设计了一套独特的奖励机制，依据每个人在其职权范围内的目标达成状况进行薪酬发放。表现好的应得奖励，与公司股价无关且上不封顶，这年就有人拿到超过200万美元的奖金，这可是在1985年，这种机制与当时大多数企业都不同，对员工和公司产生了以下影响。

第一，每个人的薪酬与其自身的业绩挂钩，避免了大锅饭现象。员工更有动力提高工作表现，确保自己能达成甚至超越设定的目标。

第二，减少短视行为。员工不再关注短期股价波动，而是专注于长远的业绩提升。

第三，增强员工忠诚度。员工感受到自己的努力得到了公平的认可和回报，增强了对公司的忠诚度。这有助于减少人员流失，保持团队的稳定性和凝聚力。

巴菲特这种奖励机制通过将薪酬与个人业绩挂钩，激励员工更加努力工作，提高工作效率和质量，促进公平竞争。这不仅提升了公司的整体绩效，还增强了员工的归属感和忠诚度，对公司的长期发展有着积极的影响。

关闭伯克希尔-哈撒韦纺织业务

虽然巴菲特对纺织业务有感情，但纺织业的长期困境和市场竞争让他不得不做出这个决定。巴菲特在致股东的信中详细解释了原因。

致 / 股 / 东 / 的 / 信

美国纺织业所面临的是全球产能过剩的激烈竞争，我们所面临的问题主要来自国外低劳力成本的竞争。但关厂绝对不是工人的错，事实上比起美国其他产业的工人，纺织业工人的薪资水准低得可怜。

在签署劳资协议时，工会的干部与成员充分认识到整个产业所面临的困境，从未提出不合理的调薪要求或不符合生产效益的诉求，相反地，大家都努力地想要维持竞争力，即使到了公司最后清算的时刻，他们仍极力配合，而讽刺的是，要是工会表现得过分一点，使我们早一点认识到这行业不具前景而立刻关厂，我们的损失可能会少一点。

这对股东来说是最悲惨的结局，花费大量人力、物力在错误的产业。这种情况有如塞缪尔·约翰逊所说的那匹马，"一匹能数到十的马是匹了不起的马，却不是了不起的数学家"。同样，一家能够合理运用资金的纺织公司是一家了不起的纺织公司，但不是什么了不起的企业。

当你遇到一艘总是会漏水的破船，与其不断费力气去补破洞，还不如把精力放在如何换条好船上。

很多时候，我们其实知道什么事会事半功倍，什么事又注定事倍功半，这就需要我们及时应对变化，别像巴菲特知道纺织业会亏损，还苦熬了20年，得到的还是一样的结局。

在这年致股东的信的末尾，我们还可以发现从1985年开始，巴菲特不喝百事转喝可口可乐了。报税记录表明，也是从这年开始，巴菲特悄悄买入可口可乐公司股票，直到 1987 年可口可乐公司股票大跌 25% 后加速购买，到 1989 年共买入 10 亿美元，占当时伯克希尔 – 哈撒韦账面净值的 1/3。

1985 年标普 500 指数的走势如图 30 所示。

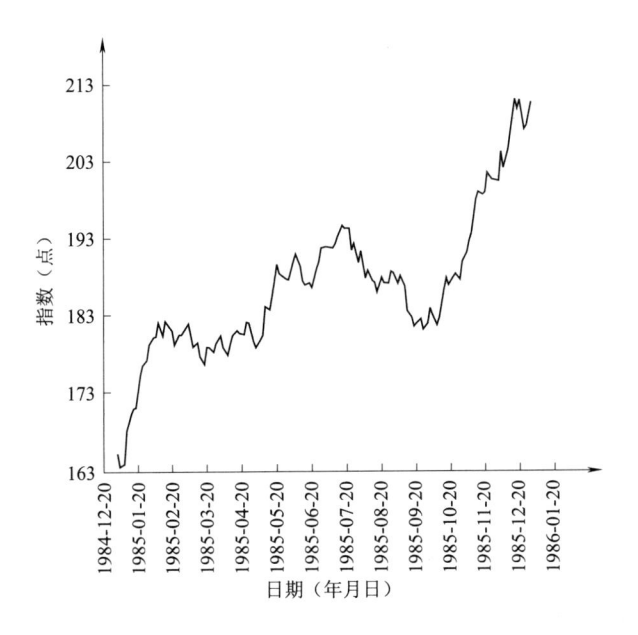

图 30　1985 年标普 500 指数的走势

思考

本章的标题是：把精力放在如何换条好船上。这不仅是投资的取舍问题，很多时候还是必须面对的人生问题。在我们的生活中，其实也有很多明知道是不正确的却一直困扰着我们的事情，比如我们知道不好的饮食习惯影响身体健康，但又不愿意从此改变。

你有这种明知道怎样解决更好，却一直悬而未决的问题吗？是否可以制订一个计划然后坚决执行呢？

1985年 — **1986年** — 1987年

股票的表现不可能永远超过公司本身

1986年对巴菲特来说是一个关键的抉择之年。他必须在节省1.85亿美元税收但关掉公司，又或者缴纳双重税收就可以继续运营公司之间做出选择。这一决定不仅涉及财务问题，更关系到伯克希尔-哈撒韦的未来存续。

当年，美国国会通过了一项税收制度改革法令，改变了企业清算和资产分配的税务处理方式。根据新法令，股东在接受公司财产时必须纳税，这意味着如果公司不清算将面临双重税收。这种变化迫使许多控股公司和家族企业在法令正式实施前进行清算，以合法避税。

伯克希尔-哈撒韦也面临着类似的困境。公司资产负债表上有12亿美元的未实现利润，如果进行清算，可以少缴纳4亿多美元的税款。然而，巴菲特选择不清算，他更看重的是伯克希尔-哈撒韦的未来和他对公司的深厚感情。他决定继续以CEO的身份将伯克希尔-哈撒韦做大做强，致力于将其打造成一个百年老店。

这一决定展示了巴菲特的长远眼光和对公司的忠诚，也确保了伯克希尔-哈撒韦可能像宝洁公司这样的百年企业一样，拥有长久稳健的领导体系。为了应对市场的不确定性，巴菲特这一年开始大量持有现金，购买了 7 亿美元的政府债券。也许是因为他认为市场被高估了，这一年他还购买了一架飞机，这对一向节俭甚至吝啬的巴菲特来说是个稀罕事儿。我们来看看这一年还发生了什么，他怎么解释自己买飞机这样的奢侈行为。

1986 年，伯克希尔–哈撒韦的账面净值增加了 26.1%，约 4.9 亿美元，这背后是巴菲特和芒格不懈的努力。

巴菲特和芒格常常谈起他们的工作。巴菲特说，他们的首要任务是吸引并维系优秀的经理人来经营公司的各项业务。这项工作其实并不难，因为在收购一家企业时，原有的经理人已经展示了他们的才能。

巴菲特坚信奥美广告创办人大卫·奥格威的话："若我们雇用比我们矮小的人，我们会变成一群侏儒；若我们能找到比我们更高大的人，我们就是一群巨人。"因此，巴菲特一直坚持与优秀伙伴合作的原则，这也展示了巴菲特对人才的重视。他认为，找到合适的优秀人才是企业成功的关键，而优秀人才本身就具备卓越的能力，不需要额外的指导。坚持与优秀人才合作，能够最大化公司绩效，并为公司带来长久的成功。

这一年巴菲特解释了对资金的分配。对伯克希尔–哈撒韦来说，这尤为重要。伯克希尔–哈撒韦赚的钱很多，通常将所赚的钱保留下来，投入不需要太多资金便能维持竞争力与成长性的公司，并在机会出现时把这些公司纳入麾下。但在这一年，巴菲特和芒格觉得市场上难以找到价格合理的股票，只能将资金用于偿还负债或攒起来。虽然这比无所作为好，但未能实现繁衍下一代的任务。

伯克希尔–哈撒韦是最稳定的保险业参与者，随时做好准备，只要价格合理，愿意不计上限签下高额保单。在这个行业，许多保险公司一下子进入市场，一下子又退出。当其他公司因资金不足或担心损失巨大而退出市场时，客户会大量涌向伯克希尔－哈撒韦，而伯克希尔－哈撒韦早已做好准备。反之，当市场竞争激烈时，他们坚持不打价格战，维护长期利益。对于员工，伯克希尔－哈撒韦奉行不裁员政策，避免因短期业务量减少而让员工承担不必要的风险。

巴菲特觉得企业要坚持自己的原则和标准，不能因市场波动而随意改变。同时，企业要对员工负责，给予他们稳定的工作环境，避免因短期利益而做出有损长远发展的决策。

谈到什么投资方式最有趣时，巴菲特认为股票投资充满乐趣，当找到经营得当、业绩蒸蒸日上但价值被低估的公司时，很可能挥出大满贯的全垒打。然而，目前他找不到这样的公司。但这不代表要预测股市，而是要认识到贪婪与恐惧在股市中不断上演，只是时点难以准确预料，波动程度不可捉摸。如今，华尔街充满欢乐，没有恐惧的气息。然而，他提醒道，股票表现不可能永远超过公司本身的获利表现。

巴菲特购买了一架价值1 500万美元的豪华飞机，每年维护费达300万美元。巴菲特笑着承认，这使得旅行更方便但也更昂贵。他打趣道，他很害怕富兰克林会打电话告诉他："没错！人类作为有理性的动物实在太方便了，只要想到做什么，随时可以找到理由。"

这一年最大的抉择就是巴菲特面对税收改革没有清算公司以避税，而是决定缴纳双重税款，立志要把公司做到百年老店。此时，56岁的巴菲特经历了大通胀，身家只有几亿美元，远不如日后那么有钱，也不会知道自己十年后会问鼎《福布斯》全球亿万富豪排行榜。能够舍弃这种数量金额，除了社会责任感，我理解更多的是因为他舍不得现在的这一群股东。

人和人之间情感的纽带是让我们健康愉悦的基石，也是巴菲特所重视的。巴菲特也犯错，也道歉，也后悔，也被人坑，关关难过关关过。结果重要，但选择更加重要，如果他选择解散公司而避税，金融圈一定还有他的传奇，他可能也会非常富有，但不会有这么多忠诚于他的股东。2024年年初有位伯克希尔-哈撒韦早期股东的遗孀向美国一家医学院捐赠了10亿美元，宣布从2024年秋季开始学费全免，并说："感谢你们为医疗事业做出的贡献，愿你们回馈给世界以同样的美好。"

1986年标普500指数的走势如图31所示。

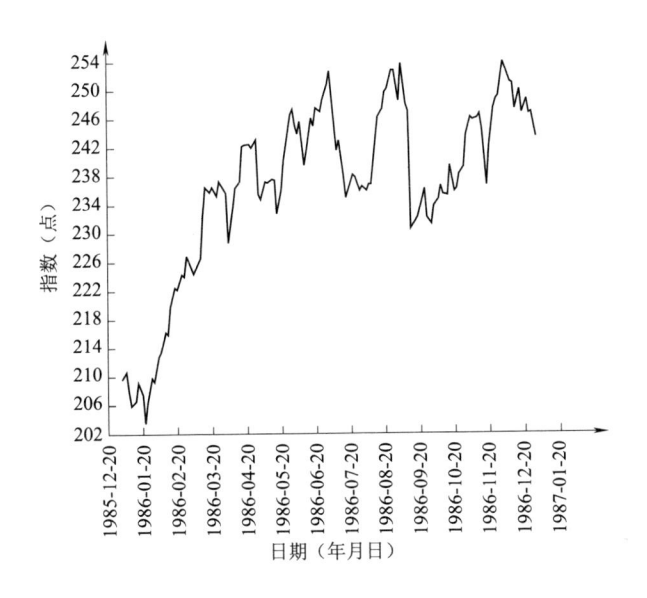

图31 1986年标普500指数的走势

思考

市场狂欢之时巴菲特选择大量购买债券，给自己买了飞机，还有很多仓位被用来做低风险套利了，那么你在市场狂欢之时会如何选择？低估时又是如何操作的？

1987年

大盘单日闪崩20%,巴菲特从容应对

　　1987年,股市接近崩溃的边缘。随着股票市场的不断上涨,巴菲特意识到有某种推动因素,那就是标普500指数期货这一新发明。包括所罗门兄弟公司在内的绝大多数银行都开始接受这一衍生工具,这种期货赌的就是标普500指数在未来某个结算期内是涨还是跌。

　　进入秋天后,股市出现了一些反常现象,股票指数增长时断时续。10月19日,问题全面爆发,标普500指数狂跌20.5%,创下了指数日跌幅之最,这一天被称作"黑色星期一"。所有人都希望尽快逃出股市这个牢笼,股市差点重蹈1929年股灾的覆辙,交易所几近停盘。

　　在股灾发生后,人们不断听到股市崩盘的消息,损失逐步累加。然而,巴菲特和芒格等人却在关注股票价格,不断打着电话。他们没有恐慌抛售,而是在不断买进股票。

　　美联储宣布下调利率,各大公司也纷纷以回购自家股票的方式救市。股票市场很快从灾难的阴影中恢复过来。

　　1987年,伯克希尔-哈撒韦公司的净值增加了4.64亿美元,较上一年增长了19.5%。巴菲特指出,真正重要的是企业每股的实际价值,而非账面价值的增加。账面价值与实际价值在很多情况下

并没有直接的关系。例如，LTV 公司与鲍德温联合寿险公司在宣布破产之前，账面价值分别为 6 亿美元和 4 亿美元；而贝尔里奇石油公司在 1979 年以 36 亿美元高价卖给壳牌石油时，账面价值却不到 2 亿美元。

打造高回报率的投资组合

巴菲特和芒格将伯克希尔－哈撒韦的 7 家公司视作单一个体，税后净利约为 1 亿美元，股东权益回报率高达 57%。根据《财星》杂志在 1988 年出版的《投资人手册》，全美五百大制造业与五百大服务业中，只有 6 家公司过去十年的 ROE 超过 30%，最高的一家也只有 40.2%。尽管伯克希尔－哈撒韦支付了溢价才买下手上这些公司，但其实际回报率仍远高于预期。

巴菲特指出，许多投资者将最高的 P/E 给予那些擅长画大饼的企业。这些企业的美好愿景往往让投资者不顾现实经营的情况，幻想未来可能的获利。然而，能够持续创造盈余新高的企业，其经营方式通常与十年前并无太大差异。稳定性是持续创造高获利的关键。

对市场波动的看法

巴菲特引用本杰明·格雷厄姆的话，建议投资者将市场波动视为市场先生每天给出的报价。市场先生情绪不稳定，高兴时会报出高价，沮丧时则会报出低价。投资者要利用市场先生的报价，而不是被他的情绪左右。

巴菲特强调，他们不会因为股价上涨或持有时间长而出售股份。相反，只要公司能运用资金产生令人满意的回报，管理层优秀且市场对其股价没有过度高估，他们愿意长期持有。

巴菲特指出，在买下一家农场后，一位理性的主人不会因为隔壁的农场最近卖出的价格较低就卖掉自己的农场。但市场上许多专业投资者往往根据股价波动进行买卖，而不是根据企业的实际价值。

所罗门兄弟公司实战案例

公司背景

所罗门兄弟公司的主管古特弗罗因德早年曾与巴菲特一起救助过保险公司 GEICO，此时已被誉为华尔街投资银行之王。然而，随着时间的推移，古特弗罗因德的奢华生活作风和内部权力争斗引发了不满。1986 年，公司的员工数量增加了 40%，利润出现缩水，导致古特弗罗因德面临被赶下台的危机。最大的股东米诺卡公司对所罗门兄弟公司失去耐心，决定出售股份。

投资策略

面对米诺卡公司的压力和潜在收购者的威胁，古特弗罗因德向巴菲特求救。巴菲特对所罗门兄弟公司的市场实力表示认可，但对其通过垃圾债券融资的做法有所顾虑。

巴菲特与芒格在签订注资协议前视察了所罗门兄弟公司的运营情况。站在古特弗罗因德办公室门外，巴菲特第一次近距离接触这家公司，看到几百名交易员紧张工作，交易大厅里充满了谩骂声和烟雾。芒格对此表示怀疑，但巴菲特注视着交易大厅熙熙攘攘的人群，还是决定投资这家公司。

最终，古特弗罗因德向巴菲特提供了 7 亿美元的优先股股票，并附带 15% 的公司利润分配权。1987 年 9 月 28 日，巴菲特正式与所罗门兄弟公司签订交易合同，购买了优先股。

根据协议，在所罗门兄弟公司的股票达到 38 美元 / 股前，所罗门兄弟公司需向巴菲特支付 9% 的股息。一旦股价达到或超过 38 美元/股，巴菲特有权将优先股转化为普通股。若股价走低，巴菲特可以选择撤资，但他并未这样做。进入所罗门兄弟公司的第一年，巴菲特获得了 6 300 万美元的红利。

尽管这笔交易对巴菲特来说非常划算，但所罗门兄弟公司内部对古特弗罗因德的决定感到愤怒。员工认为古特弗罗因德在面对收购时过于犹豫，最终导致公司陷入危机，需要依靠巴菲特来救火。虽然这笔交易增强了公司财务状况，但古特弗罗因德的权力被削弱，巴菲特和芒格成为所罗门兄弟公司的董事会成员。

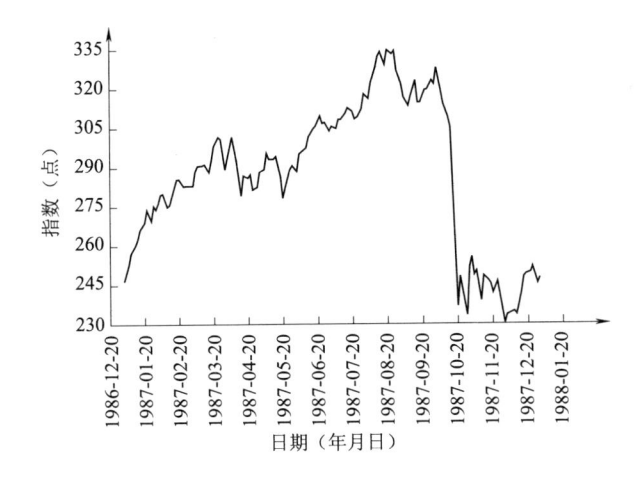

~~~~~~

巴菲特喜欢捡便宜买优先股的习惯保持了很多年，购买银行和保险公司也很多年了，但购买投资银行还是第一次，多年后他会越发如鱼得水，自己的谈判技巧与时机抉择能力也得到加强，最终在一次次的金融危机下不断壮硕自身，历经风雨而屹立不倒。

1987 年标普 500 指数的走势如图 32 所示。

图 32　1987 年标普 500 指数的走势

思考

　　人们一直以为巴菲特在 1987 年股市暴跌时买了很多股票，他却说其实没有多少。几十亿美元的资金量在市场剧烈波动时可能会反应不及，但这丝毫不影响伯克希尔－哈撒韦的股价又涨了数百倍。

1987年　**1988年**　1989年

对有效市场假说存疑

1988年的主要投资是买下波仙珠宝，值得一提的是之后比尔·盖茨求婚用的戒指就是在这里买的。这一年，巴菲特开始加速购买可口可乐公司，还对有效市场假说发表看法。

1988年，伯克希尔－哈撒韦的净值增加了5.69亿美元，同比增长20.0%，通过收购奥马哈的波仙珠宝80%的股权，进一步巩固了公司在零售领域的实力。

巴菲特和芒格强调，投资者不应盲目迷信稳定增长的盈余数字，而应警惕滥用会计原则的行为。巴菲特和芒格在多年投资中目睹了许多会计欺诈案，但鲜有人因此受罚，这体现了用笔偷钱比用枪抢劫要容易得多的现实。

1988年，伯克希尔－哈撒韦还大举投资了房地美和可口可乐。这些投资体现了巴菲特和芒格长期持有优秀企业和杰出经理人股份的策略，与那些急于卖出表现良好股票的投资者形成鲜明对比。巴菲特的好友彼得·林奇则生动地将这种行为解释成，砍下花朵来当作野草的肥料。

1988年11月29日，伯克希尔－哈撒韦正式在纽约证券交易所挂牌。巴菲特和芒格希望通过挂牌降低交易成本，并确保股价反映公司的实际价值。但他们也希望交易量越少越好,以吸引真正了解并认同伯克希尔－哈撒韦经营理念的长期投资者。

波仙珠宝实战案例

公司背景

伯克希尔－哈撒韦早在 1983 年就收购了 B 夫人的家具城 90% 的股份,波仙珠宝的创始人弗里德曼正是 B 夫人另一个家族分支的成员。用巴菲特的话来说:"当时我忘了问 B 夫人一个连小学生都会想到的问题:你还有没有其他兄弟姐妹?上个月我补救了这个错误。"

波仙珠宝于 1948 年创立,其后弗里德曼的儿子和女婿接手经营。波仙珠宝与家具城有许多相似之处,包括专注单店经营、货品齐全、采购精明、维持低运营成本,使其产品在全美范围内具有竞争力。

波仙珠宝的客户不仅来自奥马哈地区,还通过邮购方式吸引了全美各地的客户。

投资策略

波仙珠宝能够吸引全美各地的客户,主要原因是经营成本低。相比同业 40% 的高比例,波仙珠宝的营业成本仅占营业额的 18%,因此它能以其他高成本竞争者无法匹敌的价位销售珠宝,从而持续增加市场占有率。总之,低成本、高周转和优质服务使波仙珠宝在竞争中脱颖而出。

吉列公司与美国航空的投资对比

吉列公司与巴菲特名下的喜诗糖果公司一样,非常注重品牌保护，使公司在竞争中不致受到伤害，并且让投机者望而却步。吉列公司最终为伯克希尔-哈撒韦赚回了55亿美元的利润，证明了巴菲特的投资眼光。

然而，并非所有投资都如此成功。总部位于匹兹堡的美国航空公司，尽管属于政府宽松监管的新行业，但其竞争力较弱，最终被卷入收购的漩涡。美国航空公司是巴菲特投资中最惨痛的教训之一。

巴菲特得到了一个启示，投资任何有翅膀的东西对他来说都注定会失败。但有趣的是随后几十年里他又反复对航空业进行了投资，你觉得他不遵循自己的原则会有更好的运气吗？

1988年标普500指数的走势如图33所示。

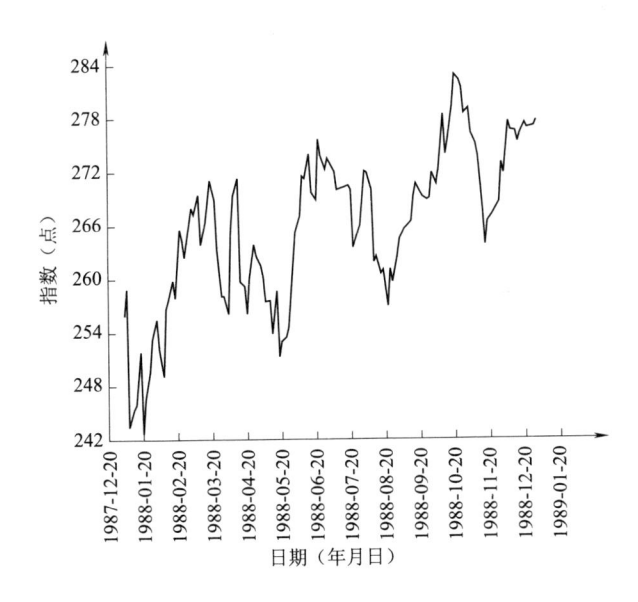

图33 1988年标普500指数的走势

思考

巴菲特于1986年年底买的8亿美元债券还是没卖出。市场暴跌20%的时候他没买股票，市场涨回10%他也没买股票，这种拿着大量现金的习惯从那时候就开始了，他更多的是选择好的投资标的和企业而不是好的股票。

在我们的个人投资中，许多投资者热衷于加杠杆的频繁交易，年化回报率和资金规模却与巴菲特不可同日而语，我们是否应该反思和借鉴？

1989 年

投资必须简单易懂

1989 年巴菲特公布自己重仓了可口可乐公司。可口可乐公司给巴菲特带来的回报真是"长风几万里"！而巴菲特的买入理由并不仅是因为这个品牌，它是好公司无疑，但更多的是因为看重新晋管理层。

1989 年，伯克希尔 – 哈撒韦公司的净值增加了 15.15 亿美元，较上一年增长了 44.4%。过去 25 年，每股账面价值（book value）从 19 美元增长到此时的 4 296 美元，年复合增长率约为 23.8%。

高成长的挑战

在有限的世界里，任何高成长的事物终将自我毁灭。若是成长的基础较小，则这项定律偶尔会被打破，但是当基础膨胀到一定程度时，高成长终有一天会被自己所束缚。

假设伯克希尔 – 哈撒韦只有 1 美元的投资，但每年可以获得 1 倍的回报，如果我们将其卖掉后所得的资金用同样的方式再重复 19 年，结果 20 年下来，依照 34% 的税率，总共贡献给国库 13 000 美元，而我们自己则可以拿到 25 250 美元，看起来还不错。然而，如果我们简单一点，只做一项不变的投资，但它每年赚 1 倍，最终金额则高达 1 048 576 美元，扣除 34% 约 356 500 美元的所得税之后，实得约 692 000 美元。

从半仓到加杠杆

1988 年 9 月的时候伯克希尔－哈撒韦还发行了 9 亿美元的零息可转换次级债券，在纽约证券交易所挂牌交易，由所罗门兄弟公司负责债券承销工作。

巴菲特一直以来对风险保持谨慎态度，但在适当的时机，他也会果断出手。伯克希尔－哈撒韦发行零息债券的决定，显示了公司在资本运作上的灵活性和对未来投资机会的信心。通过利用零息债券，伯克希尔－哈撒韦得以以更低的成本获得资金，为未来的投资提供了更多的弹性和可能性。

可口可乐公司实战案例

公司背景

巴菲特买可口可乐公司是有迹可循的，几年前巴菲特就在致股东的信中表示从喝百事可乐改喝可口可乐了。巴菲特一方面害怕别人泄露他的好点子，另一面又忍不住跟人分享自己喜欢的宝贝。

巴菲特曾认为可口可乐公司的股价太贵，但在 1987 年的股市崩盘后，可口可乐公司的股价比崩盘前低了 25%，这让他看到了投资的机会。巴菲特使用了他长期坚持的安全边际理论来评估可口可乐公司的价值。

在整个推算过程中，巴菲特既没有使用复杂的模型和公式，也没有用电脑或电子表格来计算，而是建立在一些简单的推理基础上。经过这样简单的推算，如果最终结果不能使他感觉像发现远古人一样兴奋，那么在他看来就没有投资的必要。

假设可口可乐公司未来 10 年股东盈余增长率为 15%，再之后的增长率是 5%，以 9% 的折现率计算，1988 年可口可乐的内在价值为 483 亿美元。如果未来 10 年的增长率为 12%，则内在价值为 381 亿美元。如果未来 10 年的增长率为 10%，则内在价值为 325 亿美元。即便增长率一直是 5%，公司也至少值 207 亿美元。

当然，巴菲特对可口可乐公司的信心不仅仅源于财务数据，还因为其独特的商业模式和品牌价值。

巴菲特的秘密行动

1988 年秋天，可口可乐公司董事长唐纳德·基奥发现，有人在大量买入公司的股票。这些买单均来自中西部的经纪商，他立刻联想到他的朋友巴菲特，并决定打个电话确认。

"你好，沃伦，"基奥开口说，"你不是正在买入可口可乐公司吧？"巴菲特稍作停顿，然后回答："巧得很，我正在买入。但是如果你能在我发表声明之前保持沉默，我将非常感激。"巴菲特担心消息走漏会引发市场疯狂，推高股价，影响伯克希尔-哈撒韦的购入计划。

到 1988 年年底，巴菲特已经斥资 6 亿美元购买了可口可乐公司超过 1 400 万股的股份，但公司的股东并不知情。由于巴菲特的每个举动都会对股市产生巨大影响，他获得了 SEC 的特别批准，他可以在一年内不披露这项交易。这使得巴菲特得以悄悄积累大量可口可乐公司股票，而不引发市场的剧烈反应。

经过一段时间的买入，伯克希尔-哈撒韦对可口可乐公司的持股比例达到 6%，市值达 12 亿美元。1989 年 3 月，巴菲特被迫公开这一消息，立即引发了投资者的疯狂抢购，最终导致纽约证券交易所不得不为可口可乐公司挂上当日涨停的牌子。

1989年，在伯克希尔－哈撒韦宣布持有可口可乐6.3%的股权后，巴菲特接受了《亚特兰大宪章报》商业记者的采访。巴菲特被问及：为什么没有更早买入可口可乐公司的股票？巴菲特说道："让我们假设你将外出到一个地方10年，出发之前，你打算安排一笔投资，并且你了解到，一旦做出投资，在你不在的这10年中，不可以更改。你怎么想？"巴菲特说："毫无疑问，这笔投资必须简单易懂，且经过多年证明具有可持续性和良好的前景。"

"如果我能确定市场会成长，确定领先者依然会是领先者——我是指在世界范围内销售额会有极大的增长，这样的对象，除可口可乐公司之外，我不知道还有其他公司可以做得到，"巴菲特解释道，"我相对可以肯定，当我回来的时候，他们还在，而且会干得比今天更好。"

新管理层的改革

巴菲特还谈到了可口可乐公司领导层的变化对他投资决策的影响。1980年，罗伯特·戈伊苏埃塔成为公司董事长，唐纳德·基奥成为总裁，他们带领公司进行了一系列改革，提高了利润率和净资产回报率。公司内部推行的"八十年代的策略"使可口可乐公司的市值从1980年的41亿美元增长到1987年的141亿美元。

在巴菲特1988年购买可口可乐公司时，大家问他可口可乐公司的价值体现在哪里？当时，可口可乐公司的P/E为15倍，股价是现金流的12倍，分别比市场平均水平高出30%和50%。巴菲特支付了5倍的市净率（P/B），获得了6.6%的回报率，相对于长期国债9%的回报率，似乎并不具有吸引力。

巴菲特愿意这样做是因为可口可乐公司拥有无可比拟的商誉，公司用较少的资本支出，能够取得31%的净资产回报率。巴菲特解释道，股票的价格说明不了价值。可口可乐公司的价值和其他企业一样，取决于未来公司存续期内，所有预期股东盈余的折现。

巴菲特认为，最好的生意是那些长期而言，无须更多大规模的资本投入，就能保持稳定高回报率的公司。可口可乐正是这样一家公司，凭借其强大的品牌和稳定的盈利能力，成为巴菲特投资组合中的重要一员。

1989 年标普 500 指数的走势如图 34 所示。

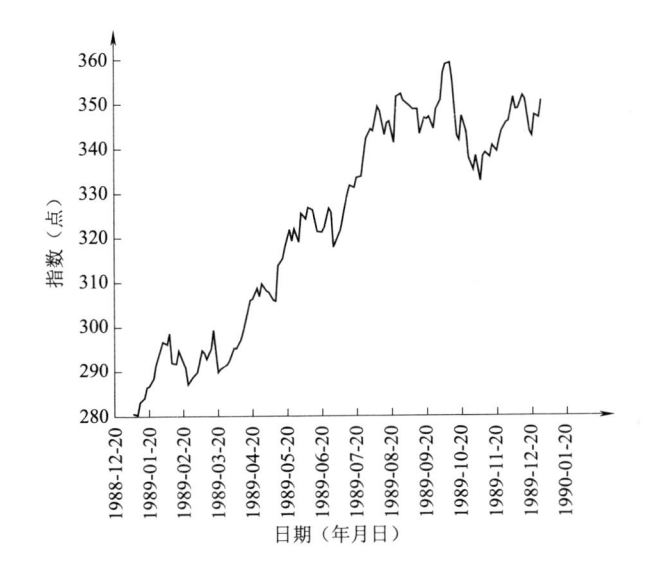

图 34　1989 年标普 500 指数的走势

> 思考

很明显，当时的可口可乐公司并不算足够低价。在估值之外，好的管理层和简单的生意模式也是值得我们关注的。

1989年　　　**1990年**　　　1991年

投资不是基于简单的历史市场数据

1990年的美国并无大事发生，市场全年在10%区间内窄幅震荡，巴菲特在致股东的信中总结道："公司在过去一年中净值增加了3.62亿美元，较上一个年度增长了7.3%。尽管目标依旧设定为每年15%的实际价值增长率，但对当前的股权规模而言，实现这一目标的门槛是53亿美元。"

巴菲特认为，伯克希尔-哈撒韦股东的投资回报应与公司本身的经营成果相符。如果伯克希尔-哈撒韦能够实现每年15%的实际价值增长目标，那么股东也将获得可观的回报。相比过去两年股市忽视价值的波动，巴菲特更愿意看到公司的股价保持稳定。

巴菲特表示，截至此时，伯克希尔-哈撒韦的实际价值与账面价值仍有不小差距，尽管他没有给出具体数字，但可以确定的是，伯克希尔-哈撒韦拥有一些优秀企业，其实际价值远高于公司账上的投资成本。

对优秀经理人的重视

巴菲特认为这些额外的价值完全归功于经营这些企业的优秀

经理人，他的工作则是发掘这些有才能的经理人，同时提供一个环境，让这些经理人能够充分发挥才能，源源不断地将现金送回伯克希尔-哈撒韦，然后巴菲特就会面临如何有效运用这些资金的重要任务。

巴菲特在运营上扮演的角色可以通过一个小故事来说明。1989年秋天，在他孙女埃米莉的4岁生日宴会上，小丑演员为大家表演了一段魔术。小丑请埃米莉帮忙挥动神奇的魔棒，不断变出不同颜色的手帕。埃米莉每次都惊喜万分，最后自豪地大叫："我实在是太厉害了！"巴菲特用这个故事来比喻自己的角色，他只是提供了环境，真正的魔术师是那些优秀的经理人。

伯克希尔-哈撒韦的获利主要来自一些平凡的产业，如家具零售、糖果、吸尘器和钢铁仓储。这些产业的成功，主要靠优秀经理人的努力，而非产业环境的优势。

波仙珠宝销售业绩解读

1990年，零售业整体表现不佳，尤其是高价商品。然而，波仙珠宝的销售额逆势增长了18%，这一增幅在单店和全店都得到了体现。

尽管奥马哈都会区有600万人口，但波仙珠宝的市场早已饱和。幸运的是，来自其他地区的订单不断增加，许多客户慕名前来，还有不少客户通过邮购方式购买珠宝。

客户通常会指定特定品质和价位的珠宝，例如1万~2万美元的绿宝石。波仙珠宝会提供5~10个样品供他们选择。1989年，波仙珠宝寄出了超过1 500种组合，价值从1 000美元到数十万美元不等。

这些珠宝被送到全美各地，有些客户通过推荐首次购买。尽管有些人对波仙珠宝的邮购制度持怀疑态度，但公司至今未因客户的不诚实而遭受损失。

波仙珠宝能够吸引全美客户，主要得益于低成本运营。相比同行业40%的高运营成本，波仙珠宝的营业成本仅占营业额的18%。像沃尔玛一样，低成本使波仙珠宝能够以其他高成本竞争者无法匹敌的价格销售商品，这样的优势不仅能卖尿布，还能成功销售钻石。

此外，波仙珠宝的成功还归功于其对客户需求的精准把握和优质服务。通过多年来建立的信誉和口碑，波仙珠宝在行业中树立了独特的品牌形象，吸引了越来越多的忠实客户。即使在零售业普遍低迷的情况下，波仙珠宝依然能够保持强劲的增长势头，展示了其在市场中的强大竞争力。

好生意和坏生意

伯克希尔－哈撒韦的投资模式像树懒一样，保持着特有的懒散。1990年公司没有增加或卖出任何持股票。银行业并不是伯克希尔－哈撒韦的最爱，因为其资产与股权的比例高达20倍。这意味着一旦资产出现问题，就可能导致股东权益亏损。而银行业的问题早已成为常态，这往往是由于管理当局的疏失。伯克希尔－哈撒韦更愿意以合理的价格买进经营良好的银行，而不是以低廉的价格买下经营不善的银行。

> ❝ 好生意的决策简单，不需要多加思考；而坏生意的每个决策都困难，让人进退维谷。我们喜欢好生意，好生意扔给我们的球软绵绵的，我们一打一个准。应选择那些不需费心思考的项目。❞

巴菲特认为，长期投资的目标是通过合理的价格买入优质企业，年复一年地买入企业或其部分股票。股票价格下跌对伯克希尔－哈撒韦有利，因为可以以低廉的价格买入更多好的公司。乐观是理性投资者的敌人，悲观情绪反而提供了机会。

1990年标普500指数的走势如图35所示。

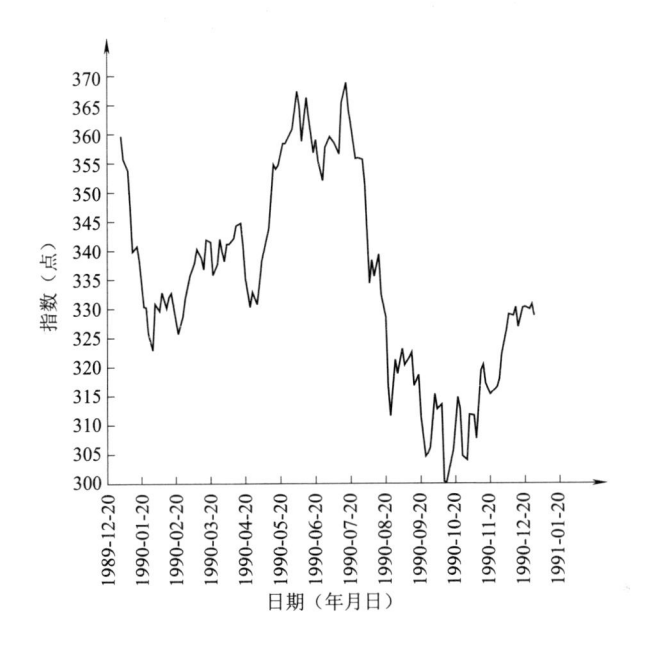

图35　1990年标普500指数的走势

> **思考**

巴菲特和芒格强调，投资需基于对企业的深刻理解和合理评估，而不是简单的市场数据和历史资料，"特别要小心统计学上对过去财务资料的实证，若历史资料是致富之钥，那么《福布斯》全球亿万富豪排行榜上的大富豪不都应该是图书馆管理员吗？"

1990年　投资不是基于简单的历史市场数据

1990年 — **1991年** — 1992年

买入价格取决于未来获利能力

1991年，苏联解体，冷战结束。大量资金迅速涌向美国市场，美股全年涨近30%。

这一年，巴菲特身上发生了三件大事。

第一，由于美国股市的大幅上涨，巴菲特的财富迅速增加，成为美国第二富豪。

第二，巴菲特和比尔·盖茨成为形影不离的一生挚友。这一年的会面不仅在个人层面上具有重要意义，也在慈善事业和商业合作上产生了深远影响。

第三，由于所罗门兄弟公司高管的违规操作，巴菲特被迫从股东变成董事长，临时接管了公司，并成功助其重回巅峰。这一事件展示了巴菲特在危机管理和企业治理方面的卓越能力。

1991年，伯克希尔-哈撒韦公司的净值增长了21亿美元，较上一年增加了39.6%。从现有经营层接手以来的27年，年复合增长率约为23.7%。

随着公司股东权益的资金规模达到74亿美元，继续维持高增长变得越来越困难。过去，当伯克希尔-哈撒韦操作的资金只有2 000万美元时，一项获利100万美元的投资就能显著提升其年回报率。而如今，他们需要 3.7 亿美元的获利来达到相同的效果，这显然更加困难。

重大错误在于未做部分

1991 年，可口可乐公司与吉列公司的股价大幅上涨，这两家公司贡献了伯克希尔 - 哈撒韦 21 亿美元增长净值中的 16 亿美元。三年前，伯克希尔 - 哈撒韦大手笔购进可口可乐公司的股票时，公司的净值约为 34 亿美元，而现在仅是持有的可口可乐股票市值就超过了这一数字。

可口可乐与吉列是此时世界上最好的公司之二，巴菲特预期未来几年它们的获利将继续以惊人的速度增长，相应地，巴菲特的持股价值也会增加。然而，1991 年这两家公司股价上涨的幅度远高于其本身获利增长的幅度，这种情况不太可能每年都发生。

通常，伯克希尔 - 哈撒韦的重大错误不是在已做的部分，而是在未做的部分。尽管这些失误不易被察觉，但公司仍然为此付出代价。

1988 年伯克希尔 - 哈撒韦决定以 3.5 亿 ~ 4 亿美元买进 3 000 万股房地美的股份。巴菲特熟悉这家公司及其总裁戴维·马克斯韦尔，认为前景一片大好。

然而，当伯克希尔 - 哈撒韦买进不到 700 万股时，公司股价开始上涨，伯克希尔 - 哈撒韦立刻停止买进。更糟的是，巴菲特认为区区 700 万股对伯克希尔 - 哈撒韦来说意义不大，所以又把它们全部卖掉。此举使得伯克希尔 - 哈撒韦在 1991 年少赚了约 14 亿美元。

所罗门兄弟公司的造假案

20 世纪 70 年代，古特弗罗因德与巴菲特共同拯救了 GEICO。

到了 20 世纪 80 年代初，古特弗罗因德带领所罗门兄弟公司成为华尔街顶尖投资银行。

著名作家迈克尔·刘易斯的《说谎者的扑克牌》详细描述了所罗门兄弟公司激进的投机文化，这本书至今仍是金融入门的必读经典。

1991 年夏天，所罗门兄弟公司高层在美国国债竞标中违法的事实被曝光，调查揭露了另外五宗造假案。公司股价暴跌，作为股东和董事的巴菲特和芒格坚持要对外诚实，他们得知公司内部早在 4 月就知道 2 月的违法竞标案，但迫于经营压力未上报给监管当局。巴菲特和芒格认为这是内控错误，要求高管引咎辞职。

8 月 15 日，所罗门兄弟公司遭遇挤兑，美联储主席格林斯潘因《纽约时报》的头版报道开始认真处理此案。巴菲特在早上 6 点接到古特弗罗因德的电话后，立即赶往纽约拯救这家投资银行。监管当局同意如果巴菲特担任临时董事长，将宽限 10 天处理此案。

巴菲特接任董事长的原因有多种。巴菲特的解释是，必须有人接手，而他恰好符合条件。他这样做不仅是因为他的 7 亿美元在里面，更是因为他在乎自己的名誉。巴菲特曾教导子女："维护一个好名声要花上一辈子，而毁掉它只需要几分钟。"然而，这次危机使他的名声岌岌可危。如果说他犯了错，那就是他对古特弗罗因德的判断失误。

财政部本已表明要关闭所罗门兄弟公司，但最终决定撤回部分决议。所罗门兄弟公司丧失了帮客户竞标的交易权利，但保留了自营交易的权利。随后，巴菲特委任不属于任何派系的莫恩担任首席执行官。发布会结束后，巴菲特表示自己必须回奥马哈。莫恩问："沃伦，这里该怎么办？"巴菲特回答："如果你必须问我这样的问题，那就说明我挑错人了。"说完，巴菲特就离开了。

所罗门兄弟公司很幸运，很快就得到喘息机会。几乎是一夜之间，媒体的焦点从所罗门兄弟事件转向了苏联解体。这无疑为所罗门兄弟事件的解决赢得了宝贵的时间。

巴菲特与比尔·盖茨初见

1991年秋天，巴菲特和比尔·盖茨在凯瑟琳·格雷厄姆的安排下见面。巴菲特和比尔·盖茨有一个共同点：如果遇到不感兴趣的话题，他们会尽快结束对话。这场会面也是多年来商业杂志喜闻乐见的场景之一，因为俩人很快就会常年占据《福布斯》全球亿万富豪排行榜前三。

巴菲特在与盖茨的交流中直奔主题，巴菲特询问了关于国际商业机器公司（IBM）未来走势的问题，以及其是否已经成为微软不可忽视的竞争对手，并探讨了信息产业公司为何更迭如此之快。盖茨一一作答，并建议巴菲特购买英特尔和微软的股票。

轮到盖茨提问时，他问了有关报业经济的问题。巴菲特直言不讳地表示，报业经济正在逐步走向毁灭的深渊，这与其他媒体的蓬勃发展直接相关。几分钟内，俩人就进入深度交流的状态。盖茨试图说服巴菲特购买一台电脑，但巴菲特表示自己不需要。他不在意投资项目的具体变化曲线，也不想每5分钟就查看一次价格。

一直到太阳落山，俩人的谈话还没有结束。晚餐时，盖茨的父亲问大家人生中最重要的特质是什么。巴菲特和盖茨的答案都是"专注"。对巴菲特来说，专注是对完美和专业的追求，这种禀性是无法模仿的。

一天后，巴菲特回到奥马哈。虽然巴菲特在投资过程中对科技股一直持谨慎态度，但他意识到盖茨对自己所在行业的发展非常了解。这次会面激发了巴菲特对科技股的好奇，最终购买了微软公司的100股股份，以更好地了解这家公司的发展方向。尽管买了微软的股份，科技股仍然是巴菲特不敢深入触碰的领域。"像英特尔这样的公司的产品对未来依赖太大，其产品未来的价值走向直接影响产品本身，而这样的行业我不熟悉。"巴菲特解释道。

在巴菲特集团会议上，巴菲特邀请了盖茨参加。有人问盖茨对柯达的看法。盖茨认为，电视媒体和摄影胶卷业有很大的不同。电视媒体作为内容提供商，即便面对多元化的选择，也能通过再加工应对挑战。然而，摄影胶卷业在数码摄影时代则会彻底失去作用。1991年标普500指数的走势如图36所示。

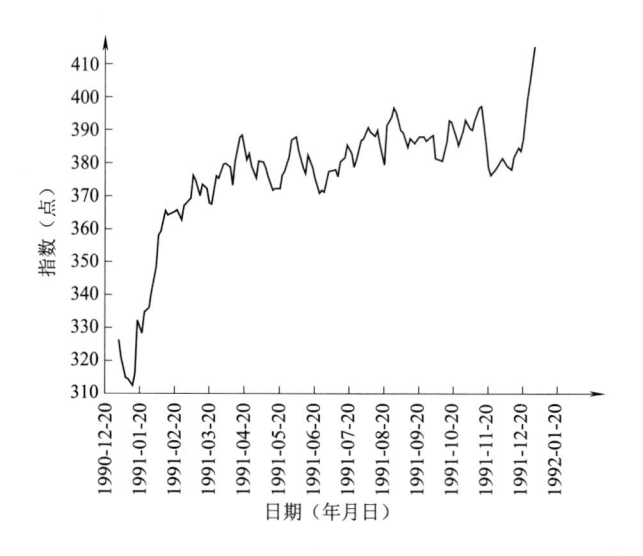

图36　1991年标普500指数的走势

思考

要买的股票还没买够量就开始涨了，你会选择放弃还是继续执行计划？

1991年 — **1992年** — *1993年*

以合理的价格买进好公司

在 1991 年大涨 30% 后,1992 年的美股趋于平淡,全年震荡上涨 5%,克林顿击败老布什当选美国总统,随后几年开启克林顿经济奇迹。这年 9 月,英国无力维持英镑的汇率下限而被迫退出欧洲汇率体系。乔治·索罗斯通过大量做空英镑而获利超过 10 亿美元,英国为此付出了 34 亿美元的代价。

警惕股市预言家

1992 年,伯克希尔-哈撒韦的净值又增长了 20.3%。巴菲特和查理都认为,股市预言家唯一的价值就是让算命先生看起来像那么一回事。他们坚信短期股市预测是毒药,要远离那些在股市中行为幼稚的投资者。

在伯克希尔-哈撒韦的所有活动中,最令巴菲特和芒格感到雀跃的是,找到同时具有超强产业竞争力并且拥有他们信任与崇敬的经营者的公司。想要买到这类公司并不容易,但他们采取与一般人寻找终身伴侣一样的态度:积极、乐观与开放,但绝不冒进,试着以合理的价格买进好公司,而不是以低廉的价格买进普通的公司。

价值与成长的统一

对于选股方法,许多分析师用"价值法"和"成长法"来判断价格是否吸引人。巴菲特认为,这两种方法本为一体。在计算一家公司的价值时,成长是一个重要因素,但投资的核心在于价值,无论是以低价买进还是以较高的价格买进,关键在于公司的未来潜力。只有当公司将资金投到可以增加更多回报的活动上时,对投资者才有意义。最值得持有的公司是那些长期将大笔资金运用于高回报投资的公司。

投资就是今天把钱拿出去,未来某个时候再拿回来更多。关键是要预测多久的未来?要拿回来多少钱?用多少折现率?这些才能决定你要付多少钱。

巴菲特指出今天任何股票、债券或企业的价值,取决于其未来年度剩余年限的现金流流入与流出,以适当利率折现后的期望值。

巴菲特认为现金流折现法是一种评估公司真实价值的方法。简单来说,就是估算未来公司能赚多少钱,然后把这些钱折算成今天的价值,来看这个公司现在值多少钱。

> 你想要使用的确切数字,无论你是想假设企业盈利增长15%还是第二个十年增长10%,我都不会对这些具体数字发表评论。我们在评估企业时,可能会用更低的折现率。这并不意味着一旦我们使用这个折现率进行折现,我们就会按照算出来的现值出价,我们是利用算出来的现值来建立与投资目标之间的可比性。

买什么和怎么买

在伯克希尔-哈撒韦,投资策略包括两点。首先,坚守在了解的产业中,通常是相当简单且稳定的企业。其次,坚持安全边际。如果计算出来的价值只比价格高一点,就不会考虑买进。

巴菲特引用美国前总统林肯的话:"如果一只狗连尾巴也算在内的话,总共有几条腿?"答案仍是四条腿,因为尾巴永远是尾巴。这个比喻用来提醒经理人,即使会计师愿意帮你证明尾巴也是一条腿,这并不能改变事实。真实的财务状况无法通过会计技巧或调整报表实现永久美化。

历史上众多财务欺诈的企业其实都是有迹可循的,无论是安然、乐视,还是麦道夫,在它们崩盘之前社会各界都有大量声音质疑它们的财务情况,可总有投资者为了高回报铤而走险,正所谓"我看重你的利息,你惦记我的本金",本末倒置了,值得我们反思。

1992年标普500指数的走势如图37所示。

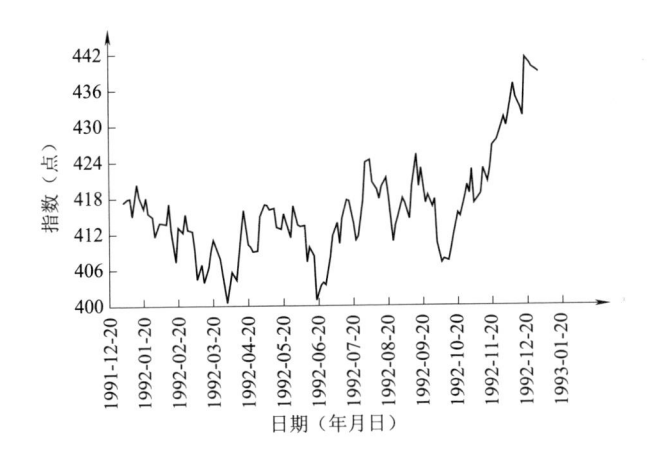

图37 1992年标普500指数的走势

思考

雷曼兄弟破产后,人们发现除了现金流崩盘,它的资产情况比其他许多投资银行都要好。你对现金流折现概念有所理解了吗?

1992年 —— **1993年** —— 1994年

短期而言股市是投票器,长期而言是称重器

1993年,美股震荡上行几个点,走势较为温和,全球无大事发生。

所罗门兄弟公司的收购案终于落幕。巴菲特在解决所罗门兄弟公司丑闻过程中发挥了关键作用,这使得伯克希尔-哈撒韦的股票价格涨了一倍,达到18 000美元/股。这一成就使巴菲特的身家达到85亿美元,苏珊持有的伯克希尔-哈撒韦股份也累计达7亿美元。1957年就开始跟随巴菲特投资的股东,如今手中的1 000美元投资已经变成600万美元。

1993年,伯克希尔-哈撒韦的净值增长了14.3%。1991—1993年,可口可乐公司和吉列公司的每股盈利分别增长了38%和37%,但同期股价的涨幅只有11%和6%。尽管市场对品牌持怀疑态度,伯克希尔-哈撒韦依然受益于这些公司强劲的盈利表现。

优秀公司和聪明投资者

巴菲特引用历史数据,展示了长期持有优秀公司的价值。1919

年，可口可乐公司以 40 美元/股上市，1920 年因市场冷淡，股价跌至 19.5 美元/股。然而，到 1993 年年底，如果将收到的股利再投资，当初的投资价值已达到 210 万美元。真正值得投资的公司是那些在长期能将大量资金运用于高回报投资的公司。例如，可口可乐公司和吉列公司等拥有强大品牌和市场地位，其长期竞争优势明显，风险较小。

巴菲特强调，应优先投资龙头公司，而非行业中的小公司。优秀公司的商业模式和消费者的习惯不变，行业优势和护城河不变，就会持续表现良好。可口可乐公司和吉列公司的长期增长证明了这一点，即使在高估值时投资，这些公司依然能够带来丰厚回报。

> 假设每个世纪平均都会发生 25 次重大意外事件，而你每年都以一赔五的比例赌它今年不会发生，你赌对的年份可能远比赌错的年份多出许多，你有可能连续赌对六七年，甚至是更多年，但我必须说，无论怎样，到最后你一定会以破产作为结局。

巴菲特认为，真正的投资者应该利用市场的波动，而不是被波动所困扰。市场的短期波动提供了以低价购买优质公司的机会，这是聪明投资者的优势。

贝塔值的局限

巴菲特对学术界关于贝塔值（β）的定义表示质疑。贝塔值根据股票价格的历史波动率来衡量风险，但这种方法忽略了公司的基本面和实际经营状况。巴菲特认为，学者架构的理论根本无法分辨不同公司的隐藏风险。例如，销售宠物玩具或呼啦圈的玩具公司，与销售大富翁或芭比娃娃的玩具公司，所面临的风险有何不同？普通投资者若稍具常识，了解消费者行为和企业竞争优势，就能明显看出两者的差别。贝塔值仅仅是基于股票价格的相对波动，而不考虑公司本身的基本面和长期竞争力，这显然是不合理的。

对巴菲特来说，投资的风险在于能否在预计持有期间内，通过税后收入保持原有的购买力，并获得合理的回报。相较于学术界的定义，这种方法更具实际意义。

盖茨与波仙珠宝

1993年复活节的那个周末，盖茨和梅琳达订婚。在从圣迭戈回西雅图的路上，盖茨让飞行员通知梅琳达西雅图的天气信息，让她以为他们正在飞回家。然而，当飞机着陆，舱门打开的瞬间，梅琳达惊讶地看到巴菲特和女伴阿斯特丽德在红地毯上等着他们。巴菲特亲自开车送盖茨和梅琳达到波仙珠宝店，由该店的首席执行官亲自帮他们挑选订婚戒指。

9个月后，盖茨的婚礼在夏威夷拉奈岛的四季曼尼里湾高尔夫球场举行。1994年新年第一天，巴菲特亲自前往祝贺，使婚礼格外瞩目。

在盖茨的婚礼上，巴菲特显得非常高兴，好像是自己孩子的婚礼。他认为，盖茨娶梅琳达为妻是他一生中最明智的决定之一。2024年，巴菲特修改了遗嘱，把原本计划在死后向比尔及梅琳达·盖茨基金会的捐赠转给自己的三个子女。不知这一举动是否与盖茨夫妇决定离婚有关。

1993年标普500指数的走势如图38所示。

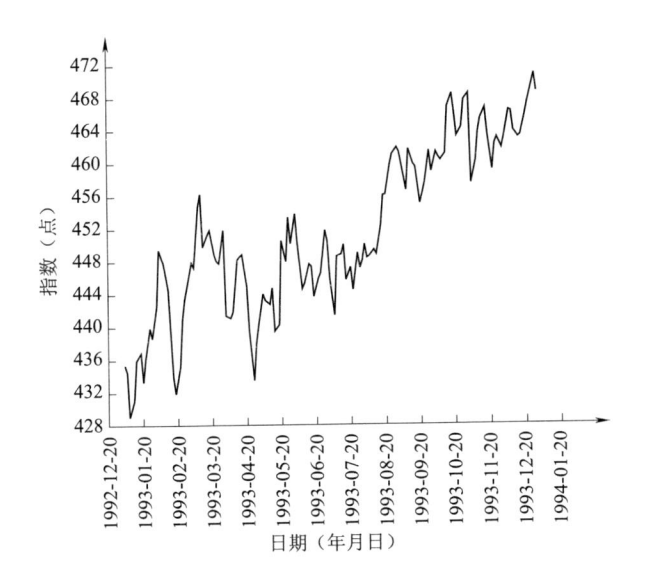

图 38　1993 年标普 500 指数的走势

思考

巴菲特提醒我们尊重概率，但在现实中，许多人仍热衷于庄家稳赢的娱乐厅和棋牌室。我们要尊重数学和概率，不要觉得自己会是那个小概率的幸运儿。这背后有两颗心：贪心和不甘心。

- 贪心：希望通过赌博迅速获得财富，满足自己和家人的欲望。
- 不甘心：不愿意接受失败，认为再试一次就能翻盘，不断投入更多时间和金钱。

自由来自自律。我们务必要管好自己，也要劝谏家人避免类似的陷阱。社会上的悲剧每天都在上演，请问为什么明知道自己不占优势，人们还是无法自拔？

1993年　**1994年**　1995年

中国之行

这一年最出彩的事件是巴菲特难忘的中国之行,多年以后他还是会反复提及。

17 天穿越中国

这次巴菲特中国之行是由比尔·盖茨促成的。为了确保巴菲特在中国的旅行愉快,盖茨夫妇进行了周密的计划,甚至给巴菲特和其他客人发送了一份问卷调查,巴菲特表示希望旅行期间能看到《华尔街日报》。

巴菲特一行抵达中国后住进了王府井饭店。第二天早上,他们参观了北京大学和故宫博物院,午餐在仿膳饭庄享用,下午前往钓鱼台国宾馆。每次用餐,当其他人尽情享用中国美食时,巴菲特却只吃汉堡和薯条。第三天,巴菲特游览长城。中国的教授向他讲解了长城的历史。当他们登上长城顶峰时,香槟和樱桃味可口可乐已经准备好。巴菲特被眼前的壮丽景象深深打动,开玩笑说:"朋友们,我真希望是我的公司拿下了为修建长城提供砖瓦的协议。"

随后,巴菲特参观了当地的可口可乐工厂。接着又飞往乌鲁木齐,乘坐火车沿着丝绸之路穿越西北地区。沿途有多个停靠站,人们可以在沙漠中骑骆驼,访问古老的城市和窑洞,看大熊猫,参观兵马俑。旅途中,巴菲特和盖茨讨论了银行业、零售业的挑战,以及微软股价等商业问题。

第十天,他们参观了三峡大坝工程。此次旅行的最后一站是香港。午夜时分,巴菲特和盖茨来到麦当劳买汉堡吃。巴菲特说:"从香港回旧金山,再到奥马哈的路上,我只需要看报纸就好了。"但是在这次旅行后的很长时间里,巴菲特的思绪总是被拉进回忆,特别是三峡大坝工程和神农溪上的竹筏,以及那些把一生都奉献给拖曳长船的小伙子。这些经历引发了他对个人命运的思考。

投资方程式

1994年美股的行情可谓毫无波澜,全年指数的振幅几乎在5%以内。这一年,伯克希尔-哈撒韦的净值增长了14.5亿美元,增幅为14.3%。这一成功归功于巴菲特的投资方程式,即以合理的价格买进具有产业竞争优势且由诚实有才干的人经营的企业。巴菲特始终坚持这一方法,绝不会降低标准。

> 想成为一位优秀的棒球挥棒者,你先要选中一颗好球来击打。如果强迫自己在不喜欢、不适应的区域击球,你绝对无法获得高打击率,很可能只是个普通的球员。查理和我都很同意这样的看法,所以我们宁愿静静等待球滑进我们喜欢的舒适击球区再做判断。

对政治和经济预测,巴菲特和芒格依旧保持视而不见的态度。在过去30年中,没有人能准确预测到越南战争会持续扩大、石油危机、美国总统辞职、苏联解体、标普500指数单日暴跌20%或国库券收益率在 2.8%～17.4% 巨幅波动。这些事件并未对格雷厄姆的投资哲学造成影响，以合理价格买进优质企业的策略依然奏效。

巴菲特和芒格拒绝了许多可能短期内提升盈余但损害每股实际价值的并购案或投资机会。企业的 CEO 往往要求策略企划部门、顾问或投资银行出具并购报告，这种做法如同问室内设计师你家是否应该添置一条昂贵的地毯。

投资成绩不是按奥运跳水比赛的打分方式评价，难度高低并不重要。投资一家简单易懂且竞争力持续的公司所获得的回报，与辛苦分析复杂公司所得到的回报不相上下。巴菲特和芒格买进股份时只关注价格，而非择时，因短期不可控的经济或股市波动而放弃长期前景看好的公司是愚蠢的行为。他们关心的是公司本身的前景，而非大盘指数的走势或美联储动向。

投资得失

1951 年，当巴菲特还是年轻的股票业务员时，GEICO 占他个人投资组合的 70%。1976 年，伯克希尔-哈撒韦趁 GEICO 面临危机时买下大部分股份。同样，华盛顿邮报集团也是在股价低位时买入的。可口可乐则是巴菲特生平第一笔商业交易，当他还是孩子时，就花 25 美分买了半打可乐，再以每罐 5 美分的价格出售。50 年后，他才明白真正有赚头的依然是那糖水。

在 20 世纪 60 年代中期，巴菲特和芒格在美国运通的投资占 BPL 40% 的资金，这是 BPL 有史以来最大的一笔投资。至此时，他们在美国运通的持股将近 10%，账列成本高达 13.6 亿美元。

1993 年年底，他以 63 美元/股卖出 1 000 万股资本城股份，遗憾的是，到 1994 年年底，该公司股价涨到 85.25 美元/股，导致损失 2.225 亿美元的差价。这是巴菲特犯下的错误，他说自己似乎应该找个监护人来监管一下。

股东大会问答

1994 年开始，股东大会的录音变得完整而清晰，对深入研究巴菲特在每次会议上的发言非常有帮助。这些未经修饰的回答提供了更真实的洞察，展示了在面对挑战和问题时，巴菲特的真实一面。

在这一年的股东大会上，巴菲特首次评价了彼得·林奇，他们关系很好，经常一起打桥牌，并且很多观念一致。核心的不同是，彼得·林奇更多的是分散投资而巴菲特的持仓相对集中。通往成功的道路有很多种，俩人都取得了辉煌的成绩。

有一个问题特别有趣。一位奥马哈的股东问巴菲特："请问你已经是美国最有钱的人了，接下来你还有什么人生目标吗？"巴菲特几乎不假思索地半开玩笑说："这个很简单，我还要做全美最长寿的人。"

1994 年标普 500 指数的走势如图 39 所示。

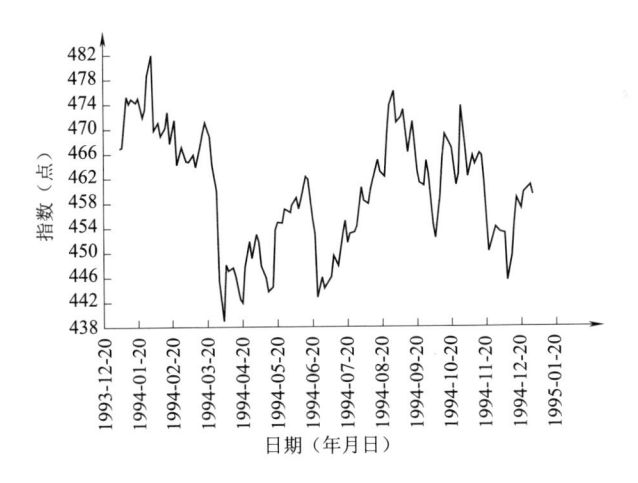

图 39　1994 年标普 500 指数的走势

思考

投资万不可有执念，很多企业的辉煌不会再来。许多散户热衷于 meme 股（网红股），并且有人赚了大钱。你会参与这种炒作吗？

1994年　**1995年**　1996年

拿下 GEICO 的 100%

在经历了 20 世纪 80 年代末的连续暴涨后，美股于 90 年代初期进入小幅震荡阶段。1995 年，美股迎来强劲上涨，全年几乎没有回调地涨了三成。这一年，微软公司发布了 Windows 95 系统，并在销售的第一天实现了 7 亿美元的销售额。计算机迅速成为人们生活的必需品，办公室里几乎人手一台，家庭主妇也开始使用电子邮箱。同年，杰夫·贝佐斯创立了亚马逊公司，最初作为在线书店运营，后来发展为全球最大的电子商务平台之一。

这一年，标普 500 指数史无前例地攀升到 620 点。伯克希尔-哈撒韦的净值增长了 45%，约 53 亿美元。不过，对于这样的成绩，巴菲特并不特别高兴，因为在这样的市场状况下，任何投资者都可以轻易获利，正如美国前总统肯尼迪所说："只要一波大浪来，就可以撑起所有的船只。"

由于市场上有许多人建立了基金，试图把伯克希尔-哈撒韦 3.5 万美元/股的股票拆散卖，为了防止投资者被骗，同时不强迫所有人参与捐赠和投票计划，巴菲特决定以 1∶30 拆分伯克希尔-哈撒韦 B 股。

卖方永远比买方了解内情

巴菲特和芒格提示买方不应过分相信卖方提供的预估数字。他们说起一位跛脚马主人的故事：这位主人请兽医帮忙诊断为何他的马表现时好时坏，兽医建议他趁马表现正常时赶紧卖掉。在并购的世界中，这样的跛脚马常常被装饰成圣物行骗。卖方永远比买方了解内情，因此卖方会选择最佳时机进行出售。买下一家没有优良管理的零售业，就像买下一座没有电梯的埃菲尔铁塔。

巴菲特在投资生涯中见过许多零售业公司曾拥有高成长率和高 ROE，但最终表现突然急速下滑，甚至倒闭。零售业者必须时时保持警觉，因为竞争对手随时准备复制并超越他们，同时消费者也乐于尝试新加入的业者。一旦零售业公司业绩下滑，失败几乎是注定的。

相比之下，有些行业只需一时聪明便能维持良久。如果早期买下一家地方电视台，即使交给懒惰或差劲的亲人经营，也能运作几十年。而在零售业中，用人不当就等于买了一张准备倒闭的门票。

对 GEICO 的完全控股

1950—1951 年，巴菲特在哥伦比亚大学就读，师从本杰明·格雷厄姆。1951 年 1 月的一个星期六，巴菲特前往华盛顿的 GEICO 总部，遇到副总裁洛里默·戴维森。由于巴菲特是格雷厄姆的学生，戴维森接待了他，并花了 4 个小时向巴菲特讲解 GEICO 通过直接行销降低成本的竞争优势。巴菲特因此对 GEICO 产生了浓厚兴趣。

1951 年毕业后，巴菲特回到奥马哈担任股票业务员，把仓位重心放在 GEICO 股票上。他向艾丽斯阿姨推荐 GEICO 股票。他自己也分 4 次买入，共持有 350 股，总成本为 10 282 美元，年底市值为 13 125 美元，占个人净值的 65%。尽管对 GEICO 充满信心，1952 年巴菲特以 15 259 美元卖出 GEICO 的全部股份，将资金投到西方保险证券公司。然而，20 年后，这些 GEICO 股份的价值增长到 1 300 万美元，这让巴菲特体会到不能轻易卖掉好公司。

1970 年年初，GEICO 的管理层低估了保险理赔成本，几乎导致公司倒闭。1976 年，杰克·拜恩接掌公司，采取紧急补救措施使公司幸免于难（见本书 1976 年的"GEICO 实战案例"）。伯克希尔－哈撒韦买入大量 GEICO 股份，最终持有 33.3% 股权。随着公司不断回购自家股份，伯克希尔－哈撒韦的持股比例升至 50% 左右。

1995 年 8 月，巴菲特以 23 亿美元买下了 GEICO 剩余 52% 的股份，实现完全控股。他选择以伯克希尔－哈撒韦的股票作为支付手段，伯克希尔－哈撒韦因此拥有了一家具有深厚成长潜力的企业。

GEICO 的竞争优势和优秀的经理人团队从 1951 年起一直保持稳定。在年中的股东大会上，芒格表示："如果我们看不懂，我们就会错过机会。大家对我们不会违背自己的舒适区这一点，是非常肯定的。"他详细讨论了 GEICO 的历史，解释为何要将其私有化。尽管巴菲特非常希望得到 GEICO 的全部股份，但他并没有立即答应对方的条件，而是采用了欲擒故纵的战术。这种战术随着巴菲特的交易经验积累，变得越来越娴熟。

巴菲特强调，保险行业正面临前所未有的冲击。随着互联网技术的出现，保险市场变得越发难以控制。GEICO 看似牢不可破，但实际上不堪一击。互联网的高速发展必然会让电话销售保险的优势大幅缩水。尽管巴菲特对计算机和互联网不熟悉，但他对互联网对汽车保险行业影响的预测和见解却非常深刻，甚至比业内预测更为准确。

迪士尼收购大都会美国广播公司

大都会美国广播公司是一家美国大型媒体和娱乐公司，业务范围包括电视广播、广播电台、出版、报纸和杂志等多个媒体领域。公司以其丰富的电视节目和强大的新闻报道在美国广受欢迎，拥有大量的观众基础。

大都会美国广播公司被迪士尼收购，原大都会美国广播公司股东有多种选择：可以选择将一股大都会美国广播公司股票转换成一股迪士尼股票外加 65 美元现金，也可以全部换成现金或全部换成迪士尼股票。巴菲特选择全部换成迪士尼股票。

巴菲特对迪士尼的兴趣始于 1966 年，当时迪士尼的市值不到 9 000 万美元，而税前净利润为 2 100 万美元。尽管迪士尼拥有巨大潜力，巴菲特在 1967 年卖掉了这批股票，赚了 50%。这一年，伯克希尔-哈撒韦再度成为这家拥有独特资产和杰出管理层的公司的大股东。

投资了解的生意

在这一年的股东会上，巴菲特谈到了科技股和他与比尔·盖茨的关系。他表示，每个人都有自己的认知和舒适区，他选择投资家居城、保险公司和可口可乐公司是因为他真正了解这些生意，而比尔·盖茨则了解他的那部分生意。巴菲特强调，他和芒格会在有把握的情况下才投资。

互联网开始兴起。但巴菲特坚持在熟悉的领域内投资，想要确保每一笔投资都在他们的认知和掌控范围内。但他也能够预见互联网对保险行业的冲击并采取行动，通过巧妙的谈判策略成功收购 GEICO 后进行了改组，以适应新的竞争格局。

投资年轻人的未来

1995年，巴菲特已经65岁。我常想，如果巴菲特当年拿出一小部分，比如5%的资金去投资互联网，甚至后来的比特币，那么他的资产规模将远超现在。然而，巴菲特的一句话直接表达了他的中心思想："你只需要富一次，不需要再有钱十倍、一百倍，但你肯定不能穷回去。"这句话的深意在于，财富一旦积累起来，就不要轻易冒险失去。

对于我们自身，也许可以借鉴巴菲特的理念，将一小部分资金，如5%，投资在年轻人的新兴爱好上。这不仅有助于我们理解并融入未来的发展趋势，也能在一定程度上分享新兴行业和技术带来的增长红利。通过与年轻人互动，了解他们的兴趣和想法，我们可以更好地把握未来的投资机会。

1995年标普500指数的走势如图40所示。

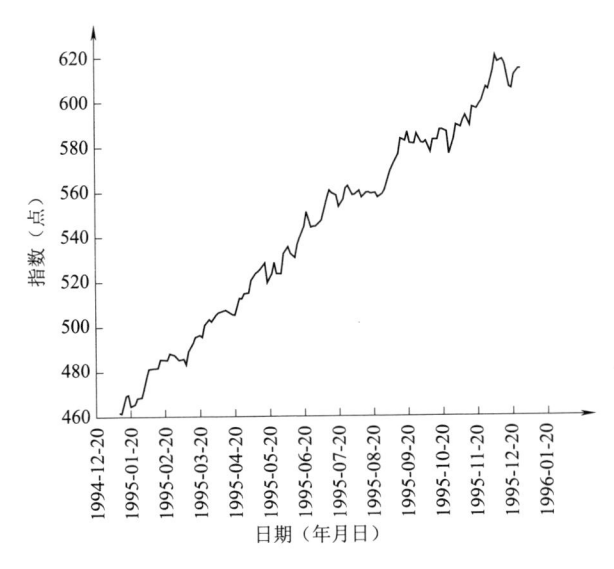

图40　1995年标普500指数的走势

思考

你看巴菲特在 21 岁时听说了 GEICO 就直接坐车去拜访了，虽然在商务礼仪上尚不成熟，但可以清晰地看到年轻巴菲特的闯劲儿，以及对基本面调研的热忱。史蒂夫·乔布斯在 12 岁时就致电惠普，还因此得到了实习机会。我们也可以大胆些。

1996 年

如果不想持有一只股票 10 年，就连 10 分钟都不要持有

1996 年，克林顿成功连任美国总统，美国经济表现优异。美股继 1995 年大涨后保持强劲，几乎没有回调。这一年，伯克希尔-哈撒韦的净值增长了 36.1%，其投资组合变化不大，按兵不动被认为是明智之举。巴菲特和芒格不会因为市场传言或短期波动而卖出高盈利的公司，他们关注的是公司特质是否发生了变化。

运用这种投资策略的投资者，如果执行得当，最终会发现少数几家公司的股份将占据其投资组合的很大部分。就像买下一群极具潜力的大学明星篮球队员未来 20% 的权益，其中一小部分球员可能会进入美国职业篮球联赛（NBA）殿堂，投资者从中获取的收益将占其收入的大部分。如果有人建议将这部分权益转让，就像要求公牛队交易迈克尔·乔丹一样荒谬，因为他对球队来说实在是太重要了。

巴菲特和芒格偏好变化不大的公司和产业，他们希望买入的公司能够持续拥有竞争优势，最好可以超过 10 年。尽管快速变化的行业可能带来短期财富，但它们无法提供长期稳定性。巴菲特认为，作为公民应该欢迎创新和变化，但作为投资者，他们对热门流行产业持保留态度。

国际飞安公司实战案例

公司背景

国际飞安公司的业务遍布全球41个国家和地区，拥有175座飞行仿真器，从波音747客机到Cessna 210型小飞机。这些仿真器造价不菲，有的甚至高达1 900万美元。该公司约一半的营业收入来自训练飞行员的服务，另一半则来自与航空公司和军事单位的合作。

国际飞安公司的创始人阿尔·尤尔茨基一生热爱飞行。在20世纪30年代经历了轰轰烈烈的飞行事业后，他成为泛美航空的机长，并于1951年创立了国际飞安公司，将其打造成飞行仿真器制造和飞行员训练的世界级领导者，涵盖单引擎、直升机、客机和水上飞机等多种类型。

国际飞安公司通过提供高质量的飞行仿真器和全面的飞行员训练服务，拥有强大的市场地位。不仅能保证稳定的收入来源，也为公司长期发展奠定了良好基础。

投资策略

1996年，伯克希尔－哈撒韦以15亿美元的价格收购了国际飞安公司。巴菲特对这家公司的经营状况非常熟悉，在短短60秒内就决定了这笔交易。一个月后，合约正式敲定。

在这项交易中，伯克希尔－哈撒韦提供了国际飞安原股东换取股票或现金的选择，最终51%股份换为现金，41%换为伯克希尔－哈撒韦的A股，8%换为伯克希尔－哈撒韦的B股。通过这次收购，伯克希尔－哈撒韦不仅获得了一家具有深厚成长潜力的企业，还在飞行员训练和仿真器制造领域达到领先地位。

在股东大会上，巴菲特指出，很多伯克希尔－哈撒韦名下的公司都有很强的增长能力。少部分公司所属的行业可能不再以两位数增长，但能够持续稳定地产生现金流，为伯克希尔-哈撒韦的并购活动提供资金支持，实现进攻与防守的平衡。

在提到金融衍生品时，巴菲特开玩笑地说："赌博在美国大部分地方是违法的，但现在合法的赌场开始流行了——金融衍生品。"

在回答如何成功时，巴菲特提到，他认识的伟大的企业家每周都工作 80 小时或以上。

巴菲特与格雷厄姆的比较

有人问到巴菲特与恩师格雷厄姆的区别，以及为什么他比格雷厄姆更富有且稳健。芒格首先表示，感谢格雷厄姆，他绝对是个伟人，创造了一门学科、一个流派，而他们只是站在巨人的肩膀上前行。

巴菲特补充道："我在投资上花的时间比格雷厄姆多很多。他个人会被很多爱好吸引，而我不会。我更加专注、努力和坚韧。此外，我会去研究公司并参与管理，而格雷厄姆觉得不应该去拜访企业，他认为应该研究的是股票，而不是公司本身。所以核心在于炒股票和炒公司的区别。"

长期持股并非一成不变

巴菲特说："如果不愿意持有一只股票 10 年，就连 10 分钟都不要持有。"这句话被广泛传颂，成为长期持股和价值投资的金字招牌。然而，仔细观察巴菲特的投资行为，会发现他在实际操作中也经常在买入股票后不久就卖出，特别是面对决策失误和没有未来的资产时，他会果断斩仓。

巴菲特的投资哲学一直被宣传为长期持有优质资产，但这并不意味着他对所有投资都一成不变。他注重的是通过深入分析和严格筛选，找到那些具有长期竞争优势和良好管理的企业进行投资。然而，市场和企业环境是动态的，当预期与现实不符时，及时调整策略也是理性的选择。

长期持有的核心在于对企业基本面有信心。对于那些具有跨时代价值的优质资产，巴菲特会坚定持有。但对于那些在实际运营中表现不佳、缺乏未来潜力的资产，巴菲特也会毫不犹豫地卖出。这反映了他在投资中既有原则又不失灵活性的智慧。

1996 年标普 500 指数的走势如图 41 所示。

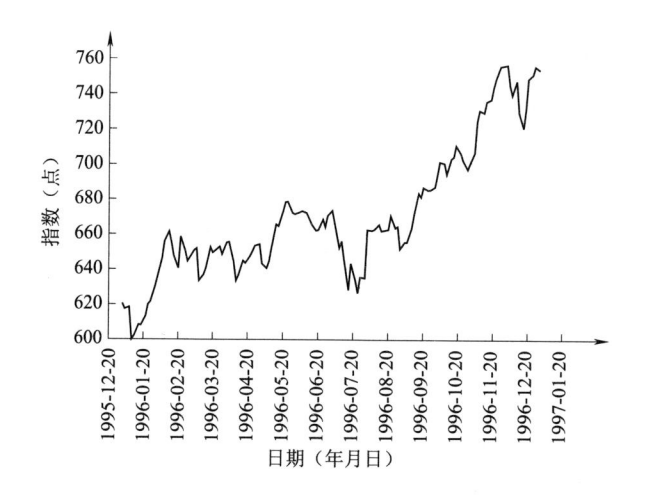

图 41　1996 年标普 500 指数的走势

思考

我们不仅要关注巴菲特所说的，还要深入理解他真正做的。仅仅听取他的名言可能会带来片面的理解。毕竟就是巴菲特和芒格也不喜欢记者追问其失败案例和错误决策，人性如此。

1997 年

逆市卖出

1997 年 7 月，亚洲金融危机爆发。由于 20 世纪 90 年代初期大量资金涌入东南亚，实际生产力不及账面，经济出现泡沫。泰国放弃固定汇率制后，危机爆发，并波及邻近亚洲国家的货币、股票市场及其他资产，导致相关资产价值暴跌。

1997 年，伯克希尔-哈撒韦的净值依然增长了 34.1%，他提醒股东要保持谦逊，避免盲目乐观。他比喻说："面对狂风巨浪，谨慎的鸭子反而会小心地看看大浪过后，其他池塘里的鸭子都到哪里去了。"他强调，未来投资和营业盈余的增长速度会放缓，因为公司规模变大，更难找到高回报机会。

巴菲特回忆自己在 1951 年进入哥伦比亚大学时，只需抓住一个能够赚到 1 万美元的投资机会，就能让投资绩效翻倍。然而，如今要达到同样的绩效提升，伯克希尔-哈撒韦需要一笔成功的 5 亿美元投资。规模变大带来的挑战使得巴菲特和芒格不得不更加谨慎。

当球进入最理想的格子时才挥棒打击

耐心等待最佳的投资机会，才能保持高回报。巴菲特引用棒球传奇明星泰德·威廉斯在《击打的科学》一书中所写的做法，将打击区域划分为 77 个格子，只有当球进入最理想的格子时，他才挥棒打击。

这一年，伯克希尔 - 哈撒韦大约卖出了 5% 的投资仓位。具体来说，巴菲特和芒格卖出一些市值未达到 7.5 亿美元的股票，并对市值超过 7.5 亿美元的部分股票进行小幅调整。这个调整主要是优化债券与股票投资仓位之间的比例，以适应他们对市场相对价值的认知。这一系列调整动作一直持续到 1998 年。

收购星辰家具和冰雪皇后（DQ）的事项被提上日程。两家公司完全符合伯克希尔 - 哈撒韦的标准：产业性质单纯、拥有绝佳的竞争优势且由杰出的人才经营。

> 在冰雪皇后的交易中，查理和我稍微运用了一下对产品的知识。查理几十年来稳定光顾位于明尼苏达州的冰雪皇后，而我则是奥马哈地区冰雪皇后的常客，我们"把钱花在嘴巴上"了。

利率与股市估值

巴菲特回忆起其导师格雷厄姆的教导，格雷厄姆强调通过分析企业特征、生意模式、行业状况和财报数据进行合理定价，再结合实践来决定是否购买。在学生聚会时，他们还会互相测试，尝试狡诈地欺骗对方看谁会买假宝石，以学习识别真正的投资机会。

巴菲特解释了他为何不投资日本企业："它们虽然规模大，但不盈利，ROE 仅有 5%，太低了。"这一评价显示了巴菲特对高盈利能力和高回报企业的偏好。

巴菲特肯定了互联网的变革力量，预见互联网将改变人类生活和未来习惯。但他强调，好生意通常都是简单的，不需要复杂的思考，这一点在他评估投资机会时尤为重要。

大宗商品投资

截至1997年年底，伯克希尔–哈撒韦有三项非传统投资。这些是多样化策略的一部分。

- 原油期货：持有1 400万桶原油期货合约，1997年未实现利润1 160万美元，已平仓的3 170万桶原油期货贡献了6 190万美元的利润。
- 白银：持有1.112亿盎司白银，1997年贡献9 740万美元税前利润。巴菲特表示，这次投资是基于对白银市场的长期观察，而非对通胀的预期。
- 零息债券：持有46亿美元的长期美国零息债券，由于利率下降，1997年未实现利润高达5.98亿美元。

30年前，由于预期美国政府将实施货币自由化政策，巴菲特买进了一些白银。从那以后，他一直关注贵金属的基本面，但没有进行进一步的买入。直到此时，市场上白银的库存突然大幅减少，巴菲特和查理得出了一个结论：为了维持供需平衡，白银的价格可能会稍微上调。然而，他们并未将大众更为关注的通胀预期纳入他们的价值计算范围。

1997年东南亚经济崩盘了，美股却没有回调，部分解释是许多投资者认为东南亚泡沫破灭，其亏损的钱都被美国对冲基金赚走了，所以反而应该继续做多美国。但此时，巴菲特却开始卖出股票并维持到1998年年初。

1996年，巴菲特大力宣传长期持股的重要性，强调"如果不愿意持有一只股票10年，就连10分钟都不要持有"。墨迹未干，1997年后半段他就开始卖出部分股票。这种转变展示了巴菲特对市场的灵活适应性，似乎也可以用"兵无常势，水无常形"来概括，对想学习投资智慧的人来说，听其言更要观其行。

1997年标普500指数的走势如图42所示。

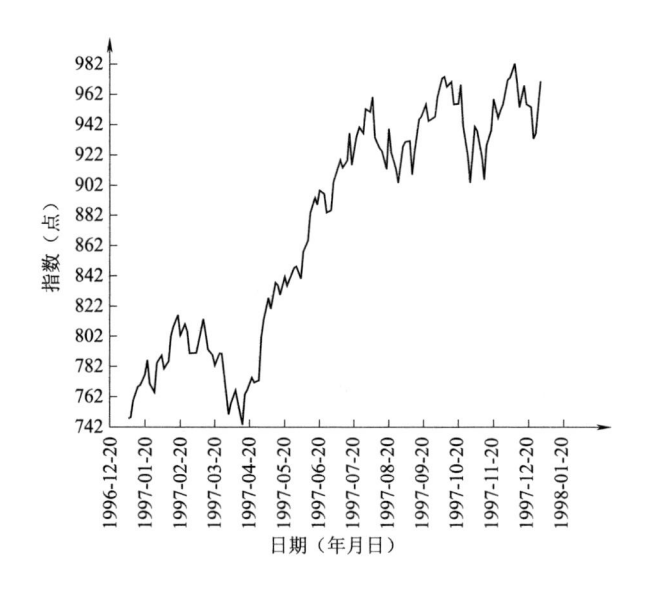

图42　1997年标普500指数的走势

> **思考**
>
> 在这一年的致股东的信中，巴菲特提出这样一个问题："如果你打算一辈子吃汉堡维生，自己又没有养牛，那么你是希望牛肉价格上涨还是下跌呢？同样，要是你经常换车，自己又不是卖车的，你希望车价上涨还是下跌呢？"

1997年　**1998 年**　1999年

好的理念加好的经理人等于好的成果

1998 年，俄罗斯金融危机爆发，卢布大幅贬值。俄罗斯政府宣布暂停支付国内债务，引发国际金融市场的恐慌。这一年，索罗斯将资金投向俄罗斯，但由于俄罗斯未能履约国债利息，导致索罗斯亏损数十亿美元。

伯克希尔 – 哈撒韦的净值却增加了 259 亿美元，每股账面价值增长了 48.3%。自现有经营团队接手以来的 34 年间，每股账面价值由最初的 19 美元增至 37 801 美元，年复合增长率约为 24.7%，总计增长了 2 000 倍。但是，巴菲特清醒地认为，公司目前的股价远高于内在价值，这意味着每当公司发行新股（无论是现金增资还是合并发行新股），都会立即大幅提升公司账面价值，但实际上公司并未增加盈利。

长期资本管理公司的破产

拥有诺贝尔经济学奖得主罗伯特·默顿和迈伦·斯科尔斯的长期资本管理公司（LTCM），也因俄罗斯投资失利而遭受巨大损失。巴菲特出价 2.5 亿美元收购长期资本管理公司，这一纾困方案对长期资本管理公司的共同出资人来说低得出乎意料，因为在年初该公司的净值还有 47 亿美元。巴菲特只给了长期资本管理公司创始人约翰·梅里韦瑟不到一小时的时间来决定这笔交易，最终提议未被接受，长期资本管理公司破产。

事后，巴菲特表示长期资本管理公司的团队成员智商极高、经验丰富，其失败是因为他们在追求不必要的利益时，忽视了风险管理。长期资本管理公司过于依赖数学公式，如贝塔值来评估股票风险，这是不可靠的。金融风险不能仅依赖数学做预测，因为市场行为受多种因素影响，远比数学模型复杂，过度依赖数学模型可能会导致灾难性的错误。

投资者应当采取稳健的策略，保护自己的本金，同时审慎选择能够实现的回报。

持有大量现金的逻辑

截至 1998 年年底，伯克希尔－哈撒韦持有超过 150 亿美元的现金及现金等价物（包括一年内到期的优质债券）。尽管持有大量现金让巴菲特和芒格感到不太舒服，但他们宁愿手握现金，也不愿意随意投资。他们会继续寻找合适的大型股票投资或企业并购机会，以消化这些过剩的流动资金，但目前尚未发现潜在目标。

尽管巴菲特的计算机水平有限，但他很高兴地报告，公司旗下的企业，包括 GEICO、波仙珠宝、喜诗糖果和水牛城新闻，已通过网络从事大量商务活动。伯克希尔－哈撒韦也在网站上销售年金产品，这项业务主要由阿吉特负责开发，他在过去十年为伯克希尔－哈撒韦贡献了大量盈余。巴菲特对阿吉特十分肯定，认为他始终在为伯克希尔－哈撒韦寻找增值方法，即使在巴菲特等人休息时。

好的理念加好的经理人等于好的成果

巴菲特一直坚信,教杰出的经理人如何经营公司是非常愚蠢的。事实上,如果伯克希尔－哈撒韦总是在背后指指点点,大多数经理人可能早就不愿意继续工作了。他们大多数已经非常富有,75%以上的人根本不需要再靠工作生活。

这些经理人就像棒球超级明星,根本不需要指导他们如何拿棒子或何时挥棒。他们拥有卓越的才干和丰富的经验,是推动公司成功的关键。

尊重专业,放手成就,让优秀的经理人发挥他们的才能。

给年轻人的建议

1998年10月15日,巴菲特在佛罗里达大学商学院发表演讲。他给同学们以下建议。

- 培养优良品质:找到最钦佩的同学,分析其优秀品质并记录下来。同时,选择一位令人厌恶的同学,记录其缺点。优秀品质如慷慨大方、诚实正直等,可以通过努力获得。而那些令人厌恶的品质,如自私、贪婪,可以通过自我改正去除。培养好品质,会让你成为值得投资的人。
- 避免借贷:巴菲特强调自己几乎从未借过钱。他认为不借钱也能享受投资的乐趣。他强调财务独立和不依赖债务的重要性,不要为了追求更高的财富而冒不必要的风险。
- 理解生意:巴菲特喜欢他能看懂的生意。他认为,投资股票就是买公司的部分所有权,只要公司生意好,价格合理,收益就不会差。

- 关于互联网：巴菲特表示，如果他在商学院教课，会让学生给一家互联网公司估值，哪个学生给出了估值，他就给哪个学生判不及格。
- 华尔街与小城市：巴菲特认为，独自思考是最佳的投资方法。在市场环境中，思路容易受他人影响，华尔街就是这样一个地方。在华尔街，人们觉得每天必须做点什么。巴菲特提到钱德勒家族买下可口可乐公司后什么都不做，无为而治。投资最好的方法是找到好的投资机会，然后耐心持有，等待其潜力充分释放出来。

在股东大会上，巴菲特提到真正的投资是为了未来能够获得更多的现金流。这种回报不是通过转售投资资产给他人来实现的，而是通过所投资资产自身的产出。这意味着，无论是购买农场、公寓还是企业，投资者的目标都是从这些资产中获取长期回报，而不是靠投机性的买卖获利。

巴菲特和大多数投资者有一点不同，他所投资的公司每年都会给他带来10%以上的现金收入。如果他进行减仓操作，即使只是小幅减仓，拿出的现金也不会再继续投入股票市场，而是会投入国债，具体操作如下：

- 1997年、1998年、1999年，巴菲特逐步减仓至半仓，积累现金。
- 2001年，他又重新加仓至满仓并增加了杠杆融资。

几年后，巴菲特从《福布斯》全球亿万富豪排行榜的第四名跃升至第二名。

1998年标普500指数的走势如图43所示。

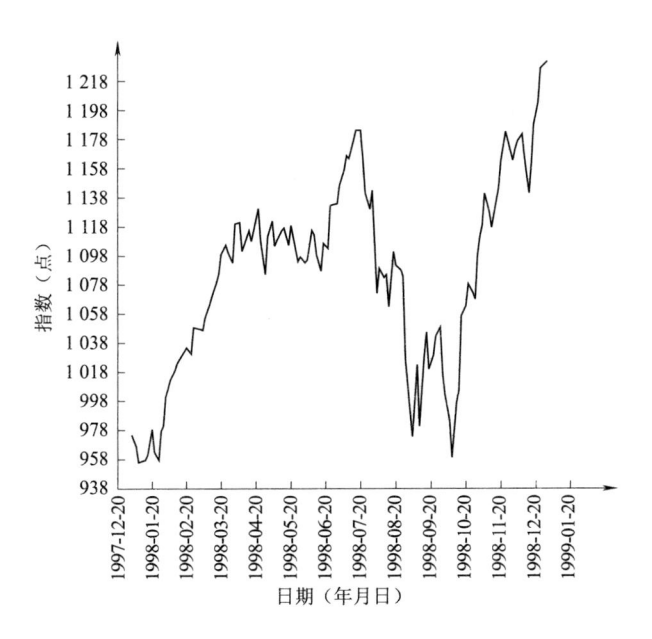

图43 1998年标普500指数的走势

思考

这一年开始，巴菲特旗下企业全部使用网站做商务销售。之前，他预测到互联网真的会改变人类生活，改变重房租的行业，并且他从1991年起就与比尔·盖茨的关系很好。他为什么不早一些介入互联网公司呢？

不买高科技股票的原因

1999年,互联网泡沫崩溃前夕,伯克希尔-哈撒韦遭大幅做空,各大主流媒体到处宣传巴菲特"廉颇老矣,尚能饭否"的言论。很明显,巴菲特也不知道2000年互联网泡沫会崩溃,他也不知道自己2008年会成为世界首富。所以,专注与努力有助于走向成功,一直投机容易下场惨烈。

伯克希尔-哈撒韦遭做空的原因是,巴菲特没买互联网股票,并且从两年前开始减仓,导致错过市场所有热门股的上涨。1999年,标普500指数从1 250点涨至约1 400点,涨幅超过10%,而互联网公司股票更是翻倍上涨。然而,巴菲特持有的传统公司股票表现不佳,导致整体表现落后于大盘。

静待机会降临

巴菲特在年报中坦言1999年的成绩不理想,这是他个人投资表现最差的一年。尽管在这一年仍然取得正回报,但巴菲特保持谦虚,向股东道歉。同时,他强调伯克希尔-哈撒韦的策略依然简单有效——静待机会降临。

从 1996 年开始，伯克希尔 – 哈撒韦旗下的很多公司就已经开始了网络销售和商务活动。这显示了巴菲特拥抱新技术和市场变化方面的前瞻性，但巴菲特本人却没有参与互联网投资，并因此被媒体反复诟病。其实，巴菲特见证了英特尔的创立，在亚马逊刚开业就从该平台买书，更是在互联网腾飞前就认识了比尔·盖茨并成为挚友，可他就是一点儿也没投。他也反复解释了为何不投资高科技公司股票，这些公司可能会改变社会，但他和芒格缺乏判断其长期竞争优势的能力。可能正如他所说，他不需要更有钱，只想投看得懂的生意。

这一年，巴菲特还表示他不会为阻止股价下跌而回购伯克希尔 – 哈撒韦的股份，只有在认为这种资金运用对公司最有利时才会回购。他批评当时许多公司回购股份是为了支撑股价，而非基于实际价值。

不要试图给市场估价

巴菲特和芒格不会对股市的走势进行预测，因为他们不知道股市在短期内会如何变化。他们只购买他们认为能为伯克希尔 – 哈撒韦带来价值的东西。如果没有找到合适的投资对象，他们会积累现金，一旦发现合适的投资机会，他们会迅速出击。巴菲特强调，没有人能通过预测市场的走势赚很多钱，但他认识很多在挑选公司方面做得很好的人，并以合理的价格购买它们。这正是他们希望做的。也就是说，巴菲特觉得短期预测市场走势赚很多钱并不靠谱，但那些寻找伟大的企业并以合理价格持有的人是可以赚到钱的。

幸福比金钱更重要

当财富达到一定水平后，钱对生活的影响并不大。巴菲特说，他和大学生的生活基本没有区别。他们吃同样的食物，穿着相似的衣服，开着差不多的车，享受着同样的娱乐活动。唯一不同的是，巴菲特的旅行更为便捷，因为他有私人飞机。真正的财富并不是金钱，而是健康、被爱以及生活的舒适度。在工作中，巴菲特认为最重要的是与谁一起工作以及工作的趣味性。

芒格补充道，生活中有许多比金钱更重要的事情，但总有人对此感到困惑。芒格举了一个例子，他有个打高尔夫球的朋友说："健康是什么？你不能用钱来买回健康。"

1999 年标普 500 指数的走势如图 44 所示。

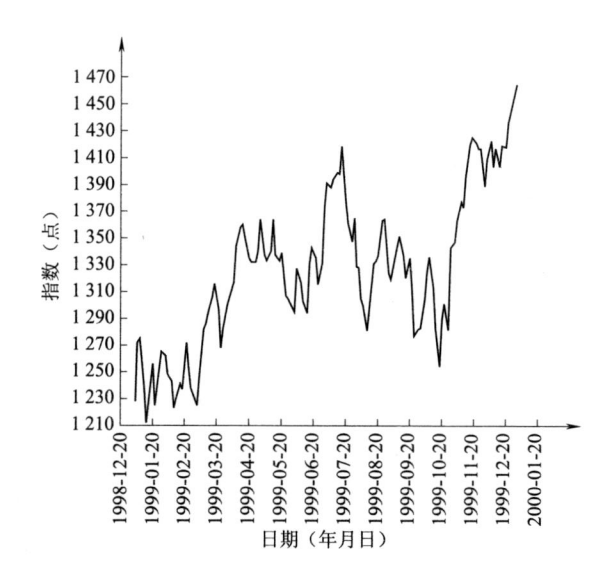

图 44　1999 年标普 500 指数的走势

思考

从长远来看，投资者唯一能赚到的钱就是企业赚到的钱，摩擦成本、投资管理费、经纪佣金等则从市场中拿走钱。

2000年

1999年 — 2000年 — 2001年

投资与投机永远是一线之隔

互联网时代的谣言

2000年年初，互联网泡沫即将破裂，伯克希尔-哈撒韦也遭遇了大幅做空。2月初，巴菲特在线玩桥牌时，雅虎网站的论坛上一个名为"zx1675"的写手发帖称"沃伦住院，病情危急"。这一谣言迅速在论坛上传播，导致华尔街上很多人相信巴菲特病重，将会抛售股票。

随着巴菲特即将辞世的谣言广为传播，伯克希尔-哈撒韦的股票交易量激增，股价一路下滑。股东纷纷致电经纪人，要求确认巴菲特的健康状况。美国消费者新闻与商业频道（CNBC）报道了巴菲特病重的谣言。虽然巴菲特出面辟谣，但导致更多的猜测。怀疑论者开始质疑巴菲特的声明，甚至有人认为他在利用低价买进伯克希尔-哈撒韦的股票。

面对谣言，巴菲特选择理性应对。他认为谣言将不攻自破，但也意识到在互联网时代，控制公众认知度变得更加困难。最终，伯克希尔-哈撒韦发布了声明："近来，互联网上出现了关于股票回购和巴菲特先生健康状况的谣言。所有关于股票回购和巴菲特先生健康状况的谣言百分之百都是假的。"尽管如此，伯克希尔-哈撒韦的股价在那一周仍然下跌了11%。

总体而言，伯克希尔-哈撒韦在2000年的净值增加了39.6亿美元，A股和B股的每股账面价值增长了6.5%。相比之下，市场下跌了10%，互联网泡沫破裂导致股价大幅崩盘，很多股票两年暴跌90%。

对科技股与市场的观点

3月10日，《华尔街日报》指出，科技股的热潮使得几乎所有人都在赚钱，唯独巴菲特坚持不参与。他的股票下跌了48%。

巴菲特解释说，他们不买高科技股票，是因为无法分辨哪些公司拥有长期的竞争优势。他们更喜欢投资那些比较稳定、容易预测的公司。投资与投机只有一线之隔，尤其是在市场参与者都沉浸在欢愉气氛中的时候。他提醒股东要注重实质价值，而不是被市场炒作所迷惑。泡沫市场创造出泡沫公司，这些公司通常不会创造价值，而会摧毁价值。

巴菲特认为科技市场如同庞氏骗局一般虚假。芒格则以直言不讳的方式表达了对科技股的看法，"如果把葡萄干和狗屎混合在一起，那还是狗屎"。

面对市场动荡，伯克希尔-哈撒韦决定按投资者的出价回购公司股票，以将资金返还给股东。巴菲特的这一宣布促使股价上涨了24%，尽管他还未开始回购。接下来，纳斯达克的科技股出现崩盘迹象，到4月末，科技股市值蒸发了31%。

一个月后，伯克希尔-哈撒韦的股票每股上涨近5 000美元，达到6万美元。《财富》杂志称，尽管巴菲特未能取得1999年的骄人业绩，但伯克希尔-哈撒韦从3月的低谷走出，股价近期上涨了47%，巴菲特是一位"优秀的复兴者"。

随时准备并购

伯克希尔-哈撒韦在2000年完成了8件并购，总金额高达80亿美元，全部依靠自有资金支付，没有举债，其中97%以现金支付。这8家公司的年营业额合计达到130亿美元，雇用员工58 000名。尽管如此，伯克希尔-哈撒韦手上的现金依然充裕，随时准备再并购更大的公司。

艾可美砖料（Acme Brick）是其中一家被并购的企业，每年生产超过10亿块砖，占全美总产量的11.7%。在得克萨斯州，艾可美砖料的品牌知名度极高。当被问到知名砖块品牌时，75%的人会想到它。艾可美砖料的成功不仅归功于产品品质，还是其深耕地方服务的成果。

伯克希尔-哈撒韦还以18亿美元买下了佳斯迈威（Johns Manville）公司，这家公司以生产屋顶绝缘材料和石棉产品著称。

巴菲特指出，并购的涌现有两个主要原因：一是许多经理人和老板预期自己公司的产业即将走下坡路，二是卖方更注重公司的归属而不是售价。巴菲特强调伯克希尔-哈撒韦注重长期结果，而不是短期波动。

警惕乐观派 CEO

2000年，伯克希尔-哈撒韦几乎完全清仓了房地美和房利美的股票，同时将15%的资金投入几家中型公司和一些高收益债券。虽然这些投资组合没有太大的潜在利益，但公司对其感到满意。

巴菲特和芒格在阅读财务报告时，对人员、工厂或产品的介绍兴趣不大，对引用息税折旧摊销前利润（EBITDA）更是感到不安。他们质疑经营阶层是否真的认为可以用虚假或不实的财务数据来支撑资本支出。此外，他们也不愿意读那些由公关部门或顾问提供的资料，更希望由 CEO 亲自解释实际情况。

巴菲特认为，CEO 心中有一个目标并不是坏事，甚至公开发表个人愿景是好的，但如果一家大公司公开宣称每股盈余长期可以维持 15% 的年增长率，肯定会带来许多不必要的麻烦。只有极少数公司能达到这种高标准。根据历史记录，1970—1980 年在 200 家盈余最高的公司中，能够继续维持 15% 年增长率的公司极少。巴菲特打赌，在 2000 年盈余最高的 200 家公司中，能够在接下来的 20 年内实现 15% 年增长率的公司绝不会超过 10 家。

过高的预估不仅会产生不切实际的乐观情绪，还会导致 CEO 行为的腐化。巴菲特和芒格已经看到很多 CEO 为了达成他们先前所做的盈余预估，热衷于运用一些非经济手段。当这些手段耗尽，被逼得走投无路的 CEO 最终会采用各种会计方法来做假账。这种会计骗术会产生滚雪球效应，一旦开始挪用未来的盈余，就会变本加厉，最终从造假演变为贪污。

巴菲特和芒格对那些习惯以绚丽盈余预估吸引投资者的 CEO 持怀疑态度。虽然少数 CEO 确实能说到做到，但大部分 CEO 最后都变成无可救药的乐观派，甚至可以说是骗子。遗憾的是，投资者很难事先分辨出他们到底是在跟哪种人打交道。

在股东大会上，巴菲特还对以下问题进行回答。

第一，如何识别泡沫。巴菲特表示，投机泡沫最终会得到纠正，可能需要时间来证明。如果一家公司从未盈利，但以高估值交易，这并没有创造财富，只是在进行财富转移。泡沫总会出现，不仅在股票市场上。20 年前，内布拉斯加州的农场就曾出现过投机狂热，最终泡沫破裂，投资者和银行遭受了巨大损失。

他认为，投机泡沫无法永久持续。但泡沫崩溃会不会冲击经济，谁也无法预测，5~10 年后结果才会变得清晰。

第二，P/E 的合理范围。有投资者问巴菲特是不是不买 P/E 超过 15 倍的股票，巴菲特表示，他们没有 P/E 的临界值。他们关注公司未来的现金流，而不是当前的盈利情况。1976 年收购 GEICO 50% 的股份时，GEICO 正在亏损，但他们认为未来会好转，所以并不担心当前的亏损。

如果一家公司在赚钱，就没有 P/E 的临界值。只要未来现金流能以合适的利率折现，与当前支付的价格相比有意义。如果一门生意的前景美好，但被当前的糟糕数字掩盖，这样的生意对他们来说是非常理想的。

第三，关于投资理念的启示。约 50 年前，巴菲特在哥伦比亚大学修了本杰明·格雷厄姆的课。在此之前的 10 年，巴菲特一直盲目地从事各种分析、频繁交易股票，但成绩平平。1951 年起，他的投资绩效开始改善，都是因为接受了格雷厄姆的观念。因此，巴菲特认为在大师面前沉浸几小时的效果远远大于他过去 10 年来的独自摸索。

2000 年标普 500 指数的走势如图 45 所示。

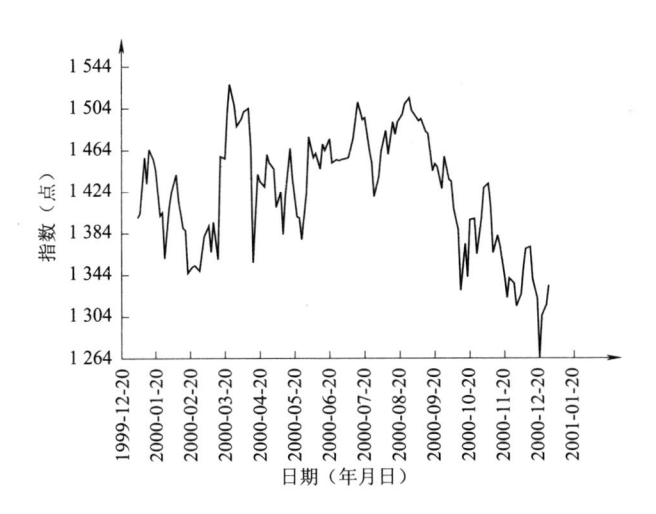

图 45　2000 年标普 500 指数的走势

思考

巴菲特也会被质疑，被做空。1999年的股东大会几乎被投资者轮番质疑，2000年就轻松了，互联网泡沫崩溃了，他大举买进，在几年之后也开始买亚马逊和苹果公司了，如今苹果公司是他最大的持股。

你能努力坚守自己的舒适区吗？

2001年

行业改变不代表赚钱，不赚钱的生意就不是好生意

2001年的大事有"9·11"事件，10月阿富汗战争，以及年底的安然事件。

2001年标普500指数经历了显著波动。伯克希尔–哈撒韦公司的净值减少了37.7亿美元，每股账面价值减少了6.2%。巴菲特用喜诗糖果公司来安抚大家，尽管该公司一年四季营运波动很大，但每年结算时总是获利，持有这样的公司可以让股东安心获利。

巴菲特依旧没有投资互联网企业。他表示，他很清晰地看到了互联网对人类生活的改变和提升。他与比尔·盖茨是朋友，早在几年前就通过亚马逊买书，旗下企业也用互联网做生意，他自己也用电脑玩牌和购物。然而，他不知道谁会是最后的赢家。

巴菲特提到，早年美国有2 000家汽车厂，现在还有3家，而且都不太赚钱。当年的电视机和电话行业也是一样。改变不代表赚钱，不赚钱的生意就不是好生意。他还不清楚到底谁会赢，等看清楚了再买也来得及。他用一个比喻来解释这个观点："如果送你一辆车，但你这辈子只能开一辆车，你会怎么做？你会时时勤拂拭，你对车越好，车就能开越久，对你的人生也一样。"

"9·11"事件的应对

9月11日9点多，巴菲特接到了《华尔街日报》记者德文·斯珀吉翁的电话。她说："哦，天哪，沃伦，快看电视。"巴菲特打开新闻频道，看到了纽约世界贸易中心北楼被一架飞机撞击，紧接着另一架飞机撞向南楼，爆炸后升起一团蘑菇云火焰。新闻频道开始重复播放这些镜头时，他们都静静地看着。

几分钟后，美国航空77号班机撞向五角大楼。巴菲特根据收到的信息，对自己的工作做出安排。他联系了通用再保险公司，说如果机场开放，航班恢复正常，他就计划飞到位于康涅狄格州的通用再保险公司，与几位经理商讨如何应对这次重大事件。

世界贸易中心两座大楼相继坍塌。纽约股票交易所关闭，曼哈顿区的市民冒着烟雾撤离。

巴菲特和美国财政部前部长罗伯特·鲁宾，以及刚从通用电气首席执行官职位退休的杰克·韦尔奇共同参加《60分钟时事杂志》节目。在节目中，巴菲特说他不会抛售股票——如果股票持续下跌，他会考虑买进，并解释说他相信经济会克服恐怖袭击带来的波澜。

第二天，标普500指数大跌5%。股市重新开市后，美联储开始干预，下调利率50个基点。一周后，指数跌超11%。然而，许多投资者的资产下跌幅度不到1987年下跌幅度的一半，因为此时的卖方集中在保险公司和航空公司，这些公司的经济损失最为严重。

美联储将利率调到历史最低水平，确保银行体系具有流动资金。在低息贷款的推动下，恐怖袭击后一个月，股市完全恢复。

安然事件

2001年年底，一家名为安然的能源贸易公司因严重的财务欺诈而破产。安然事件极端但不罕见，股市泡沫和高级管理人员大肆洗劫公司引发了一系列的财务欺诈和债券违规案件。

安然公司曾是美国最大的能源公司之一，成立于1985年，总部位于得克萨斯州休斯敦。这家公司在迅速崛起的背后隐藏着严重的财务造假行为，最终导致破产，成为历史上最著名的公司丑闻之一。

- 隐藏债务和亏损：安然高管创建了数百个特别目的实体，使财务状况看起来更好。
- 虚报收入：将未来潜在收益记为当前收入，夸大收入和利润。
- 审计造假：外部审计师安达信未能揭示财务造假行为，甚至参与了掩盖。

2001年，安然的财务问题逐渐曝光，最终于12月2日申请破产保护，成为当时美国历史上最大的破产案，数千名员工失业，投资者损失数十亿美元。安然财务造假事件反映了财务透明和严格监管的重要性，也成为公司治理和财务监管历史上的重要转折点。

拥有全美8%天然气管线

2001年，安然公司发生重大经营困难，被迫向另一家能源公司戴纳基（Dynegy）公司借钱，并以"北方天然"管线作为质押担保品。不久后，这条管线的所有权就转移到戴纳基名下。但是戴纳基也很快发生财务问题，中美能源控制公司在7月26日接到戴纳基的电话，希望将这条管线立即变现。7月29日，伯克希尔－哈撒韦签订了合约，使北方天然回到家乡的怀抱。尽管在2001

年年初，巴菲特和芒格没想到会介入能源管线业，但完成肯特河管线扩充案后，中美能源控制公司运送的天然气占全美使用量的8%。巴菲特和芒格打算继续寻求大型能源事业的投资机会，但《美国公共事业控股公司法》在能源产业中仍对伯克希尔-哈撒韦有诸多限制。

XTRA 实战案例

公司背景

XTRA 是一家专注于货柜拖车租赁的公司。该公司成立于1957年，总部位于美国康涅狄格州西港。XTRA 提供各类拖车、货柜和其他运输设备的租赁服务，是北美最大的拖车租赁公司之一。

2000年年初，巴菲特的朋友朱利安·罗伯逊宣布将结束其投资合伙事业——老虎基金。除4项主要持股投资外，其余投资将全部结算，其中就包括 XTRA。巴菲特打电话给朱利安，询问他是否有意出售整个公司。

投资策略

2001年6月，朱利安打电话给巴菲特，表示决定出售 XTRA 的股份。于是巴菲特与公司领导人卢·鲁宾谈判，最终 XTRA 的董事会接受了伯克希尔-哈撒韦的提案，公开收购的截止日期定为9月11日。这项收购案定有一项例行条款，约定如果在收购截止日前股市有重大异常变化，买方有权退出。

9月11日，卢经历了跌宕起伏的难忘经历。一开始，他在纽约世界贸易中心上班的女婿一度下落不明。然后，他意识到发生重大异常变化，伯克希尔-哈撒韦有权取消整个收购案。

幸运的是，卢的女婿逃过一劫，伯克希尔－哈撒韦也如预期完成了收购。

尽管货柜车租赁业景气循环明显，但巴菲特认为这仍是一个能够得到长期合理回报的行业。卢为伯克希尔－哈撒韦带来了专业知识，巴菲特期望未来能够在租赁业进一步扩张。

～～～～～～～～～～～～～～～～～～～～～～～

面对全球市场的剧烈波动和重大事件，巴菲特通过收购XTRA等优质资产，进一步扩展了伯克希尔－哈撒韦的业务版图，随着时局的动荡和互联网公司的持续暴跌，伯克希尔－哈撒韦的股价也在持续回升。

这一年，巴菲特还谈到了小资金如何做投资。

1956—1968年，巴菲特投资的年增长率为31%，而大盘指数仅为9%。当时，他主要寻找被低估的股票。随着资本的增长，他转向购买长期具有良好经济效益的公司。巴菲特会寻找相对于未来现金流折现值而言价格低的企业。如果资金较小，他会有更多施展空间。巴菲特在1951年年初师从本杰明·格雷厄姆，1950年年底开始算起的十年，他的年化回报率能达到50%。当时他可以找到将大比例资金投进去的生意。

随着资金增加，可以容纳大比例资金的机会减少。巴菲特强调，他不设定P/E的临界值，他更关注公司未来能带来多少现金。如果一家公司正在因为某种他们理解的原因赔钱，而未来可能会好转，他们就不会为现在的亏钱而烦恼。关键是估计20年的现金流，将其折现并与所支付的价格相比，这就是投资的意义。

小资金投资者可以通过深入研究找到被低估的股票，获得高回报。随着资金增加，投资机会会减少，预期回报率也会下降。投资者更应关注公司未来的现金流，而不是短期市场波动。

2001年标普500指数的走势如图46所示。

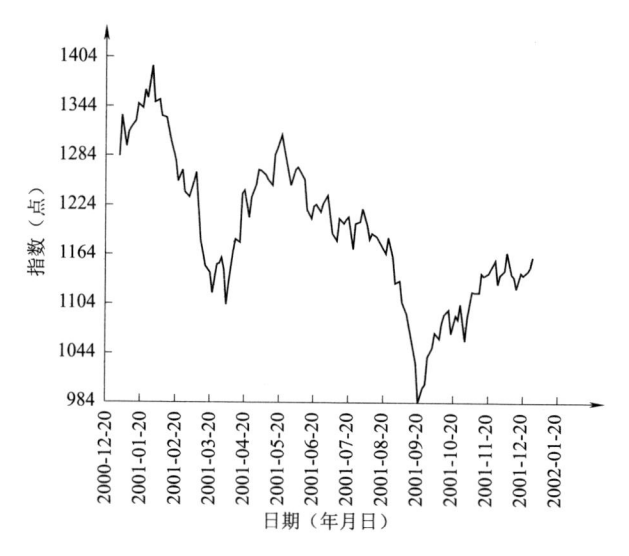

图 46　2001 年标普 500 指数的走势

思考

"9·11"事件让崩溃的互联网泡沫雪上加霜。但抄底是门艺术，过早满仓会让自己陷入深渊，过晚加仓又会错失良机。巴菲特在危机中大胆出手，我们能否学习？

2002 年

你要成为赢家，就必须与赢家共事

2002 年 1 月 1 日，欧元纸币和硬币正式在 12 个欧元区国家流通，标志着欧洲经济和货币联盟的进一步整合。

随着阿富汗战争持续，美股也越发紧张，同时小布什也开始指责伊拉克，市场担心战火蔓延。此外，安然事件也让 1913 年就成立的安达信会计师事务所解散。

这一年，市场暴跌 20%，吞噬了之前的全部反弹。然而，伯克希尔－哈撒韦公司的净值增加了 61 亿美元，每股账面价值增加了 10.0%。

成功的关键在于与赢家共事

伯克希尔－哈撒韦这一年并购了几家重要的公司，这些公司在各自行业中均数一数二，并由优秀的经理人管理。这些特点是伯克希尔－哈撒韦买入策略的关键，而合理的价格则是次要因素。综合这些有利因素，使得伯克希尔－哈撒韦的每股账面价值增长大幅超越标普 500 指数，达到了 32.1%。

巴菲特的管理偶像是埃迪·本尼特，一位传奇球童。1919

年,年仅 19 岁的埃迪在芝加哥白袜队开始了他的职业生涯,当年白袜队立即打进了世界大赛。次年,埃迪跳槽到布鲁克林道奇队,道奇队也赢得了世界大赛。之后,埃迪转到纽约洋基队,洋基队在 1921 年赢得队史上的第一个世界大赛冠军。此后,埃迪在接下来的 7 年间"帮助"洋基队 5 次赢得美国联盟冠军。

1927 年,埃迪因为洋基赢得世界大赛而获得了 700 美元的奖金,这相当于其他球童一整年的收入,而埃迪仅工作了 4 天。埃迪很清楚地知道他如何拎球棒并不重要,重要的是他能为球场上最当红的明星拎球棒。巴菲特说自己从埃迪身上学到了很多,成功的关键在于与赢家共事,懂得如何为最有才华的人提供支持和服务。在伯克希尔 – 哈撒韦,他也经常为"美国商业大联盟"的超强打者拎球棒。巴菲特让顶尖人才发挥最大的潜力,而他自己则站在旁边支持和鼓励他们。

我们并不是天生就想着卖出

在股东大会上,有投资者问:"你曾经说过,你最喜欢拥有一只股票的时间是永远。然而,你在拥有麦当劳和迪士尼不久后就卖掉了它们。你如何决定什么时候卖出?"

巴菲特说道:"我们并不是天生就想着卖出股票。1973 年以来,我们一直持有华盛顿邮报集团的股票。我从未卖出过伯克希尔 – 哈撒韦的股票。我们从 1988 年起持有可口可乐公司的股票,1989 年起持有吉列公司的股票,1991 年起持有美国运通的股票。卖出股票的原因主要有两个。一是需要资金去购买更好的投资标的,二是对公司长期竞争优势的看法发生变化。过去,我会卖出股票以便投资更好的机会,现在更多的是基于重新评估企业的经济特征。如果我们认为公司竞争优势有所削弱,我们可能会选择卖出。我们认为麦当劳和迪士尼都有光明的前景，但可能它们的竞争优势不如我们最初预想的那么强大。这并不意味着公司会走向灾难，只是我们的看法有所改变。比如，报纸行业的专营权在1970年很强大，但到2002年已经不再。这些信念会逐渐改变，影响我们的决策。"

2000年3月10日，纳斯达克综合指数创下5 132点的历史新高，伯克希尔－哈撒韦的股价则以1997年以来的最低价40 800美元/股收盘。发表2002年致股东的信时，伯克希尔－哈撒韦的股价已达到约7万美元/股。巴菲特反复强调自己不买互联网股票的决策终于得到了正反馈，他认为互联网公司无盈利之前的股价暴涨是无源之水、无本之木，不可长久。

2002年标普500指数的走势如图47所示。

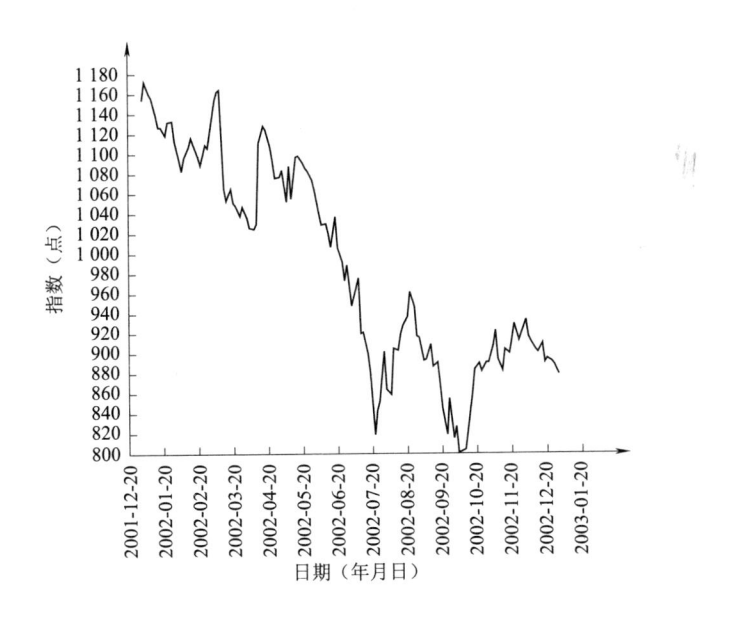

图47　2002年标普500指数的走势

思考

　　这一年互联网泡沫出清,但一些企业从谷底又涨了上千倍(如亚马逊)。择时和选股,你觉得哪个更重要?

2003 年

当企业出现错误决策时，董事要有挑战总裁的勇气

2003 年是充满重大事件和变革的一年。从伊拉克战争的爆发到非典疫情的流行都带来了市场恐慌，而科技行业的复苏和全球经济的回暖却让美股持续上涨。2003 年，伯克希尔 - 哈撒韦公司的价值增加了 136 亿美元，每股账面价值增加了 21.0%。虽然单一年度的净值表现与标普 500 指数的比较意义已不如以往，但长期来看，两者表现的比较仍至关重要。

> 股东们现在可以以非常低的手续费买到指数基金，间接投资标普 500 指数。除非在未来我们能够以高于标普 500 指数的速度积累每股实际价值，否则查理和我就没有存在的价值。

伯克希尔 - 哈撒韦的股票投资仓位占净值的比重已大幅下降，从 1980 年早期的 114% 降至 2000—2003 年的 50%。股市波动对伯克希尔 - 哈撒韦净值的影响已不如以往显著。伯克希尔 - 哈撒韦在 2003 年总计缴了 33 亿美元的所得税，约占全美所有企业缴税的 2.5%。

灵活的资金分配

伯克希尔-哈撒韦强烈偏爱拥有一整家企业，而不是持有部分股票。但巴菲特的逻辑是，如果买股票比买整家公司便宜，就会大肆买入股票；如果特定的债券够吸引人，就会买进满手的债券。而且，不管市场或经济状况如何，巴菲特随时都愿意买进符合标准的企业，规模越大越好。此时，虽然伯克希尔-哈撒韦的资金并未被充分利用，但巴菲特认为这比干蠢事好得多。

特别保单

保险业务董事长阿吉特签署了许多特别的保单。比如2003年，百事可乐举办了一次摸彩活动，参赛者有机会获得10亿美元的大奖。伯克希尔-哈撒韦签下了一笔保额为10亿美元的保单，并独立承担所有风险。根据游戏规则，这笔奖金如果被抽到，将会分期支付，因此伯克希尔-哈撒韦实际承担的风险现值为2.5亿美元。幸运的是，这次活动并没有产生大奖得主，百事可乐计划在2004年再度举办此类活动。

真正的独立董事

真正的独立意味着，当企业做出错误决策时，董事有勇气挑战强势的总裁。这是担任董事必须具备的特质之一，但这种特质极其罕见。这种特质必须从品格高尚且利益与一般股东一致的人士中寻找。

在伯克希尔-哈撒韦，巴菲特和芒格试着从内部寻找这类人选。当时，伯克希尔-哈撒韦拥有11位董事，每位董事及其家族成员持有的伯克希尔－哈撒韦股票总价值超过 400 万美元。6 位董事的家族持股价值超过数千万美元，持有时间长达 30 年以上。所有董事的持股均是在公开市场用现金购买的，伯克希尔－哈撒韦从未发放过期权或特别股。

巴菲特和芒格推崇这种安排，因为它确保董事的利益与股东一致。没有人会精心清洗一辆租来的车，这些董事能更加关注他们亲自购买并长期持有的股票。

中国石油实战案例

投资策略

2002 年和 2003 年，伯克希尔－哈撒韦用 4.88 亿美元买入中国石油 H 股 1.3% 的股权。按这个价格计算，中国石油的市值大约为 370 亿美元。巴菲特和芒格认为，该公司的内在价值应为 1 000 亿美元，其股价被严重低估。

巴菲特对石油行业非常熟悉，他认为中国石油的年报内容通俗易懂，与雪佛龙和康菲石油的年报类似。他在没有调研公司、没有做管理层访谈的情况下，仅通过阅读年报，得出了中国石油价值 1 000 亿美元的结论。当时中国石油的利润为 120 多亿美元，以 370 亿美元的估值计算，P/E 仅为 3 倍，同时公司每年的股息也非常高。

投资回报

到 2007 年，中国石油的内在价值显著提高，主要因为油价的显著攀升和中国石油管理层在石油和天然气储备上的出色表现。公司的市值在 2007 年下半年上升到 2 750 亿美元。巴菲特认为这是与其他大型石油公司相比而言的合理价值。因此，伯克希尔－哈撒韦将持有的中国石油股票卖出，获利 40 亿美元。伯克希尔 – 哈撒韦在这笔交易上的收益向美国国税局缴纳了 12 亿美元的税款，相当于美国政府 4 小时的运作费用，这包括国防、医疗和社会保障等支出。

～～～～～～～～～～～～～～～～～～～～～～～～～～～

在这一年，有投资者追问为什么伯克希尔 – 哈撒韦要卖掉房地美的股份。巴菲特解释，金融领域的数学概率是不可信的，与保险公司计算车祸率和自然灾害概率不同。有些管理层认为公司能按某种理论增长，这种思维是错误和危险的。因此，伯克希尔 – 哈撒韦决定在 50 美元 / 股时卖掉房地美的股份。后来，房地美的股价一度上涨至 70 美元 / 股，但 2024 年甚至跌破 1 美元 / 股。

2003 年标普 500 指数的走势如图 48 所示。

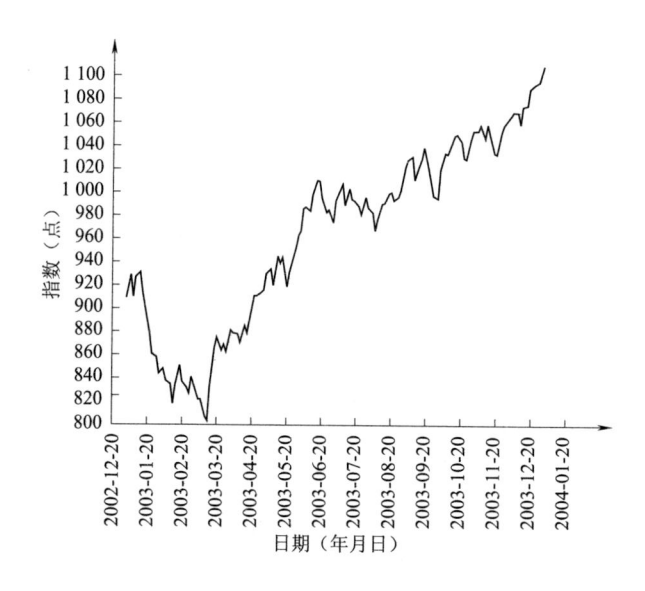

图 48　2003 年标普 500 指数的走势

思考

在恒生指数暴跌50%、"非典"流行期间买入中国石油，随后在2007年大牛市时卖出，巴菲特真的做到了"别人恐惧我贪婪，别人贪婪我恐惧"。

我们在实际操作中的问题往往是当市场有千载难逢的好机会时手上没钱了，该如何让自己有备无患呢？

2003年 — 2004年 — 2005年

别把事情搞得太复杂

2004年全球并无大事发生,美股在震荡半年后年尾拉高。在这一年,伯克希尔-哈撒韦的净值增加了83亿美元,每股账面价值增加了10.5%,与标普500指数表现相近。然而,巴菲特承认,他未能谈成几个数十亿美元的并购案,因此没有显著增加公司的盈余能力。

伯克希尔-哈撒韦在年底时积累了高达430亿美元的现金。巴菲特表示,他和芒格将在2005年更加努力地将这些闲置资金转化为更具吸引力的资产。

巴菲特认为,过去35年来,美国企业取得了优异的成绩,按理说投资者也应获得丰厚的回报,但大多数投资者的绩效却不尽如人意。巴菲特认为,这主要有三个原因:

- 交易成本过高,进出频繁或花费过多在投资管理上。
- 投资策略基于小道消息而非理性量化的企业评价。
- 投资时点错误,在市场高点买入或在低点卖出。

巴菲特引用彼得·林奇的名言,建议投资简单易懂的生意,因为总有一天可能会有不称职的人管理这些业务。他认为,简化决策过程非常重要，如果只有一个变量，并且这个变量有 90% 的成功概率，那么成功的概率就是 90%。但如果有 10 个变量，每个都有 90% 的成功概率，那么最终成功的概率将降至 35%。

衍生品投资

这一年，巴菲特对外汇投资做了说明。截至 2004 年年底，伯克希尔－哈撒韦持有 214 亿美元的外汇仓位，投资组合涵盖 12 种外币。2002 年以来，伯克希尔－哈撒韦开始进行外汇投资，以应对美国贸易政策对汇率的压力。巴菲特认为，美国现行的贸易政策将长期拖累美元价值，这并不是唱衰美国经济，而是对当前贸易政策的担忧。巴菲特指出，虽然美国是一个极其富有的国家，但当前的贸易赤字问题必须得到解决，否则将对美元产生严重的负面影响，并引发一系列连锁反应。

巴菲特希望美国能提出解决贸易逆差的方案，尽管这将使伯克希尔－哈撒韦的外汇交易产生损失，但从长远来看，强势美元和低通胀环境才是伯克希尔－哈撒韦所追求的。如果投资者想持续追踪贸易与汇率问题，巴菲特建议阅读《金融时报》，他认为该报纸在这方面的报道和社论堪称一流。

巴菲特在股东大会提到了对黄金的看法。巴菲特表示黄金的购买力在过去 100 年中基本保持不变，这意味着黄金在通胀下的购买力没有显著变化。而好公司或股票指数以及房价的购买力，则在过去 100 年中远远跑赢黄金，因为黄金只保值不增值。巴菲特认为没有理由相信未来黄金会表现更好。每年从地底下挖出来再存入纽约美联储银行地下金库的黄金，并不能带来实际的价值增长。

芒格讲述了一个朋友的故事，这位朋友本来很有钱，住在价值 500 万美元的房子里，拥有几百万美元的存款。然而，他开始研究衍生品交易，不断地做多做空，最终亏光了所有存款，不得不卖掉房子，目前在一家餐馆打零工。这说明了投资不当带来的巨大风险，特别是在涉及高风险和不稳定的投资品种时。

对资产配置模型的批判

有股东问："怎么看风险管理？华尔街和金融规划公司对资产配置模型收取很高的费用，比如，50%的股票，40%的债券。"

巴菲特说："我们认为将风险最小化的最好方法是深思熟虑。像'60%股票+40%债券'的资产配置没有实际意义。当你看到有投资机会时，就应该行动，而不是为了达到某个预设的资产配置比例。当谈到资产配置时，你会发现很多建议只是推销。投资者根本不需要这些所谓的专家。大多数专业人士只是擅长销售，他们想让你相信你需要他们的服务，但实际上，你完全可以独立思考并做出决策。"

2004年标普500指数的走势如图49所示。

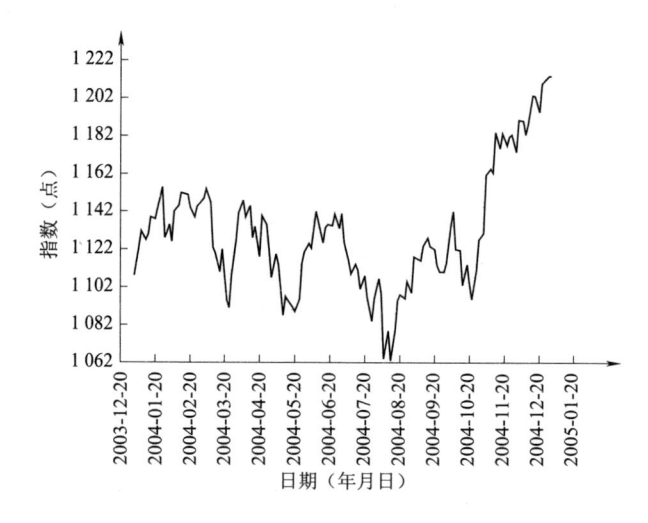

图49 2004年标普500指数的走势

> **思考**
>
> 投资者必须谨记,过度兴奋与过高的交易成本是大敌。你的交易频次如何?是否在买入之前就计划好卖出理由?

2004年 — **2005 年** — *2006年*

全部财产指定捐赠给慈善事业

2005 年,全球并无大事发生,美股温和震荡小幅上涨。中国和印度经济持续快速增长,吸引了大量的外国投资,成为全球经济增长的重要引擎。这一年,伯克希尔 – 哈撒韦公司的净利润为 56 亿美元,A 股和 B 股的每股账面价值增长了 6.4%。

寻找护城河

每一天,企业的竞争地位要么增强,要么削弱。如果让客户满意、减少不必要的成本支出、改进产品和服务,竞争力就会增强;反之,客户体验差、不必要的成本增加,竞争力就会减弱。短期这些变化难以察觉,但长期来看,影响巨大。

提高企业的长期竞争力,应优先于短期盈利。如果公司管理层为追求短期利润而忽视成本控制、客户满意度和品牌吸引力,长远来看会造成难以弥补的损害。

回报率与交易次数

这一年的股东大会讨论了回报率、管理者的初心以及保险概率的运营思路，提示了美国房价持续上涨和超级宽松的房贷体系，以及各大金融机构参与的次贷金融产品批量销售的问题。

巴菲特和芒格强调，交易次数越多，投资者从企业收益中分到的份额就越少，而经纪人分到的份额却越多。牛顿在南海泡沫中损失惨重后曾说："我能够计算星球的运动，却无法计算人类的疯狂。"巴菲特指出，如果牛顿没遭遇投资损失，可能会发现第四大运动定律——对投资者整体而言，交易次数的增加导致了收益的减少。

巴菲特说自己大约在 7 岁时对投资产生了兴趣。当时他的父亲从事证券中介生意，巴菲特经常在父亲的办公室看书，逐渐对投资产生浓厚的兴趣。11 岁时，他买了人生中的第一只股票，从此迷上了股票市场。

他建议年轻人尽可能多地阅读投资书籍，并从小开始学习，强调早期阅读和实践是成功的关键。巴菲特认为，投资不仅需要智力，更需要独立思考的能力。他通过阅读格雷厄姆的《聪明的投资者》开发了自己的投资体系，这本书对他影响深远。

提示次贷泡沫

芒格直言次贷金融产品是庞氏骗局。巴菲特认为房地美放松贷款标准，他们并不看好房价，也不赞同随便批贷款再打包做成次贷金融产品面向大众销售的行为。他指出，贷款与自然灾害不同，不应以纯概率进行数学分析。巴菲特和芒格曾在 2002 年清仓房地美，因为他们认为这些金融机构非常危险。如果贷款者无法偿还贷款，而投资者却购买了这些产品，房价越高，风险越大。次贷金融产品没有创造任何实际价值，这些杠杆类产品的价格被炒作至不合理的高点，大部分人无法承受。

巴菲特强调保险公司的稳健运营。他表示，确保在最差情况下也能安心入睡是关键。如果遇到自然灾害需要赔偿，这没问题，但如果是为了管理层扩张市场规模或未权衡整体风险，那就是错误的。巴菲特指出，赔该赔的钱，赚该赚的钱，这才是正确的运营理念。

在股东大会上，有投资者问到商品价格持续大涨是不是泡沫。巴菲特回应说，市场涨跌一开始是基本面的改善和供需关系的反映。中期投机者进来则取代基本面的重要性。当从未买过的人开始买只是为了以更高的价格卖出时，这就是泡沫的信号。此时的商品和房价都处于明显的上涨后期，虽然持续时间未知，但很明显大家都在投机，巴菲特用"音乐和舞池"作为比喻。

> 大家都想再跳一曲就回家，再喝一杯香槟就停止，当然，越跳越有趣。可大家没注意的是，这个舞会的钟根本没有指针。

2005年，伯克希尔-哈撒韦在次贷危机前夕展示了极高的警觉性和理性。巴菲特和芒格的前瞻性让公司避免了次贷泡沫的冲击。他们对次贷金融产品的高利润生意保持警惕，选择不参与，尽管房价持续上涨带来高利润诱惑。巴菲特和芒格的谨慎态度在2006年进一步体现在减仓股票的决策上。

2008年次贷危机爆发后，巴菲特和芒格的策略得到了验证。伯克希尔-哈撒韦凭借其稳健的投资策略和对市场风险的深刻理解，避免了重大损失。巴菲特的前瞻性决策让他在次贷危机后迅速崛起，登上了世界首富的宝座。

2005 年标普 500 指数的走势如图 50 所示。

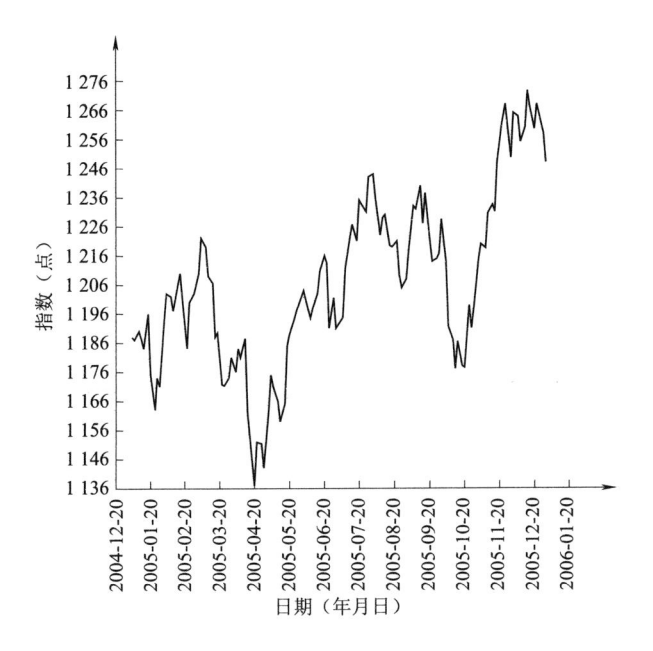

图 50　2005 年标普 500 指数的走势

> **思考**

交易次数越多，投资者从企业收益中分到的份额就越少。对此你怎么看？你自己又是怎么做的？

2005年 — **2006年** — 2007年

人们塑造组织，而组织成形后就换组织塑造我们了

2006年，伯克希尔－哈撒韦公司的净值增加了169亿美元，A股和B股的每股账面价值增长了18.4%，而大盘指数涨幅约为10%。伯克希尔－哈撒韦旗下的73个事业体大多数表现出色，公司员工总数达217 000人，年营收接近1 000亿美元。

取得这些成绩并非事先规划的，芒格以律师身份起家，而巴菲特则将自己视为证券分析师。从这些角色来看，对任何形态的大型组织，在运作的健全性方面，他们都越来越抱着怀疑的态度。过大的组织规模，可能会造成决策层抗拒改变，甚至自以为是。英国前首相丘吉尔说过："人们塑造组织，而组织成形后就换组织塑造我们了。"事实是，1965年市值排名前十大的非石油公司——如通用汽车、西尔斯、杜邦、柯达等，在2006年的名单中就只剩一家了。

巴菲特不喜欢应接不暇的会议、演说、出差、慈善巡回与政府公关等活动。他很认同美国前总统里根说的话："繁重的工作也许压不死人，但何苦冒这个险呢？"因此，巴菲特给自己的任务是激励、塑造、加强企业文化，以及资本分配决策。伯克希尔－哈撒韦的经理人也以认真的态度和实际的工作成果，来回报信任。

巴菲特对美国经济的挥霍行为表示担忧。他指出，美国的

"投资收益"账户在2006年转为负数,外国人从美国投资中获得的收益已超美国在海外投资的收益。这种情况如同美国人用尽了银行账户内的钱,转向使用信用卡,面临"反向复利"的困境。巴菲特警告,这种大肆挥霍可能会对美国经济产生深远影响。

巴菲特的这种担忧,反映了他对美国经济政策的深刻洞察。他指出美国在投资收益方面的逆差,警示其长期对经济的负面影响。

劳埃德保险实战案例

劳埃德保险被誉为全球保险业的象征,以其独特的保险市场模式闻名于世。它不仅是全球最大的保险和再保险市场,还在应对复杂和独特风险方面享有盛誉。然而,劳埃德保险的辉煌却始于伦敦的一家小咖啡厅。

公司背景

劳埃德保险的故事可以追溯到1668年左右。当时,爱德华·劳埃德在伦敦开了一家小咖啡厅,吸引了包括船主、商人和冒险家在内的顾客。这些顾客在咖啡厅里进行商业交易,并与资本家签订合约,将货船和货物的海上风险转移给资本家。最终,这些签订合约的资本家形成"劳埃德保险业者"。

尽管很多人认为劳埃德是一家保险公司,但实际上它只是一个保险业者处理交易的场所。随着时间的推移,保险业吸引了一些被动投资者,加入共同承保的行列。保险事业也扩展至航海险以外的更多形式,包括一些无奇不有的保单,使劳埃德保险声名远扬。

随着保险业务的发展,保险业者走出了咖啡厅,各自设立了更雄伟的总部,并创建同业公会来规范行为。而那些提供资金给保险业者的被动投资者,变成所谓的"金主"。成千上万的金主来自世界各地，期望通过承保获得收益，认为这是毫不费力或根本没有太大风险的赚钱之道。尽管金主在加入共同承保前会被告知可能面临无限额、无期限的理赔责任，但由于过去300年没有人"赔到脱裤子"，他们对承保充满信心。

然而，20世纪80年代，随着索赔的增加，保险业者的理赔成本大幅攀升，劳埃德保险开始瓦解。数十年前签下的保单产生巨大亏损，许多金主只能选择破产，甚至以自杀了结。在这动荡中，一些人努力重振雄风。1996年，高层决定以111亿英镑的资金成立新公司——意克达，来承担1993年以前的所有保险合约。

投资策略

意克达计划集中处理共同承保者的问题。虽然拨出的资金不敷出，但至少可以让金主的内斗告一段落。起初，许多人预期意克达终将失败。但在2006年春天，伯克希尔－哈撒韦决定提供意克达巨额的再保险合约。

伯克希尔－哈撒韦提出，只要意克达支付71.2亿美元现金及浮存金，伯克希尔－哈撒韦愿意负担其未来的理赔金，上限为139亿美元。这一金额较意克达最近评估的所有债务多出57亿美元。伯克希尔－哈撒韦的介入使金主得到了巨大的未来保障，避免了不幸的打击。

这对伯克希尔－哈撒韦的影响取决于最终有多少"已知"的理赔要负责，未来还未申请理赔的保单会出现多少，理赔金何时支付，伯克希尔－哈撒韦能在这笔钱支付前创造出多少现金。伯克希尔－哈撒韦相信情况将对公司有利，即使判断出了差错，公司也能应付自如。

意克达的执行长对此交易的评语十分简洁："金主希望晚上能安然入睡，而我们刚好为他们买了世界上最好的床铺。"

巴菲特通过伯克希尔-哈撒韦公司为意克达提供再保险，交易的基本结构是意克达支付71.2亿美元给伯克希尔-哈撒韦，伯克希尔-哈撒韦承诺在未来承担高达139亿美元的理赔金。为了理解在什么情况下巴菲特能赚钱以及在什么情况下会亏钱，我们可以通过一些数学上的分析来解读。

初始现金流：伯克希尔-哈撒韦获得意克达支付的71.2亿美元。

最大理赔义务：上限为139亿美元。

回报计算：假设伯克希尔-哈撒韦将这71.2亿美元进行投资，年均回报率为r。

伯克希尔-哈撒韦需要支付的理赔金可以分为"已知"的理赔（目前预估的理赔总额）和"未知"的理赔（未来可能发生的额外理赔）。

情景分析：

1. 伯克希尔-哈撒韦赚钱的情况，即投资回报超过理赔总额。

如果：

$$71.2 \times (1+r)^n > 实际理赔总额$$

那么，伯克希尔-哈撒韦将赚取这两个数值之差。

假设r为5%，n为20，71.2亿美元在20年后的价值为：

$$71.2 \times (1+0.05)^{20} = 188.88 亿美元$$

如果实际理赔总额为139亿美元，那么伯克希尔-哈撒韦的净收益为 188.88–139 = 49.88 亿美元。

2. 伯克希尔-哈撒韦亏钱的情况，即理赔总额超过投资回报。

如果：

$$71.2 \times (1+r)^n < 实际理赔总额$$

那么，伯克希尔-哈撒韦将亏损。

假设r为3%，n为20，71.2亿美元在20年后的价值为：

$$71.2 \times (1+0.03)^{20} = 128.62 亿美元$$

如果实际理赔总额为 139 亿美元，那么伯克希尔－哈撒韦的净亏损为 139-128.62 = 10.38 亿美元。因此，伯克希尔－哈撒韦的年均回报率如果低于 4% 的预期，可能导致投资回报不足以覆盖理赔总额。

如果伯克希尔－哈撒韦能以 20% 的年均回报率复利投资这 71.2 亿美元，且投资期限为 20 年，并假设最终理赔总额为 139 亿美元，那么伯克希尔－哈撒韦在这笔交易中的潜在净收益大约为 2 591.40 亿美元。

在股东大会上，巴菲特分享了一个自己孩子的故事，他给孩子零用钱，并在三楼放了一个赌博机。这使他能够回收大部分零用钱，同时孩子也不必去拉斯维加斯就能体验赌博。

许多学术界人士试图用高斯分布等数学模型进行交易。巴菲特认为，这种做法如同赌博，当年的长期资本管理公司就是一个例子。人性中的贪婪和恐惧会让这些金融模型失效，最终导致投资者血本无归。他批评学校教授的有效市场假说和贝塔理论，认为这些理论之所以被教授，是因为它们比较容易教，而教授自己也未必完全理解。然而，击败市场绝非易事。波动率和市场价格与真正的风险无关，真正的风险在于投资者做自己不懂的事情，并且贪婪地只期待更高价格的投机。

> 投资者要学会跨过一英尺高的栏杆，而不是试图去挑战七英尺高的栏杆。

巴菲特的优势在于知道如何辨认低的栅栏并远离高的栅栏，同时了解自己擅长的领域，不去尝试不熟悉的投资方式。许多投资者无法做到这一点，这让他们面临更大的风险。

巴菲特的见解体现了他对市场风险、投资策略和金融工具的深刻理解。他强调，投资者应该避开复杂的数学模型，关注实际的经济基本面和企业价值，保持理性和耐心，不被短期市场波动所左右。通过谨慎的投资策略和对风险的严格控制，巴菲特展示了如何在复杂的市场环境中实现长期稳定的回报。

2006年标普500指数的走势如图51所示。

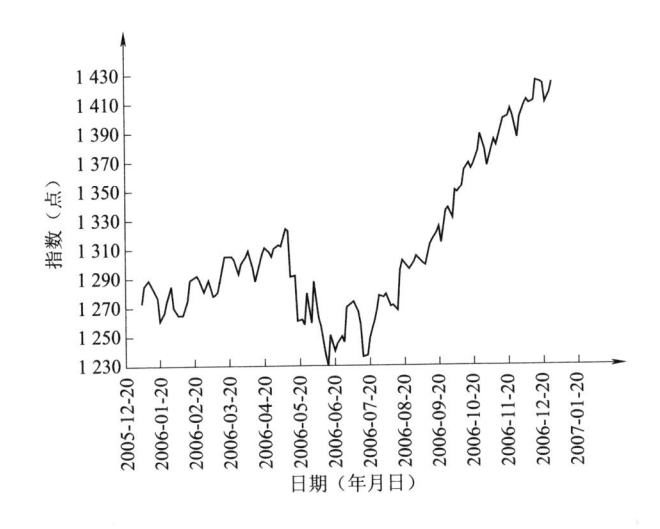

图51　2006年标普500指数的走势

思考

劳埃德保险71亿美元的资金，20%年化回报率，复利20年的回报竟然是2 000多亿美元，这给我们的启示是什么？再进一步想，既然回报率这么高，那劳埃德保险为什么不自己投资而要把这个好机会给巴菲特呢？

2006年 · **2007年** · 2008年

真正伟大的公司至少有一道护城河

2007年下半年美国房地产市场开始出现问题，房价下跌，次贷问题开始显现。许多借款人无法偿还贷款，导致大量房屋被止赎，金融机构蒙受损失。

2007年7月，标普500指数创下1 550点的新高，随后开始下跌。房价从高峰开始持续走低，部分原因是美联储提高利率所致。随着重新贷款变得困难，越来越多的人无法偿还抵押贷款，贷款拖欠现象史无前例。

伯克希尔-哈撒韦在2007年的净值增长了123亿美元，每股账面价值增长了11%。过去43年，每股账面价值由19美元增长到78 008美元，平均年复合增长率为21.1%。总体上，伯克希尔-哈撒韦旗下的76家公司运行良好。少数几个出问题的业务主要与房地产相关，但影响轻微且暂时。公司在这些领域的竞争优势依然强大，并拥有一流的管理层，无论是好年景还是坏年景，这些管理层总能把公司运营得很好。

2007年，伯克希尔-哈撒韦持有市值最大的四家公司中的三家：美国运通、可口可乐公司和宝洁公司，每股收益分别增长了12%、14%和14%。巴菲特强调，不通过市场价格计算投资进展，而是用两条标准衡量成绩：扣除行业预期增长后的实际收益增长（阿尔法值）和护城河是否变得更宽。这四家公司在这两项测试中表现出色。

潮水退去，谁在裸泳

一些主要的金融机构面临严重问题，原因是卷入了"羸弱的放贷操作"。富国银行的 CEO 约翰·斯坦普夫评价许多放贷机构此时的行为："这个行业真有趣，老的赔钱方法还挺管用呢，却又在发明新的赔钱方法。"

2003 年，硅谷流行一个车贴："神啊，求求你再给个泡沫吧。"遗憾的是，这个愿望很快就成真了。几乎所有美国人都认为房价会永远上涨，这种信心导致借款人的收入和现金流对放贷机构无足轻重，钱被大量借出，大家相信房价上涨会解决所有问题。

随着房价开始下跌，大量愚蠢的金融问题被曝光。巴菲特说："只有当潮水退去的时候，你才能看出哪些人在裸泳。"巴菲特和芒格目睹了最大金融机构的现状，简直"惨不忍睹"。

排除不稳定的行业

巴菲特强调，一家真正伟大的公司必须要有一道护城河来保护投资获得很好的回报。资本主义的"动力学"使得任何能赚取高额回报的生意"城堡"，都会受到竞争者不断攻击。因此，企业需要建立难以逾越的屏障，如低成本提供者（GEICO、开市客等）或强大品牌（可口可乐、吉列、美国运通等），才能获得持续成功。

对于"持续性"的评判标准，伯克希尔－哈撒韦排除了一些处在发展迅速且变化不断的行业里的公司。尽管资本主义的"创造性的破坏"对社会发展很有利,但它排除了投资的确定性。依赖某个伟大的管理者才能成功的企业也被排除在外。巴菲特指出,如果一个生意依赖一个超级巨星才能产生好成效,那么这个生意本身不会被认为是个好生意。

伯克希尔-哈撒韦要寻找的是在稳定行业中具有长期竞争优势的公司。如果它的成长迅速,那就更好;即使没有成长,那样的生意也是值得的。伯克希尔-哈撒韦可以把这些生意中获得的可观收益,用来购买其他类似的企业。真正伟大的生意,不但能从有形资产中获得巨大回报,而且在任何持续期内,不用拿出收益中的很大一部分再投资,以维持其高回报率。

糟糕投资回顾

飞安公司(Flight Safety)是一个良好的但不出色的生意,需要大量资本投入来维持增长。相比之下,航空业从开出第一个航班起就对资本的需求贪得无厌,投资者受到公司成长的吸引,往往将钱源源不断地投入这个无底洞。

总结来看,出色的账户能逐年带来高回报增长;良好的账户能带来有吸引力的回报率;糟糕的账户既给不了足够的回报率,又需要持续投入。

巴菲特提到,他职业生涯的前 5 年也曾进行卖空操作,但后来发现这并没有意义。他认为,如果能够找到好的企业并参与其成长,卖空操作没有存在必要。巴菲特指出,配对交易和其他多空策略早在 20 世纪 20 年代就已存在,但很少有人通过这些方法赚到足够多的钱。

配对交易的基本概念是,利用市场中性策略,同时买入和卖出两只相关性较高的股票,以对冲市场风险,依赖相关股票之间价格差异的收敛来获利。配对交易成功率高，但错误一次可能导致所有利润消失，需要精确的风险管理。

在股东大会上，有投资者问到次贷泡沫对经济的影响，巴菲特回答说，要观察失业率、利率以及整体经济情况。他指出，打包次级贷款垃圾债券，然后低成本、不加审核地借贷给大众，持续炒作高价房屋，这本身就是赌博，贪婪最终会导致问题爆发。

巴菲特和芒格还提醒，如果有人说"这很容易"，就要小心了。芒格分享了一个例子，一位绅士试图引诱他们投资一个看似毫无风险的保险项目。他声称其只对被水覆盖的混凝土桥投保火灾险。这听起来像是一个稳赚不赔的买卖。这种"好得令人难以置信"的提案自然会引起他们的怀疑。芒格还提到了一个年轻朋友的案例，这位朋友在一个艰难的领域出售私募合伙公司的份额，并承诺20%的目标回报率。这位年轻人坦言，他选择这个高数字是因为较低的数字无法吸引投资者。大家都知道，没有人能保证用大笔钱赚到20%的回报率。但很多大型机构投资者，如养老基金，容易被这些承诺欺骗。因为它们极度渴望获得高回报，以至于愿意相信那些不现实的承诺。

巴菲特和芒格在此前几年就卖掉了房地产贷款类的股票，这几年一直在呼吁大家不要参与次级贷款的投资，虽然又有记者嘲讽他们没有在过去几年的市场中赚到钱，但也是因为预见了此次潜在的危机他们才能"手中有粮，遇事不慌"，准确地在他人恐慌时抄底优质资产。

巴菲特的世纪赌约：对冲基金与标普 500 指数

2007 年，巴菲特与门徒合伙基金公司（Protégé Partners）的创始人泰德·西德斯打赌，赌注是 100 万美元。巴菲特认为，在接下来的 10 年里，一只低成本的标普 500 指数基金将会跑赢由西德斯挑选的 5 只对冲基金组合。这一赌约旨在证明巴菲特的观点，即大多数投资者应该投资低成本的指数基金，而不是投资试图击败市场的高成本对冲基金。

- 时间跨度：2008—2017 年，为期 10 年。
- 赌注：100 万美元，最终捐给慈善机构。
- 对手：巴菲特选择了一只低成本的标普 500 指数基金，而西德斯则选择了 5 只对冲基金组合。
- 结果：在赌约期间，标普 500 指数基金的年化回报率为 8.5%。相比之下，西德斯选择的对冲基金组合年化回报率仅为 2.2% ~ 6.5%，大大落后于标普 500 指数。

2017 年，巴菲特赢得了赌约。他指出，对冲基金的高费用（通常为 2% 的管理费和 20% 的利润分成）显著削弱了其收益，导致大多数对冲基金无法跑赢市场。

巴菲特一直以来都建议大多数投资者选择低成本的股指基金。他认为，尽管有些人能够短期击败市场，但长期来看，扣除费用后的回报率将难以超越市场指数。对普通投资者而言，持有一只广泛分散化的指数基金既省钱又省心，是一种更稳妥的投资方式。

2007 年标普 500 指数的走势如图 52 所示。

思考

当大多数人相信某种趋势会无限期持续（如房价或互联网股票永远上涨），这往往预示着市场即将崩溃。集体盲目乐观会导致投机行为，推高资产价格，最终形成泡沫。经济存在周期性波动，繁荣与衰退交替进行，认为某种趋势会永远持续是不现实的。

未来还会有泡沫，也会经历泡沫破灭，通过理性投资、分散风险、警惕市场情绪、认识经济周期和学习历史教训，我们可以更好地应对市场波动，保护财富。不过，历史也常常告诉我们，越是博学多才的人越难抵御市场狂热。在未来的非理性时段，你能控制住自己的心魔吗？

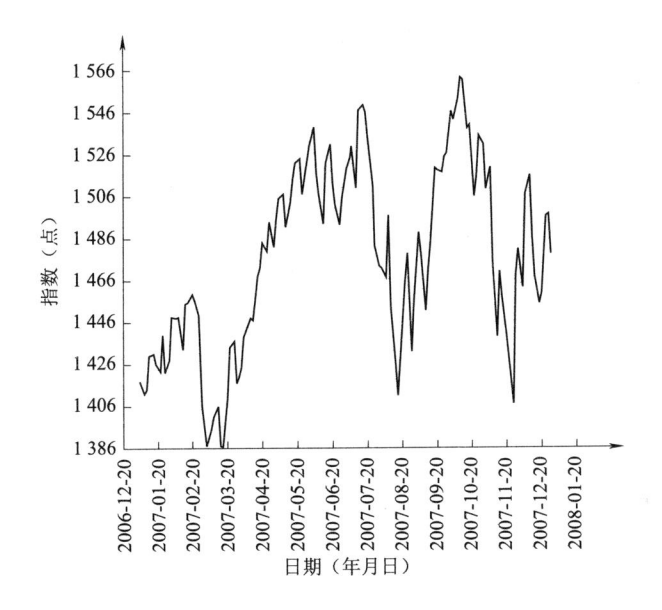

图52　2007年标普500指数的走势

2008年

美国次贷危机下的投资逻辑

次贷危机是2007—2008年爆发的一场全球性金融危机,主要由美国次级住房贷款市场崩溃引发。

次贷危机经过

低利率和宽松贷款政策促使更多人购房,房价迅速上涨。大家都想买房,认为其只涨不跌,于是银行开始贷款给信用评分较低的借款人。由于这些借款人的信用记录不佳或收入不稳定,导致贷款违约率高。金融机构将给这些信用评分较低的借款人的贷款打包成抵押贷款支持证券(MBS)和其他复杂的金融衍生品,并在全球市场销售。这些产品获得了高评级,吸引大量投资者加杠杆炒作。

但此时,连续多年上涨的房价开始下跌,次级借款人无力偿还贷款,导致大量房屋被止赎,进一步加剧了房价的下跌。次级贷款的违约率急剧上升,导致持有这些贷款的金融机构和投资者蒙受巨额损失。

贝尔斯登是华尔街第五大投资银行,其破产是次贷危机开始的标志性事件。雷曼兄弟的破产对金融市场的冲击更为剧烈,是美国历史上最大的破产案,引发全球市场恐慌,导致股市暴跌,信用市场几乎冻结。

2008年9月，美政府宣布对美国国际集团进行850亿美元的救助，以防止其破产对金融市场造成更大冲击。这一救助措施稳定了市场情绪，防止更广泛的金融崩溃。

美联储为资金短缺的银行提供短期贷款，大量发放流动资金，允许最大的投资银行通过贴现窗口借款2 000亿美元，购买8 000亿美元的抵押贷款支持证券。美国政府还推出7 000亿美元用于购买陷入困境的金融机构不良资产，多家大型金融机构获得政府救助。

然而，这些措施并未平息恐慌。美元持续贬值，通胀又导致油价上扬。巴菲特反思了自己近60年的职业生涯，重新考虑了未曾改变的价值投资原则和面临的风险。他意识到，金融市场的波动和危机是不可避免的，但通过理智的分析和谨慎的投资，依然可以获得成功。

巴菲特的危机应对

2008年全年，全球主要市场遭受重创。伯克希尔-哈撒韦的净资产当年损失了9.6%，同期标普500指数则下跌了37.0%。巴菲特在危机中获得了27.4%的超额回报，成功跑赢了投资大环境，并成为世界首富。

全美依然恐慌，整个经济陷入恶性循环。恐慌导致商业萎缩，萎缩又带来更大的恐慌。但巴菲特认为在20世纪，美国经历了两次世界大战和多次经济衰退，生活水准依然提高了7倍。尽管前进之路不平坦，但美国经济体系一直运转良好，未来依然充满希望。在次贷危机期间，巴菲特选择投资高盛。这次投资包括50亿美元的永久优先股和行权期为5年的认股权证，认股权证允许巴菲特以115美元/股的价格购买50亿美元的高盛普通股。高盛可以随时以

10% 的溢价回购这 50 亿美元的优先股，而高盛普通股的年平均分红回报率仅为 1%。

2008 年 9 月 15 日，雷曼兄弟破产，美林证券被美国银行收购。高盛和摩根士丹利转型为银行控股公司。巴菲特在放弃投资贝尔斯登和雷曼兄弟后，选择投资高盛。这是他在次贷危机以来首次对金融业进行大规模投资，他认为在美联储的干预下，高盛拥有良好的资金基础。

2008 年，伯克希尔 – 哈撒韦还投资了中国的电动汽车和电池制造商比亚迪。这一投资是芒格提议的，他对比亚迪的创始人兼首席执行官王传福及其领导的公司非常有信心。芒格认为比亚迪是一家年收入 40 亿美元的中型企业，生产未来人类必需的产品，并且拥有努力的管理团队和员工，他对比亚迪和中国充满信心。巴菲特回忆芒格劝说他购买比亚迪时，芒格说："我是对的，你足够聪明，知道这一点。"最终，伯克希尔 – 哈撒韦购买了比亚迪约 10% 的股份，投资金额约为 2.3 亿美元。

巴菲特承认，2008 年他在高油价和天然气价格下购买康菲石油公司的股票是个严重的投资错误。此外，他还投资了两家爱尔兰银行，结果也遭受了严重损失。

巴菲特指出，尽管历史上有许多问题，如妇女投票权和种族歧视，但人类社会在不断进步。他相信高盛在良好的经济环境和规则限制下，会成为一个好的投资。他还表示，未来肯定会有新的危机，但人类社会会持续向好。芒格在评价 2008 年次贷危机时则说："这真的是非常悲惨的危机，我多么希望这样的危机可以多来一些。"

投资的本质

在股东大会上，有投资者问：如果重新活一次，巴菲特和芒格会做什么？巴菲特认为找到自己热爱的事情非常重要。他表示如果重新活一次，他仍会选择做投资，因为他对这份工作充满热情。他回忆起是父亲书架上的投资书激发了他的兴趣。他建议年轻人选择自己敬佩的公司或老板，找到一个好伴侣会让生活更幸福。

有投资者问：如果无法与管理层交流，不能读年报，也不知道股价，只能看财务报表中的一个指标，巴菲特会看哪个指标？巴菲特回答说，投资的本质是将钱投出去，然后将其收回来。因此，不必过分关注股价，关键在于了解公司的生意。他们买过许多股票，大多数都未见过管理层，但首先要对公司有基本了解，然后再看财务报表。

巴菲特和芒格喜欢能创造大量现金流的生意，而不喜欢利润全都再次投入设备的公司，比如让巴菲特深有体悟的航空业、纺织业，赚来的钱很快就要去更新设备以保持自己的行业竞争力，这些行业竞争很复杂，不是喜诗糖果那样简单的生意。

2008年标普500指数的走势如图53所示。

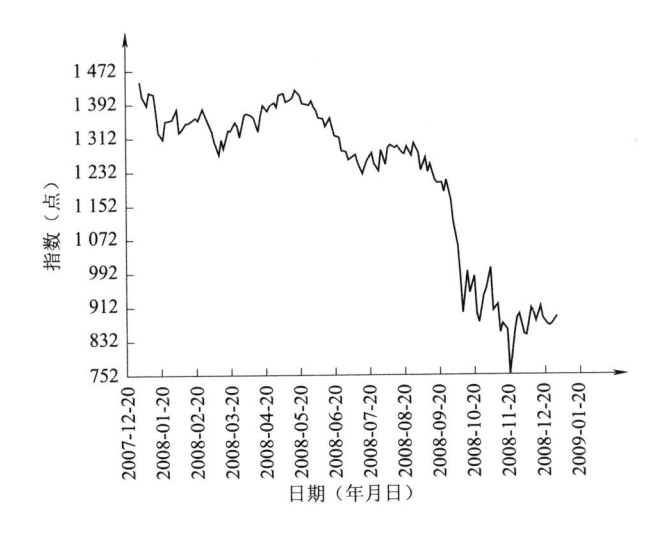

图53 2008年标普500指数的走势

思考

1. 次贷危机之前的几年巴菲特都没有参与能够赚取大额利润的次贷贩卖生意,而是积累了大量的现金,为此还被媒体嘲讽过。你做得到忍住不参与自己不认同的市场吗,哪怕会有短期的确定性利润?
2. 2008年年底市场跌了一半,你会、你敢,最重要的是,你还有钱在别人恐惧的时候贪婪吗?

2009年

做流动资金的供应者，而非恳求者

2009年第一季度，金融市场经历了剧烈的动荡，奥巴马当选美国总统后于2月17日签署了7 870亿美元的经济刺激计划，市场却加速下跌创下了自次贷危机以来的最低点。

然而，市场在2月见底，随后几个月一骑绝尘迅速反弹，一路暴涨到年尾。尽管恐慌情绪在市场见底时持续了几天，但那些能够抓住机会的人获得了巨大的回报。巴菲特正是在这种关键时刻，用他的投资策略接住了"天上掉下来的黄金"。

2009年，伯克希尔－哈撒韦每股上涨19.8%。公司收购了伯灵顿北方圣太菲铁路公司，这次收购为伯克希尔－哈撒韦增加了6.5万名股东（下一年的致股东的信会详细解释这笔收购）。

1965年起，伯克希尔－哈撒韦的市场价值年复合增长率达到22%，股价增长了8 015倍，而账面价值增长了4 340倍。1965—2009年，伯克希尔－哈撒韦的账面价值增速始终超过标普500指数。虽然在市场向好的年份落后于标普500指数，但在市场表现不佳时，伯克希尔－哈撒韦的表现总是优于大盘，这表明伯克希尔－哈撒韦在防守方面表现出色。

芒格的智慧

芒格也有一套自己的选股认知：

- 避开无法评估其未来的业务，即使这些业务看起来前景广阔。
- 维持强大的财务实力，不依赖外部救助。
- 赋予分支机构高度自主权，避免官僚作风。
- 不讨好华尔街，直接与股东沟通。
- 不要碰会亏钱的标的，"我只想知道我将丧生何处，那么我就绝不会去那个地方"。

芒格也对次贷危机的发生原因发表了看法。他认为次贷危机的规模如此之大，部分原因是金融产品的打包化和复杂化。买家并不清楚购买的债务具体是谁的，卖家也不知道自己卖给了特定的买家。这种匿名化和分散责任的结构使得双方都缺乏作恶的羞耻心，导致人性中极致的贪婪得到释放。芒格认为，未来的金融体系必须实现实名制度和关联制度，才能避免这种"事不关己高高挂起"的贪婪行为。

应对通胀的策略

谈到通胀时，巴菲特指出物价上涨明显，例如，早年在奥马哈买麦当劳的汉堡只需几美分，而现在要几美元。他认为应对通胀最有效的方法是个人努力，成为行业里最优秀的人才。这样一来，优秀的人才将会享有社会资源，从而抵抗通胀的影响。

2009年美国新建房屋数量创近50年最低纪录，巴菲特认为这是房地产市场调整的结果。在市场恐慌时，投资是理想的选择。

股票还是债券

在 2009 年 2 月市场最低点时,在哈雷摩托车的投资上,他选择了债券而不是股票。有人问他为什么不选择股票,因为后来哈雷的股价上涨了 3 倍。对此,巴菲特解释道:"15% 的回报率已经足够诱惑了。我们知道这家公司不会消失,所以债券是安全的选择。但我们并不确定当时股价是不是最低点。我们有足够的知识确定 15% 回报率的债券是很不错的选择,但我们不确定 12 美元的股价还会不会继续大幅下跌。而且我们可以睡得更好一点,简单和确定永远是我们的主要追求。"

2009 年其实也是 2008 年次贷危机的后续,标普 500 指数在第一季度跌到 600 多点,正是应了巴菲特的这句话:"这样大的机会非常罕见。当天上掉金子的时候,应该拿桶去接,而不是管子。"

但其实从近些年的表现来看,巴菲特并不像个股票投资者,他常年持有大量现金。2002 年以后,市场就是跌了一半他也不会满仓购买,在市场最低位时买的更多是股转债而不是股票本身,这可能与年龄有关,觉得完全没必要冒风险了,所有股东和自己家庭的财富永续也许是他更深层次的追求。

2009 年标普 500 指数的走势如图 54 所示。

思考

当出现天上掉金子的机会时,你是躲起来怕被砸伤还是拿桶去接?

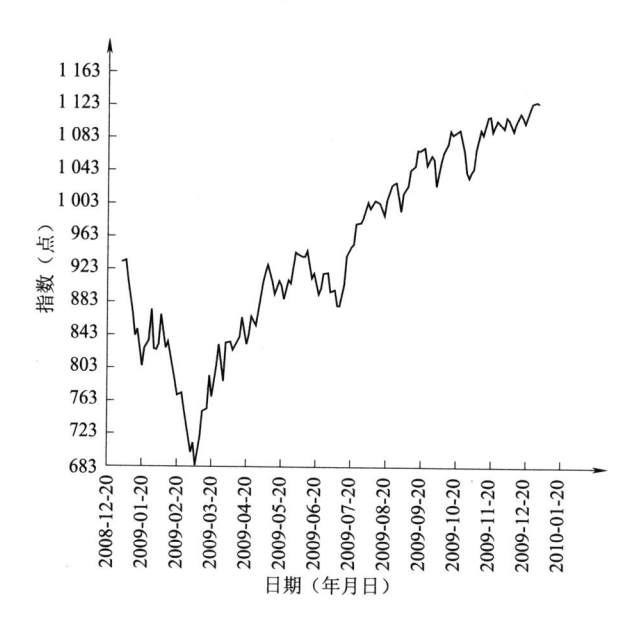

图 54　2009 年标普 500 指数的走势

2010年

次贷危机近乎结束，世界会变得更好

巴菲特公开表示："次贷危机近乎结束，我们用制度缓解了这次困难。我们的企业每季度收益都越来越好，美国和世界都会变得更好。"他回忆起结婚前，岳父曾与他进行了一次长时间的谈话，对未来充满悲观："你和苏珊未来不会幸福，因为其他党派正在占领我们的国家，我们要被打败了，战争和衰退不可避免。"

他还回忆起在刚毕业时，他的父亲和导师格雷厄姆也曾劝告他："你最好不要立刻进入金融行业。如果你做股票推销员，你的客户会非常悲惨。道琼斯工业平均指数几十年来一直在200点以下，现在超过了200点，估值过高了。你最好在银行做几年文书工作，等指数跌破200点再进入金融业。"幸运的是，巴菲特没有听从他们的建议，因为道琼斯工业平均指数从未回到200点，反而一路上涨至10 000点。到了2024年，道琼斯工业平均指数已经达到40 000点。他相信，世界会变好，总体上需要乐观。

2010年并无大事发生，美股在震荡后于年底收高，伯克希尔-哈撒韦的每股账面价值增长了13%。这一年的亮点之一是2009年年底收购的伯灵顿北方圣太菲铁路公司。这项收购比巴菲特的预期要好得多，预计将使伯克希尔-哈撒韦的"正常"盈利水平提高

40%，税后盈利提高超过30%。伯克希尔－哈撒韦为此花费了220亿美元现金。芒格和巴菲特对伯灵顿北方圣太菲铁路的前景持乐观态度，因为铁路比汽车运输具有显著的成本和环境优势。

2010年，尽管许多人对美国经济不看好，伯克希尔－哈撒韦仍显示出对投资的热情，花费60亿美元进行不动产和设备投资，其中90%投资在美国境内。

巴菲特在致股东的信中指出，资本总是在追逐机会，回顾历史，1941年12月6日、1987年10月18日和2001年9月10日的情况更为严峻。巴菲特认为，未来总是存在不确定性，但人类的潜能是取之不尽用之不竭的，用来释放这种潜能的制度永葆活力和高效。

伯灵顿北方圣太菲铁路和中美能源控制公司是伯克希尔－哈撒韦旗下两家最大的企业，它们具有共同特点：对使用寿命长、受管制资产进行大量投资。这些投资通过长期巨额负债融资，伯克希尔－哈撒韦不提供担保。这两家企业不需要伯克希尔－哈撒韦的信用支持。这两家企业的盈利能力，即使在不利的经营条件下，也足以满足利息保障倍数的要求。例如，在2010年经济衰退的情况下，伯灵顿北方圣太菲铁路的车载运输远未达到高点，但企业的利润对利息的比为6∶1。这两家企业都是高度管制性的，存在无止境的工厂和设备巨额投资需求，需要提供高效、客户满意的服务来获得业界及管理者的尊重。

铁路对一个国家的未来非常重要。如果按照吨盈利来衡量，美国境内42%的城际货物是通过铁路运输的，其中大约28%的货物是伯灵顿北方圣太菲铁路运输的，该数据高于其他任何一家铁路公司。鉴于美国人口的西进趋势，伯克希尔－哈撒韦在伯灵顿北方圣太菲铁路的持股份额还会进一步扩大。在股东大会上，巴菲特还谈到了美国与中国对高铁的需求差异。巴菲特解释说，美国没有强大的点对点运输需求，强行修建高铁动车并不实际。例如，在布法罗修建了高铁，结果大家还是选择开车。这样算下来，一年的成本不如给每个布法罗市民买一辆车再配一个司机。

伯灵顿北方圣太菲铁路公司实战案例

公司背景

伯灵顿北方圣太菲铁路公司是美国最大的铁路货运公司之一，总部位于得克萨斯州。该公司运营着美国第二大铁路网，覆盖28个州以及加拿大部分地区，主要业务包括运输煤炭、谷物、化学品、工业品、消费品和农业产品。

在巴菲特收购之前，伯灵顿北方圣太菲铁路公司是一家上市公司，其股票在纽约证券交易所交易。

投资策略

巴菲特一向看好铁路行业的长期前景，认为铁路运输在美国经济中占据重要地位，是经济增长和货物运输的关键部分。

2009年11月3日，伯克希尔－哈撒韦宣布将以约440亿美元的价格收购伯灵顿北方圣太菲铁路公司，这是伯克希尔－哈撒韦历史上最大的一笔收购交易。交易包括以100美元/股的价格购买该公司的所有流通股，以及承担该公司约100亿美元的债务。巴菲特表示，这笔交易是他对美国经济未来的一次"全力下注"。

通过收购伯灵顿北方圣太菲铁路公司，伯克希尔－哈撒韦的投资组合进一步分散化，加强了其在基础设施领域的布局。铁路运输作为经济的命脉之一，具有长期稳定的现金流和较高的进入壁垒，符合巴菲特一贯的投资原则。而伯灵顿北方圣太菲铁路公司的稳定收入和现金流为伯克希尔－哈撒韦提供了强大的财务支持，有助于伯克希尔－哈撒韦进一步拓展其他投资机会。

警惕企业玩数字游戏

巴菲特和芒格认为，净利润这一数字对伯克希尔－哈撒韦来说往往毫无意义。无论如何运营业务，他们总能在任何特定时期合法地创造想要的净利润。他们有大量未实现收益可以利用，但他们不会为了影响即将报告的净利润而抛售证券，也痛恨玩数字游戏。投资者应该注意度量标准和营业收入过程的变化。

巴菲特警告，虽然有些人通过借钱投资成为巨富，但这种操作同样可能使人一贫如洗。杠杆操作成功时，收益会成倍放大，但它会使人上瘾。一旦获益，很难回到谨慎行事的老路上，而历史表明，无论操作者多么聪明，金融杠杆都可能让投入归"零"。

对企业来说，金融杠杆也可能是致命的。许多负债累累的公司认为债务到期时可以靠继续融资解决，但如果企业或全球信用出现危机，到期债务就必须如约清偿，届时只有现金才靠得住。

巴菲特和芒格不会从事任何可能给伯克希尔－哈撒韦带来威胁的活动。他们始终铭记，股东将毕生积蓄的很大一部分投入公司，是因为信赖他们的谨慎管理。

对黄金、原油的见解

在股东大会上，当被问及为什么不购买黄金时，巴菲特回应道："黄金本身不产生价值。人类花费大量精力从非洲地下挖出黄金，然后派专人甚至军队护卫，把它运到美国纽约的地下储存起来，找最好的安保公司看护。如果火星人看到我们这个行为，可能会感到困惑。无论多久，这些黄金就是黄金，加起来也没有几万吨，而且没有工业需求。这些钱可以用来购买全美国的农场四次，这些农场每年生产植物和动物，创造价值，而黄金只是人们期待买完能以更高价格卖掉，或者在世界变成恐慌地狱时有用，这不是我们信奉和追求的。"

对于原油，巴菲特表示："我们不知道原油价格是涨还是跌，但我们知道人们会需要使用汽油，因此整体开采是有意义的。我们整体的策略是不做对冲。我们投资主要国家，并且判断美元购买力会持续下降，但生意会增长并超过通胀。我们也不对冲外币，因为长期来看它们都会跑赢美元。"

2010年标普500指数的走势如图55所示。

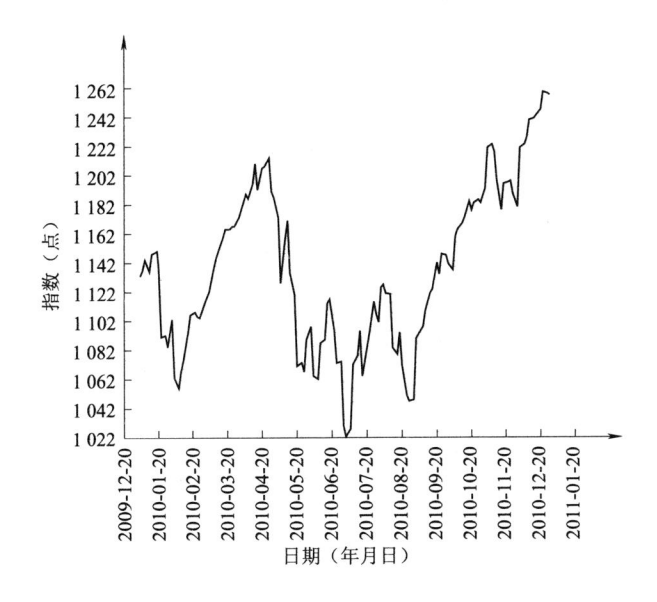

图55 2010年标普500指数的走势

思考

你会持有黄金这种不产生实际价值只能期待别人以更高价格买入的标的吗？

2011年

市场偶尔会给我们离谱的低价买入机会

2011年,欧洲主权债务危机持续,乔布斯过世,但没有事情真正影响到美国股票市场的预期,美股全年震荡收平。

2011年,伯克希尔-哈撒韦的每股账面价值增长了4.6%。公司的主要业务表现良好,尤其是五大非保险公司——伯灵顿北方圣太菲铁路公司、伊斯卡、路博润、美国美联集团和中美能源控制公司——都取得了创纪录的盈利。这些业务2011年税前共盈利超过90亿美元。

伯克希尔-哈撒韦在2011年进行了两项重大投资。

第一,以50亿美元购买美国银行6%的优先股,同时获得权证,可以在2021年9月2日之前以7.14美元/股的价格购买7亿股普通股。当时股价约为6美元/股,2024年已经涨到了40美元/股。

第二,购买了6 390万股IBM股票,成本为109亿美元。后来伯克希尔-哈撒韦在2018年清空了IBM的股票,因为其转型和盈利不理想。

高盛赎回优先股

2011 年，三项大规模且非常有吸引力的固定收益投资被其发行人赎回：瑞士再保险、高盛和通用电气在赎回证券时，一共向伯克希尔－哈撒韦支付了 128 亿美元，这些证券此前每年为伯克希尔－哈撒韦创造 12 亿美元的税前收益。

这年 3 月 19 日，高盛宣布以 56.5 亿美元赎回伯克希尔－哈撒韦持有的优先股。这笔资金包括最初的 50 亿美元投资、10% 的优先股利息和第一季度的分红。赎回优先股使高盛的每股盈利减少了 2.8 美元。巴菲特通过这笔投资共获约 12.7 亿美元的利息，加上 24.3 亿美元的期权收入和 5 亿美元的提前赎回费用，总回报接近翻倍。

巴菲特对投资的划分

第一，货币计价的投资。包括货币市场基金、债券、抵押贷款和银行存款等。这些投资被认为是"安全"的，但实际上它们在长期无法维持购买力。

第二，不产生任何收益的资产。例如黄金或者数字资产。这些资产本身不具有生产性，投资者购买它们是因为相信未来会有人支付更高的价格。

第三，生产性资产。如企业、农场和房地产。这些资产能够在通胀时期保持购买力，同时只需要尽可能少的新增资本投入。伯克希尔－哈撒韦青睐这类资产。

黄金投资观点

巴菲特再次强调了他对黄金的看法。他认为黄金不产生价值，长期来看，股票会比黄金表现更好。他举例说，创业时伯克希尔－哈撒韦的每股账面价值是 19 美元 / 股，黄金是 14 美元 / 盎司；现在伯克希尔－哈撒韦的每股账面价值是 13 万美元 / 股，而黄金是 1 700 美元 / 盎司。如果拥有一块地，100 年后不仅有这块地，还有 100 年里产生的所有动植物，而黄金仍然只是黄金。

但巴菲特依然购买了 5 亿美元黄金开采公司的股票。他认为这可能是 GEICO 的经理人购买的，因为 5 亿美元对他来说太少了；也可能是一个套利交易，因为开采成本远低于现货黄金价格。如果同时卖出长期黄金期货，就相当于锁定未来挖出黄金的卖出价格，从而锁定企业的利润率。

抓住离谱的低价机会

巴菲特谈到了网购带来的巨大影响，尤其是对于那些不复杂、不需要现场查看的商品。他认为互联网对零售业的打击是毁灭性的，但家具城这样的行业不会受到太大影响，因为人们希望去现场体验。他还提到，自己 1996 年就开始用亚马逊买书。

巴菲特回忆说，过去 60 年里，市场明显低估的情况出现过四五次，每次他们都抓住了机会。市场经常会在短期内暴跌，甚至腰斩，这也是他们早期能积累财富的主要原因。例如，在 2000 年纳斯达克综合指数创下新高时，伯克希尔－哈撒韦的股价触及当时的 40 800 美元 / 股新低，随后纳斯达克综合指数下跌了 70%，他们趁机回购了股票，之后股价一直上涨。市场偶尔会给出离谱的低价机会，只要股票市场是投票市场，价格就会有错乱。

2011 年标普 500 指数的走势如图 56 所示。

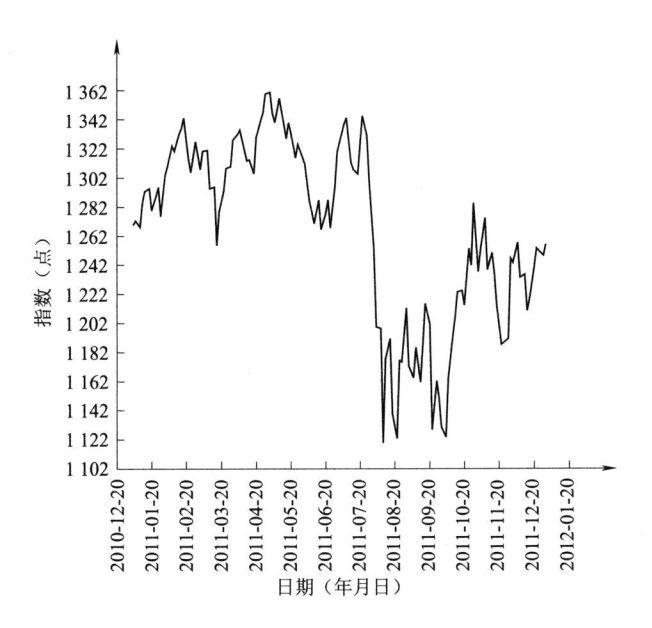

图 56　2011 年标普 500 指数的走势

思考

巴菲特看 IBM 在回购股票并且努力转型以产生盈利，便买了 110 亿美元，同时他承认自己买天然气企业但价格下跌亏了 10 亿美元。你觉得巴菲特这两项投资亏损的理由是什么？如果他当年加仓买新能源会不会更好？

2011年　**2012 年**　2013年

关注未来，而不是现在

2012 年，巴菲特在中国春节期间录制了一段穿着毛衣弹尤克里里的一分钟视频，祝中国人民春节快乐。这一视频在中央电视台综合频道播出时给大家留下了深刻的印象。这一年，伯克希尔 – 哈撒韦为股东创造了 241 亿美元的回报，并且花费 13 亿美元用于股票回购，使得公司净值增长了 228 亿美元。最终，公司每股账面价值增长了 14.4%。这表明公司在回馈股东和增加公司价值方面都取得了显著进展。

尽管伯克希尔 – 哈撒韦在 2012 年取得了可观的回报，但相对于标普 500 指数表现不够理想。这是伯克希尔 – 哈撒韦自 1965 年以来第九次年回报低于标普 500 指数。然而，巴菲特指出，伯克希尔 – 哈撒韦在市场逆境中的表现通常更好。过去 4 年中，标普 500 指数连续取得正回报，超过了伯克希尔 – 哈撒韦。

未来永远充满不确定性。尽管如此，巴菲特认为美国公司及其股票的前景依然光明。投资者和经理人不应被短期的不确定性所困扰，而应着眼于长期。

❝
这个游戏是如此诱人，查理和我认为尝试依据塔罗牌的排列、"专家"的预测，或者商业周期进进出出是一个巨大的错误。

巴菲特认为，投资的关键在于评估企业的内在价值，而不是简单依赖 P/B 或 P/E 等指标。投资应该关注企业未来生命周期所产生现金流流量的折现值。如果公司的内在价值远超账面价值，这表明即使支付高溢价，投资仍然可以获得良好回报。

投资未来

2013 年年初，当比特币价格约为 100 美元 / 枚时，有人问巴菲特对比特币的看法。巴菲特简单回答："我不了解，好像不产生价值，只是买后期待以更高的价格卖出，这不是我们的追求。"

投资重要的是未来的价值，而不是当前的价格。谈及 P/B 或 P/E，巴菲特表示："我们并不使用电脑研究这些'率'，也不相信数学概率可以解释金融市场。我们只关注是不是好的生意，未来 5 年行业如何，竞争如何，市场占有率是否增加，收入和利润是否增长，以及管理层是否优秀。此外，最重要的是我们买入时会看未来所有收入和可能的折现，就像评估大学毕业生未来一生的成就一样。"

内在价值的评估

巴菲特进一步解释了内在价值的概念："我们关心的是管理层是否勤勉、是否正直，企业是否有护城河以及品牌价值能否带来溢价。这就是内在价值，与 P/B 等指标无关。例如，我们买入还是纺织公司的伯克希尔－哈撒韦时，其 P/B 极低，需要持续投资才能维持微薄利润，现金流差且折旧高，这证明了 P/B 的无效。我们关心的是商业未来生命周期所产生现金流流量的折现值。"

巴菲特用教育费用来类比内在价值："教育费用应与牺牲工作机会的薪水和机会成本做比较。我们计算学生完成学业后的工作所得与未完成学业的工作所得之间差异，将这些差异值折算到毕业那天，这个折现值就是完成学业时的真实内在价值。"

值得一提的是，苹果公司在乔布斯过世后依然表现强劲，也许正是某条新闻或是身边人手中的苹果手机引起了巴菲特的兴趣，在跑输指数几年后于2016年开始买入苹果。

2012年标普500指数的走势如图57所示。

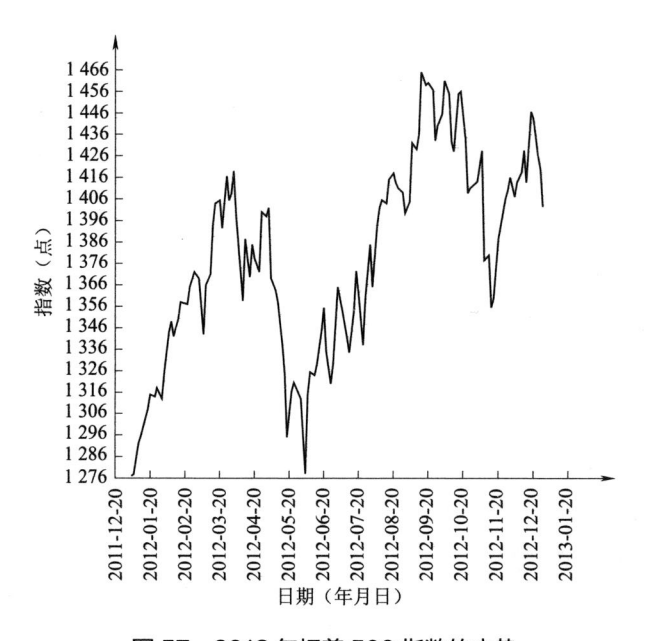

图57　2012年标普500指数的走势

思考

巴菲特说："我们买入的最重要标准是根据未来所有收入和可能的折现。"你觉得现在能看到的有较确定未来的行业是什么？

2013 年

拜访企业后就知道自己该不该买

2013 年，伯克希尔 - 哈撒韦的净值增长了 342 亿美元，扣除摊销费用后，每股账面价值增长了 18.2%。巴菲特和芒格相信，在市场下跌或上涨缓慢的年份，伯克希尔 - 哈撒韦的账面价值和内在价值增速都会战胜标普 500 指数。2007—2013 年，伯克希尔 - 哈撒韦成功跑赢了标普 500 指数，并希望在未来的周期中继续保持这一纪录。

对经济增长的长期信心

巴菲特强调了对美国经济的长期信心。他指出，过去 237 年里，看空美国的人从未获益。他相信市场经济的内在机制会继续发挥作用，美国的好日子还在前头。2013 年，伯克希尔 - 哈撒韦完成了两项大型收购。

第一，收购 NV Energy。2013 年，伯克希尔 - 哈撒韦收购了内华达州的主要电力供应商 NV Energy。

- 收购金额：约 56 亿美元。

- 支付方式：现金交易，每股价格为 23.75 美元，比 NV Energy 在公告前的股价溢价 23%。
- 区域扩展：NV Energy 为内华达州 88% 的人口提供电力，收购后，伯克希尔 – 哈撒韦进一步扩大了其能源业务的地理覆盖范围。

第二，收购亨氏。2013 年，伯克希尔 – 哈撒韦公司与巴西私募股权公司 3G Capital 联手收购了亨氏。亨氏以其优质的食品产品而闻名，尤其是番茄酱，已经成为全球家喻户晓的品牌。

- 收购金额：约 280 亿美元。
- 支付方式：现金和债务融资相结合。
- 合作伙伴：伯克希尔 – 哈撒韦与 3G Capital 合作，利用后者在运营管理方面的经验和伯克希尔 – 哈撒韦的资本优势，共同推动亨氏的增长。
- 品牌优势：亨氏是全球知名的食品品牌，拥有强大的市场地位和品牌价值，这符合巴菲特一贯青睐的投资标的。

巴菲特这一年投资亨氏的成绩还好，但几年后他又买了卡夫食品并重组这两家食品公司，其后业绩和股价逐年不佳，他在几年后的致股东的信中诚挚反省了自己的决策失误。

投资的核心理念

巴菲特还用两个早期的投资案例，解释为什么投资的智慧在于将投资当作自己的生意来运作。

第一，农场投资。1973—1981 年，中西部农场价格暴涨，原因是对通胀的预期和一些小型农村银行宽松的贷款政策。然而，随着泡沫破灭，农场价格跌超50%，这摧毁了许多借债农场主和他们的债权人。在那次泡沫中，艾奥瓦州和内布拉斯加州的银行倒闭数量是大萧条期间的5倍。

- 1986年，巴菲特在内布拉斯加州奥马哈北部买下了400英亩的农场，花费28万美元，这个价格比几年前银行贷给农场主的金额小得多。
- 投资决策：巴菲特对经营农场一窍不通，但他的儿子喜欢农场，他通过儿子了解玉米和大豆的产量及运营成本，估算出农场的正常回报率大约为10%。根据简单的收益分析，巴菲特预期产量会逐步提高，作物价格也会上涨。
- 实际结果：28年后，农场的利润翻了3倍，价值是初始投资额的5倍。尽管巴菲特对农场的了解有限，但这次投资证明了他的判断是正确的。

第二，纽约大学旁边的零售物业投资。20世纪80年代末，美国房地产泡沫破裂。为解决储贷机构危机，重组信托公司成立。但由于重组信托公司的管理能力有限，又拆分出售一些资产。

- 1993年，巴菲特在纽约大学旁边买下了一块由重组信托公司出售的零售物业。
- 投资决策：该物业无杠杆的回报率为10%。考虑到重组信托公司糟糕的管理，空置店铺出租后收入还会增加。最大的租客仅支付每平方尺5美元的租金，而其他租客的平均租金是70美元，最大的租客租约到期后利润大幅上升。
- 实际结果：旧租约到期后，物业利润翻了3倍，年租金回报率达到初始投资额的 35%。此外，通过重置按揭贷款，获得了相当于初始投资额 150% 的特别租金回报率。

巴菲特通过这两个故事阐明了投资的基本道理：获取满意的投资回报率，并不需要成为专家。但要认清自己的能力圈，并遵从规律，保持简单，不要揠苗助长。当有人承诺让你赚快钱时，立即回答"不"。

关注拟投资资产未来的产出。如果难以估计资产的未来盈利，那就放弃它。没有人能估计所有的投资回报，理解自己的行为即可。如果关注的是资产未来可能被接手的价格，那就是投机。投机并非不好，但持续投机成功并不现实。

在这两笔投资中，巴菲特只考虑资产的产出，而不是每天的估值。最后的赢家是把精力用在球场上的人，而不是紧盯着计分板的人。

拜访企业家

年轻时，巴菲特经常未经预约就直接拜访企业 CEO。在考虑投资某个行业（如煤矿业）时，会在一个月内拜访至少 10 家企业的 CEO。通过这些面对面的交流，他能够深入了解行业动态和企业管理层的见解。他会问 CEO 两个关键问题：

- 如果要将全部身家投资于本行业的某家公司，并且 10 年内不得变现，你会选择哪家公司？
- 如果要做空一家公司，你会选择哪家？

通过这些问题，不仅能够识别出最佳投资标的，还能避开潜在的高风险公司。这种深入调研的方法帮助巴菲特在投资决策中取得了成功。

2013年标普500指数的走势如图58所示。

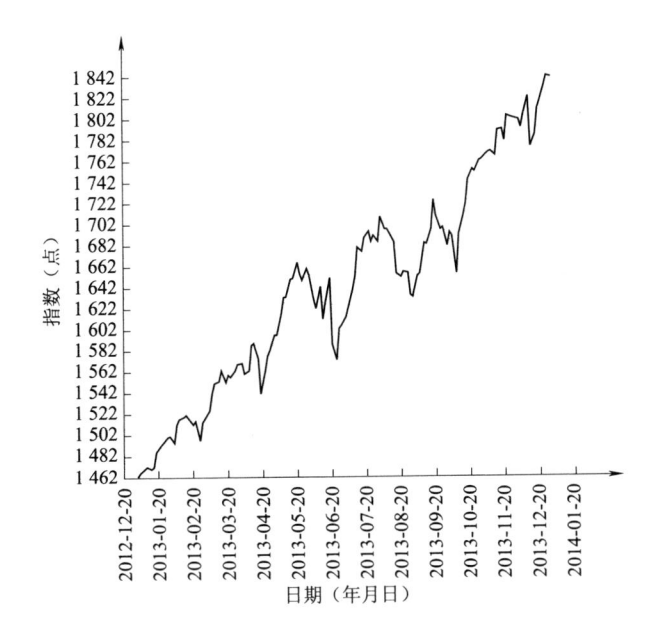

图58　2013年标普500指数的走势

思考

巴菲特说:"价格是你付的数字,价值才真正是你所得到的。"你怎么理解这句话?

2013年　　　2014年　　　2015年

构建伯克希尔-哈撒韦每股内在价值的蓝图

2014年，巴菲特在致股东的信中自我检讨，在投资英国最大超市乐购中出现了亏损，并强调了控制回撤的重要性。这种坦率和自我反思的态度是巴菲特投资哲学中的核心。他在赚钱时往往轻描淡写，而在出现亏损时却极力自我检讨，这是一种值得学习的态度：敢于回顾和反思过去的决策。

这一年，伯克希尔-哈撒韦的净值增长了183亿美元，每股账面价值增长了8.3%。股价上涨了27%，而标普500指数则上涨了13%。

收购Van Tuyl汽车经销网络

2014年10月，伯克希尔-哈撒韦收购了Van Tuyl汽车经销网络，这一网络拥有78家运营良好的汽车经销商。几年前，拉里·范图尔（Larry Van Tuyl）表示，如果决定出售公司，希望买家是伯克希尔-哈撒韦。此时，这笔收购已经完成，伯克希尔-哈撒韦正式进入汽车经销行业。

拉里和他的父亲塞西尔用62年的时间建立了这一庞大的经销

网络。他们的策略是让所有本地管理人员成为股东和合伙人，这种策略帮助公司应对了无数挑战，使其成为全美第五大汽车经销集团，单位经销商的销售额远超行业平均水平。杰夫·拉霍尔近年来一直辅佐拉里，这种合作模式将持续下去。

全美有17 000家汽车经销商，而经销商所有权的变更需要汽车制造商的同意。伯克希尔－哈撒韦的任务是赢得制造商的支持，以便收购更多的经销商。如果成功，伯克希尔－哈撒韦的汽车经销业务将在Van Tuyl每年90亿美元销售额的基础上实现爆发式增长。

在完成Van Tuyl的收购之后，伯克希尔－哈撒韦持有《财富》世界500强中的"九家半"（亨氏算半家），还有490家半等着去收购。

投资乐购的失败案例

巴菲特通过伯克希尔－哈撒韦在2012年年底持有4.15亿股乐购的股票，当时的投资成本为23亿美元。乐购是英国领先的食品零售商，在其他国家也有重要市场份额。

初期持有：2012年年底，伯克希尔－哈撒韦持有乐购4.15亿股股票，投资成本约为23亿美元。

部分出售：2013年，巴菲特对乐购的管理层表现感到失望，于是决定出售1.14亿股，获得了4 300万美元的盈利。然而，他在出售时的犹豫导致了后续更大的损失。

全面出售：2014年，乐购的问题逐渐暴露，包括市值缩水、利润率萎缩和财会问题。巴菲特形象地比喻道："在商业世界，坏消息经常接踵而至。一旦你在厨房里看到一只蟑螂，几天后你就会遇到它的亲戚。"最终，伯克希尔－哈撒韦最终卖光了剩余的乐购股票，税后亏损达4.44亿美元。这相当于伯克希尔－哈撒韦净值的 1/5。巴菲特在致股东的信中坦言，这是一次失败的投资，因自己的懒散和拖延而犯了巨大的错误。

在股东大会上，巴菲特谈到了对中国未来的看法。他认为，中国人非常勤勉，但也该规避强烈的博弈爱好。巴菲特相信，中国未来也会发展出自己的创投中心，并产生伟大的价值投资者。他乐观地认为，中美两国未来都会成为伟大的国度，并希望两国能够共同造福世界。

2014年标普500指数的走势如图59所示。

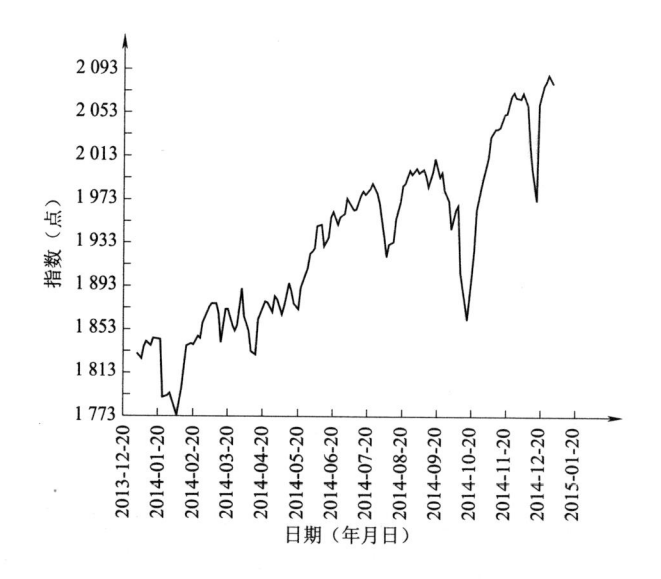

图59　2014年标普500指数的走势

思考

你过去单笔回撤最高是多少？你觉得这是可以避免的吗？

2015年

企业以及一篮子股票，会在未来几年更加值得

这一年的巴菲特狩猎了两只大象，卡夫和精密铸件公司（PCC），特别是在精密铸件公司上，投入320多亿美元，我们会在文末进行案例解析。

2015年，伯克希尔-哈撒韦实现了154亿美元的净资产收益，使得每股账面价值增长了6.4%，几乎与市场持平。然而，公司股价却下跌了12%。

加大投资的领域

2015年，伯克希尔-哈撒韦最重要的发展并不是在财务上的，而是在伯灵顿北方圣太菲铁路公司上的投入。在2014年表现不佳后，该公司大幅改善了其客户服务。为了实现这一目标，伯克希尔-哈撒韦在这一年投入约58亿美元的资金，主要用于轨道扩展，增强桥梁和隧道结构强度，采购新的车型，改造信号和监控系统，提升运输时间，降低事故和运输中断概率。这是美国铁路史上最高的年度资本投入，也是伯灵顿北方圣太菲铁路公司年度折旧费用的近三倍。伯灵顿北方圣太菲铁路公司通过铁路、卡车、空运、

水运和管道运输大约 17% 的美国城际货运（按收入吨－英里计算），在美国大型铁路公司中排名第一，比最接近的竞争对手多出 45%。因此，维持一流的服务对船东的福利和美国经济的顺利运作都至关重要。

2015 年，在伯克希尔－哈撒韦能源（BHE）上投资了 160 亿美元用于建设可再生能源，使其产生的风力发电量占美国总量的 7%，太阳能发电量占美国总量的 6%。伯克希尔－哈撒韦能源的风力发电系统已是美国受监管的公用事业公司中发电量最大的，伯克希尔－哈撒韦计划继续在这一领域投入。

两个失败案例

第一，精密铸件公司。2015 年，伯克希尔－哈撒韦公司以 320 多亿美元现金收购了精密铸件公司。收购精密铸件公司的主要原因是让投资组合更加分散化，利用精密铸件公司在航空航天和工业市场的领导地位，以及其稳定的收益。精密铸件公司在首席执行官马克·多尼根的领导下，保持了管理团队的连续性，并通过扩展生产设施和加大研发投入，实现了业务扩展与技术创新，签下多个长期合同，并积极拓展全球市场，财务表现出色。

然而，到了 2021 年，巴菲特承认收购时支付的价格过高，他对精密铸件公司的盈利潜力过于乐观。新冠疫情进一步削弱了市场对精密铸件公司产品的需求，导致伯克希尔－哈撒韦在 2020 年计提了精密铸件公司 98 亿美元的减值，精密铸件公司裁员了 40%。巴菲特表示，尽管在估值上犯了错误，精密铸件公司仍然是一家优秀的公司，并将在伯克希尔－哈撒韦的支持下继续盈利。

第二，卡夫亨氏。在此次交易之前，伯克希尔－哈撒韦持有约 53% 的亨氏股份，成本为 42.5 亿美元。现在，伯克希尔－哈撒韦拥有3.254亿股卡夫亨氏的股票，成本为98亿美元。卡夫亨氏年销售额为270亿美元，伯克希尔-哈撒韦还持有卡夫亨氏的优先股，每年支付7.2亿美元。

2015年，伯克希尔-哈撒韦和3G Capital本联合推动了卡夫食品与亨氏的合并，创建了卡夫亨氏。交易总价超过620亿美元。卡夫食品主要生产奶酪、乳制品和其他食品，比如奥利奥。亨氏以生产番茄酱和其他调味品而闻名。通过合并，伯克希尔-哈撒韦和3G Capital希望将两家公司的优势结合，形成一个更强大的食品巨头。

合并初期，卡夫亨氏通过严格的成本控制实现了利润增长，股票价格一度上升，投资者对公司的未来充满信心。然而，过度依赖成本削减和缺乏创新导致业绩下滑，股票价格开始下降。2019年，公司宣布了一项150亿美元的资产减值，又受到SEC的会计调查，导致股价大幅下跌。巴菲特承认在收购中支付了过高的价格，对公司未来的盈利潜力过于乐观。

在股东大会上，有投资者问："您支持希拉里，如果特朗普当选美国总统，伯克希尔-哈撒韦会有什么风险？"巴菲特回答："这不是问题。政府的政策法规会在广泛范围内影响所有公司。我们希望希拉里当选，但无论谁当选，我们都会继续成长，我们公司都会做得很好。美国的商业和社会配合得非常好，让人愿意把钱投资在这个地方。"

2015年标普500指数的走势如图60所示。

思考

伯克希尔-哈撒韦的总部只有25个人，却是全球利润最高的企业之一，位列《财富》世界500强前十。他的这种"减法"使时间用到对的地方，每年出差几次，开必须开的会，只见需要沟通的人，其他时间都在家看书思考。你的时间都花在哪里？时间去到哪里未来就会走向哪里。

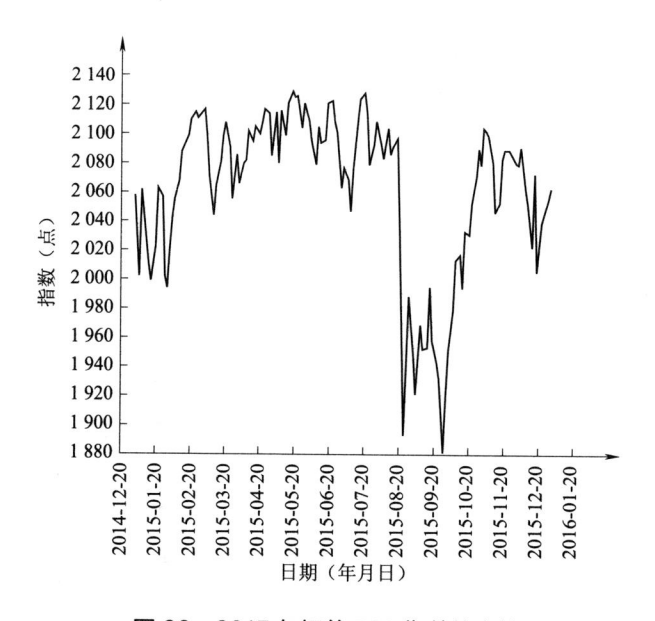

图60　2015年标普500指数的走势

2016年

重仓买入苹果公司，并认为估值不贵

2016年，国际上发生两件大事。一是6月23日，英国举行公投，最终决定脱离欧盟。二是特朗普击败希拉里，当选美国第45任总统。

这一年美股温和普涨，一向不买科技股的巴菲特开始买入苹果公司，我们在后文会进行详尽的实战案例解析。

2016年，伯克希尔－哈撒韦的净值增加了275亿美元，每股账面价值增长了10.7%。2015年和2016年，伯克希尔－哈撒韦连续两年在美国企业美元收益保有量上名列前茅，其收益比排名第二的企业多出数十亿美元。

经济周期带来的机会

尽管每隔大约10年经济环境会恶化，但这也带来了赚钱的良机。伯克希尔－哈撒韦从通过投资行为获利逐渐转向通过持有公司提升价值。

市场偶尔会经历大幅下跌甚至恐慌事件，这将对所有股票产生实质性影响。大范围的恐慌提供了物美价廉的资产，而恐慌则是投资者的敌人。长期持有大型、适当筹资的企业股票的投资者将获得不错的收益。

2016年，伯克希尔-哈撒韦在净值增长和收益保有量方面取得了显著成就。巴菲特强调应在经济恶化时抓住投资机会，避免个人恐慌，坚持长期投资。同时，他警告投资者要警惕公司对财务数据的粉饰，保持清醒和理智的投资态度。

巴菲特承认曾错过一些重要的投资机会，例如沃尔玛和亚马逊。尽管伯克希尔-哈撒韦早在1997年就开始使用网络进行销售和公布季度报表，但没有抓住投资亚马逊的机会。芒格评论说，错过一些机会是正常的，因为在充满竞争的行业中，无法预见每一个成功的公司。投资的关键在于抓住那些有重大潜力的机会。

苹果公司实战案例

公司背景

苹果公司是一家跨国科技公司，总部位于加利福尼亚州库比蒂诺。苹果公司是全球知名的电子产品、软件和在线服务供应商。以下是有关苹果公司的一些关键信息。

1. 历史与发展。

成立时间：1976年4月1日。

创始人：史蒂夫·乔布斯、斯蒂夫·沃兹尼亚克和罗纳德·韦恩。

早期产品：苹果I型电脑（Apple I），由沃兹尼亚克设计并由乔布斯推销。

2. 产品。

iPhone：智能手机系列，首款于2007年发布，改变了手机市场。

iPad：平板电脑系列，首款于2010年发布。

Mac：包括MacBook笔记本电脑和iMac台式机。

Apple Watch：智能手表系列，首款于 2015 年发布。

iOS：用于 iPhone 和 iPad 的移动操作系统。

苹果公司是全球市值最高的公司之一，其成功不仅归功于创新的硬件产品，还包括强大的软件生态系统和用户体验设计。苹果公司的创新和设计理念深刻影响了全球科技产业，其商业模式也因垂直整合的供应链管理和强大的品牌忠诚度而备受赞誉。

投资策略

初次投资：2016 年，巴菲特买入约 6 120 万股苹果公司股票，耗资 67.5 亿美元，当时的平均买入价格为 110.17 美元 / 股。

追加投资：2018 年，巴菲特又加仓 327 亿美元，当时的平均成本约为 160 美元 / 股。2024 年，巴菲特的苹果公司持股市值一度达到创纪录的 1 620 亿美元，约 400% 的回报率。

大规模卖出：2024 年第二季度的财报显示，巴菲特卖了半数所持苹果股票。此举使得伯克希尔－哈撒韦的现金储备达到创纪录的 2 769 亿美元。巴菲特在 2024 年第一季度已经出售了少量苹果股份，当时给予的解释是出于税务原因。大规模卖出苹果公司的股票后，巴菲特持有的一些美国国债品种比美联储还多，持有的股票数量却大规模降低，这在历史上非常罕见。

对于卖出苹果公司股票的原因会在 2025 年年报和股东大会解释，我认为除苹果公司这几年股价涨得很好、P/E 回到 40 倍高位以外，更重要的是苹果手机在中国的销售放缓。

截至 2024 年第二季度财报，算上这些年的分红与回购，巴菲特在苹果公司上的收益已经接近 40 倍。

投资原因

第一，消费品特质。尽管苹果公司被广泛视为科技公司，但巴菲特认为其更像是消费品公司。苹果公司产品拥有强大的品牌忠诚度和稳定的用户基础，这使其具备与传统消费品公司相似的特点。

第二，客户行为分析。巴菲特通过分析苹果公司用户的行为习惯，发现其高度依赖品牌，重复购买行为明显，为公司带来稳定的现金流和高利润率。

第三，与IBM的对比。巴菲特在谈及过去对IBM的投资时，坦言这是一个错误，亏损了近20%。他认为苹果公司的用户群体和习惯更为稳定和可靠，投资风险较低。

巴菲特在有次访谈中表示自己当时买苹果公司是10倍左右，觉得很划算。因为是采访时提及，没有展开解释，我认为巴菲特这里指的是P/E倍数。巴菲特并不是根据股价，而是根据企业估值水平来进行投资决策，简单说就是他找到了觉得最有品牌忠诚度、最赚钱的零售公司，10倍买入，持有8年后40倍卖出。中间除估值赚钱以外还赚了盈利增长和分红回购。苹果公司的股价与P/E水平如图61和图62所示。

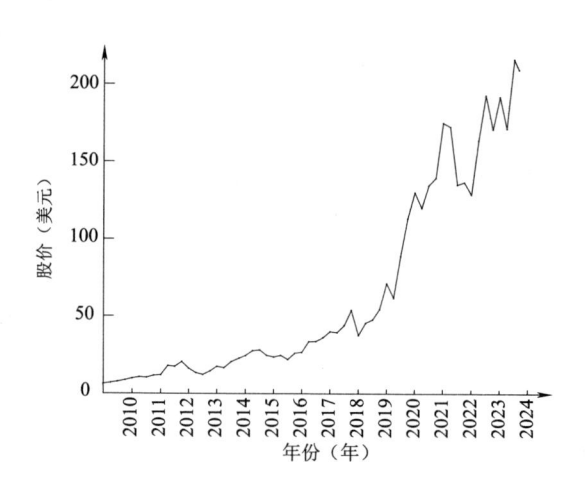

图61　苹果公司的股价

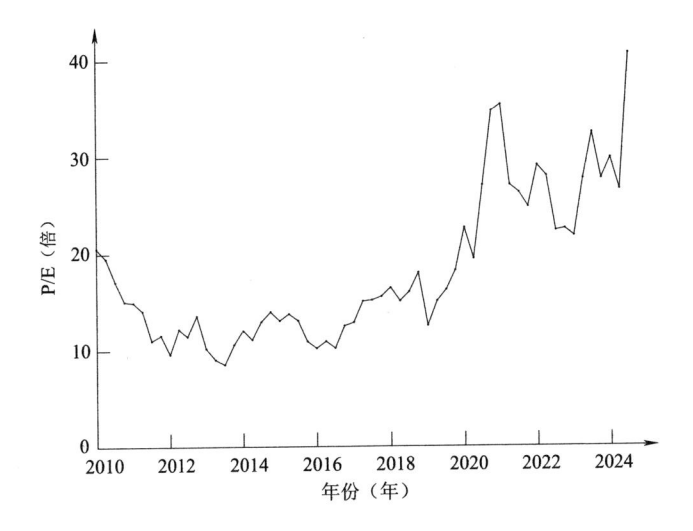

图62 苹果公司的 P/E

2016年标普500指数的走势如图63所示。

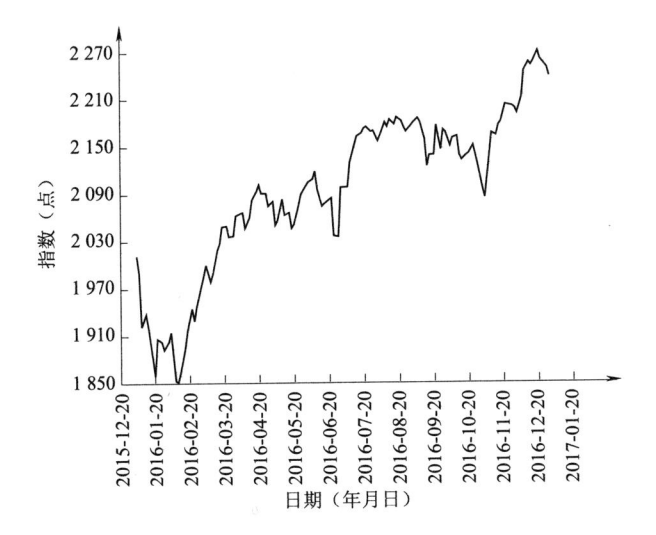

图63 2016年标普500指数的走势

2016年 重仓买入苹果公司，并认为估值不贵

思考

我认为，94 岁高龄的巴菲特，应该不会在卖出苹果公司后再次大规模买入其他另一家或者几家公司回到高持股阶段，可能会逐步转为买入指数以保持稳健。就像其新冠疫情期间也没大规模买入一样，整体击球速度已经明显慢了下来。2016 年和 2018 年，巴菲特重仓购买苹果公司的时候，美国一些论坛上的评价都是一片嘲讽之声，觉得他在追高，是"韭菜"。苹果公司的股价一度涨到 1 000 多美元。不需要证明输赢，交易就是这样。

巴菲特在 IBM 上的投资亏了近 20 亿美元，卡夫亨氏亏了近一半时，又开始重仓苹果公司，并且自我反省不该错过使用其产品和服务很久的亚马逊，那我们身边有什么类似的好企业值得买吗？

2017年

不要借钱投资股票

2017 年 1 月，特朗普就任美国总统，美股全年一路上涨。此外，另类资产比特币的价格飙升，从年初的约 1 000 美元 / 枚攀升至 12 月的接近 20 000 美元 / 枚。

2017 年伯克希尔 - 哈撒韦的每股账面价值增幅为 23.0%，而标普 500 指数的增幅为 21.8%。长期来看，1965—2017 年，伯克希尔 - 哈撒韦的年复合增长率为 19.1%，远超标普 500 指数的 9.9%，1964—2017 年伯克希尔 - 哈撒韦的整体增长更是超过 10 880 倍，而同期标普 500 指数为 155 倍。

现金与投资

到 2017 年年底，伯克希尔 - 哈撒韦持有的现金和美债达到 1 160 亿美元，比 2016 年 9 月 30 日增加了 70 亿美元，尽管现金增长速度有所放缓，但仍是 2006 年年底的两倍多。

巴菲特和芒格将伯克希尔 - 哈撒韦持有的普通股视为企业利益，而非基于技术分析或分析师的目标价进行操作。他们相信，只要投资的企业成功，投资也将成功。尽管有时收益较少，但他们对长期结果持乐观态度。

伯克希尔－哈撒韦在过去 53 年中通过利润再投资和复利建立了价值，但股价也经历了 4 次大幅下跌，这些短期波动无法掩盖其长期的价值增长。表 2 是下跌的具体数据。

表 2　伯克希尔－哈撒韦股价的四次大幅下跌

时间段	高点（美元）	低点（美元）	跌幅（%）
1973-03—1975-01	93	38	59.1
1987-10-02—1987-10-27	4 250	2 675	37.1
1998-06-19—2000-03-10	80 900	41 300	48.9
2008-09-19—2009-03-05	147 000	72 400	50.7

避免杠杆与频繁交易

巴菲特提供了强有力的证据，反对使用借款持有股票。他指出，短期股价的下跌幅度无法预测，即使借款金额很小，也可能因市场恐慌而导致情绪不稳定，从而无法做出良好决策。未来股市必将经历类似的下跌，而这些大跌将为没有债务缠身的投资者提供机会。

自 1776 年以来，美国经济总是向前发展的。巴菲特指出，标普 500 公司的股息分红率为 2.5%，是美国国债收益率的 3 倍。股息的支付几乎肯定会增长，公司还有留存收益支持业务扩展和股票回购，这将增加每股收益。巴菲特重仓于绩优股，避免频繁交易。大多数基金管理人认为频繁交易是有益的，但巴菲特坚持轻松决策和长期持有的策略。

纪录片中的巴菲特

HBO 电视网为巴菲特拍了一个 90 分钟纪录片《成为沃伦·巴菲特》，观众了解到巴菲特的生平。从小，巴菲特就对数字和读书有着浓厚的兴趣，表现出极强的好奇心和求知欲。巴菲特小时候便推销可口可乐、口香糖，还送过报纸，这展现了早期的商业头脑和自我管理能力。他甚至在 7 岁时通过《赚 1000 元的 1000 种方法》这本书，开始计算如果在公共区域放一个投币使用的体重计能赚到多少利润，并梦想通过复利增长财富。

巴菲特认为投资是世界上最好的游戏，因为有成千上万的选择。他强调只投资自己熟悉和有把握的领域，以增加成功率。他的办公室墙上挂着的"击打的科学"宣传海报象征着这一理念。他特别强调复利的重要性，并坚守"不赔钱"的投资法则。

巴菲特深受父亲的影响，学习了许多人生和商业智慧。父亲强调生命的平等价值和内心的记分牌，不在意外界的看法。他从父亲那里学到了专注和独立思考的重要性，这对他的投资哲学产生了深远影响。他在父亲的办公室读了许多关于投资的书籍，从中学习到宝贵的投资知识，只做自己熟悉和有把握的事情。以下是一些关键细节：

- 数字热爱：巴菲特从小就对数字充满兴趣，喜欢与数字打交道。
- 早期创业：7 岁时，他通过《赚 1000 元的 1000 种方法》学习商业知识，并尝试开展各种小生意。
- 报纸生意：巴菲特在报童生涯中学到规划和管理技巧，每天送 500 份报纸，每份赚 1 美分。
- 伯克希尔－哈撒韦：公司结构简单，没有烦冗的管理层级，巴菲特喜欢安静的工作环境,主要通过阅读和思考进行决策。
- 家庭价值观:巴菲特深受父亲影响,学会了独立思考,不在意外界的看法。

在股东大会上,面对投资者关于中美贸易摩擦的提问,巴菲特表示,中美两国应合作,因为两国都是世界上重要的经济体,合作对全球经济有利。巴菲特在谈到美国运通时指出,中国的微信支付系统非常方便,但这个趋势还未在美国普及。美国的运通卡仍然是身份的象征。他认为,长期来看,不确定政府是否允许一家公司在支付市场占据如此大的份额。此外,巴菲特强调人类的生活习惯和企业盈利的确定性。他指出,每 10 年行业巨头和行业总市值都会发生变化,伯克希尔－哈撒韦在观察市场,寻找确定性。

2017 年标普 500 指数的走势如图 64 所示。

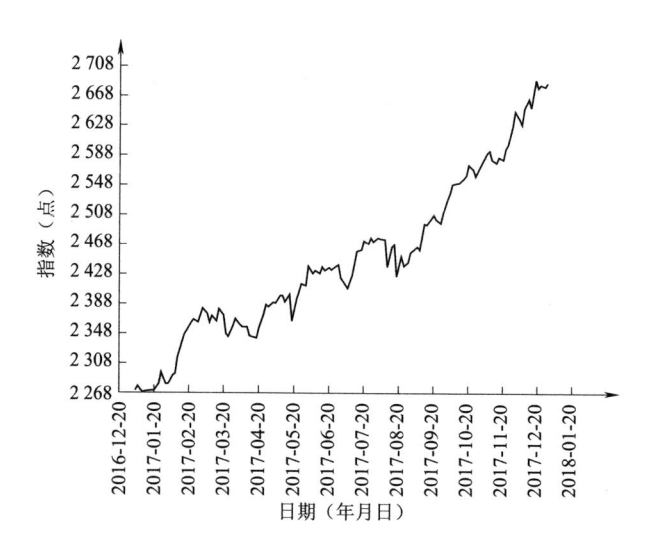

图 64　2017 年标普 500 指数的走势

思考

这一年巴菲特指出学习商业知识要趁早,也回忆了自己孩童时看的书和当时的奇思妙想,稍大一些送报纸的经历使他赚得自己11岁买股票的本金。我们以他为模版教育子女是否合适,太早思考1 000个赚钱好点子的小朋友会因此影响学习吗?

2018年

那些拥有良好长期前景的企业，价格已高得离谱

2018年，美国和中国之间的贸易摩擦升级，双方互相加征关税，让资本市场承压，引发了全球市场关注。

从这一年起，伯克希尔-哈撒韦不再在致股东的信中描述每股账面价值的年度变化，因为巴菲特认为伯克希尔-哈撒韦已经从一家股票投资型公司转变为一家经营企业型公司。

伯克希尔-哈撒韦持有的公司如苹果、美国银行和富国银行持续回购股票，这使得伯克希尔-哈撒韦在这些公司的持股比例不断上升。例如，伯克希尔-哈撒韦20多年前购入美国运通10%的股份，如今持股比例已增至17.9%。

2018年，伯克希尔-哈撒韦的股利收入为38亿美元，其中富国银行支付8亿美元，苹果公司支付7.5亿美元，可口可乐支付6亿美元，美国运通支付2.4亿美元。

资本与资产状况

伯克希尔-哈撒韦的总资本为3 490亿美元，总资产为7 000亿美元，其中包括1 120亿美元的现金和200亿美元的债券资产。

巴菲特常年持有大额现金并不是在等待市场下跌，而是没有找到合适的大型收购目标。

2018年制造业板块的净利润从580亿美元增长到618亿美元，同比增长7%。股票市场投资总回报同比增长17%。

伯克希尔-哈撒韦的内在商业价值可以通过5个重要的业务领域来估算：

- 完全控制的非保险业务公司。
- 与他人共享控制权的公司。
- 股票投资组合。
- 高流动性资产，包括国债、企业债和现金等价物。
- 保险业务。

伯克希尔-哈撒韦很少使用杠杆，尽管许多基金经理认为杠杆能带来丰厚回报，但巴菲特认为，信贷消失时，债务会变得致命。理性的人不会为了不需要的东西冒险。

巴菲特和芒格始终以股东的利益为重，伯克希尔-哈撒韦将永远是一个金融堡垒，确保现金充足，并继续寻找"大象"级的收购机会。

在股东大会上，巴菲特对卡夫亨氏发表评价："我们买这两个品牌没有问题，主要的问题是卡夫我们买得太贵了，导致完全没有安全垫，因此现在快不赚钱了。人们习惯于品牌的溢价，并认同其价格，所以品牌没有问题，但这不是增长型的生意，所以必须要有安全边际，可惜我们在第一个合伙成功后，没有特别注意第二个收购。"

问到2017年又买了300多亿美元苹果公司的股票，虽然整体还在赚钱但2018年跌了一些，又有很多市场传闻说供应商不合作了，市场扩张不及预期等。巴菲特说："不，我们希望它跌，这样我们可以在更好的价格买更多，如果你一辈子只吃牛肉汉堡，你希望它涨价还是便宜一些？刚买完一点就涨还开心，就像你今天加完油看到晚上油价暴涨而兴奋不已一样，可你下个礼拜不加油了吗？"当然，此时苹果公司的股价还不算高，之后苹果公司的股价就一路暴涨了……所以巴菲特也没买到多少，最后不到苹果公司整体的6%。

2018年标普500指数的走势如图65所示。

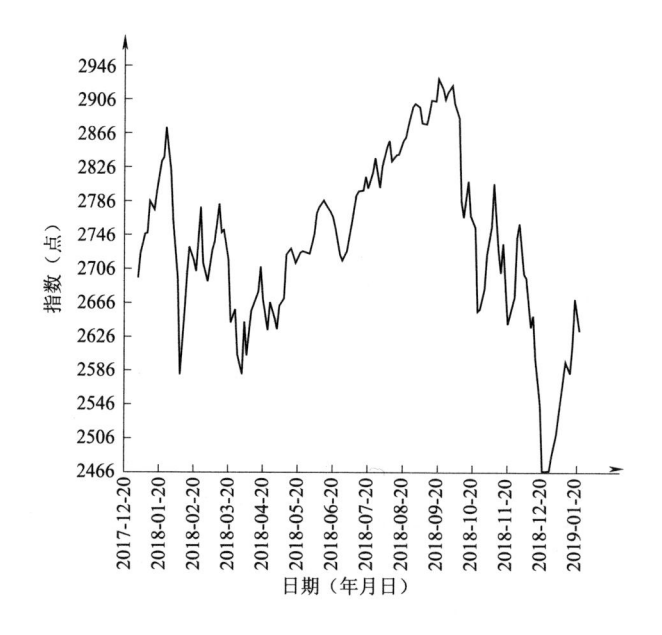

图65 2018年标普500指数的走势

思考

卡夫的业务没有增长，所以显得买贵了。苹果公司有增长，所以就算买的时候比较贵，巴菲特还是希望可以买更多。都是好品牌，但是现金流、市场空间和想象也不同，在巴菲特看来苹果不是科技股而是消费品，跟可口可乐与亨氏的投资思路差不多。那么，未来10年我们该寻找什么样的机会呢？确定的好品牌和高现金流，是否增长空间越大越好？没有增长，有品牌，但现金流一般的番茄酱该考虑吗？

2019 年

复利的力量

先做一个阶段总结,写这本书之前我认为自己是了解巴菲特的,毕竟认真研究他近 20 年了,但我发现不尽然,远不尽然,读到的和做出来的是完全不同的境界,很多东西我以前以为懂了,其实并没有。

巴菲特的财富梦

巴菲特从小就表现出对数字和财富的浓厚兴趣。他小时候在家乡骑自行车送报纸,每天努力准时送达。当被问到是否想成为世界上最富有的人时,他会非常认真地回答:"想!"

他的财富梦想驱使他深入研究股票,花时间在图书馆和地下室翻阅旧股票记录,通宵达旦地研究大量数字,每天早晨阅读几份报纸,贪婪地吸收信息。他亲自拜访公司,与各大公司的高层详谈业务,甚至在度蜜月时也不忘带上《穆迪手册》和会计分类账。

巴菲特花费几个月时间阅读报纸,研究商业循环模式、华尔街历史、资本主义发展史和现代公司历史。他密切关注全球政局,并分析其对商业的影响。他从小就阅读传记,从中吸取成功人士的经验和教训。他总是依靠每一个能帮助自己的人,追随每一位聪明的导师。除了商业，他几乎不关注其他事情，如艺术、文学、科技、旅游和建筑，这使他能完全专注于自己热爱的事业。

巴菲特了解竞争的本质，并努力避免错误。他控制风险，从不大额举债。他持续思考商业模式，研究什么样的模式成功，什么样的模式失败，以及如何参与竞争，如何赢得客户忠诚。他建立了一个人际关系网，大家愿意帮助他，也在必要时保持距离。无论生活如何，他从未停止思考赚钱之道。所有的精力和热情都推动着他不断提升自己的智慧和技能。

巴菲特热爱金钱，赚钱游戏是他生活的活力源泉。这种热爱让他不知疲倦地进行投资活动，如购买美国国民银行的少量股票，卖掉 GEICO 以购买更便宜的股票，参加桑伯恩地图等公司的董事会，为股东利益做出正确决定。他创办了自己的合伙企业，而没有选择成为格雷厄姆公司里地位较低的合伙人。

对金钱的热爱也让他果断而强硬，直面 SEC 关于蓝筹印花公司的调查，帮助解决华盛顿邮报的罢工，成为毫不留情的并购巨头。他勇敢面对挑战，比如在被哈佛拒绝后，前往哥伦比亚大学拜师格雷厄姆；在遭遇挫折后，求助于戴尔·卡耐基；在所罗门兄弟公司危机中顶住压力做出让步；在互联网泡沫时期面对苛刻批评，保持优雅并坚持不进行任何回击。

巴菲特的成功源于他对数字和金钱的热爱、对学习的执着，以及对商业世界的深刻理解和不懈追求。他的专注、智慧和决心使他成为成功的投资者。

长期复利奇迹

2019 年的美股从年初涨到年末。伯克希尔 – 哈撒韦的净收益为 814 亿美元，包含营业利润、已实现资本利得和未实现资本利得，这些数字均为税后收入。虽然会计账面上的数字显示出显著的增长，但在实际世界中，伯克希尔－哈撒韦所持股票的内在价值在这段时间稳步上升，价值约为2 000亿美元。

巴菲特引用了1924年史密斯的著作《用普通股进行长期投资》中关于复利的观点。史密斯强调，优秀企业会保留部分利润并进行再投资，这种做法能创造出复利增长的奇迹。凯恩斯也提出，企业将利润再投资会带来长期的价值增长。巴菲特指出，即使市场短期波动剧烈，长期持有股票仍将带来显著回报。

伯克希尔－哈撒韦所持股票的内在价值稳步上升，预计将带来长期巨大收益。利润再投资能带来长期的复利增长。长期来看，股票表现优于债务工具，但需做好情绪和资金管理。乐观地看待股票的长期表现，不受短期市场波动影响。

通过这些策略和理念，伯克希尔－哈撒韦在长期投资中取得了显著成就，并将继续追求稳健的财务增长和资本保值增值。

周期思考

受新冠疫情影响，这一年的股东大会于2020年5月在线上举行，巴菲特表示，尽管面临诸多困难，经济增长不会停止。他坚信通过智慧和努力，历史上的问题终将解决。他说1918年西班牙大流感的情况也很糟糕，但最终情况好转，奥马哈也渡过了危机。

巴菲特回顾了自己的成长经历，强调了经济的波动性。他提到自己1930年出生时正值大萧条，父亲失业，市场低迷。道琼斯工业平均指数在他21岁时才恢复到他出生时的水平，1954年股市回升则为他带来了丰厚的投资回报，大家要对经济和市场保持信心。

巴菲特建议普通投资者考虑投资标普500指数基金，这种投资能够击败债券、通胀和其他投资形式。他强调，投资股票需要长期持有的心理和财务准备，选择具有优秀管理层的公司才是关键。他提到伯克希尔-哈撒韦的股价历史上曾三次暴跌近一半，但这并不代表公司出了问题，而是因为市场整体的波动。投资应该基于理性判断，而不是市场情绪。

巴菲特回忆起1954年加入格雷厄姆公司的初期，那时他的投资回报率最高，因为管理的资金量非常小，可以使用许多交易策略。但如今管理的巨额本金如同巨鲸，很难在短时间内进行交易。

2019年标普500指数的走势如图66所示。

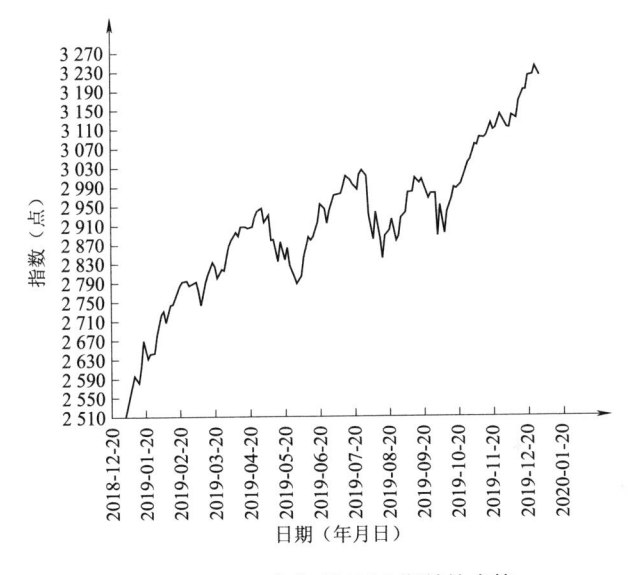

图66　2019年标普500指数的走势

> **思考**

巴菲特到2020年的故事和过去半个多世纪的金融史你都听过了，道理也懂了大半。如果控制贪欲、坚守原则就会有美满的一生，你愿意吗？

2019年 **2020年** 2021年

全球市场闪崩后复苏

2020年年初,新冠疫情全面暴发,对全球经济、医疗系统和日常生活产生深远影响。许多国家采取封锁和社交隔离措施,导致经济活动大幅缩减。疫苗研发取得快速进展,年底前几种疫苗获得世界卫生组织的紧急使用授权。

全球经济衰退,多个行业受到重创,尤其是旅游、餐饮和零售业。各国政府推出大规模经济刺激计划以缓解经济压力。与此同时,美国总统选举和英国脱欧的完成也加剧了市场的不确定性。

2020年,标普500指数经历了剧烈波动。年初,指数稳定增长,但由于新冠疫情蔓延,从2月的3 200余点迅速跌到4月的2 400点以下。随着经济刺激措施落地和疫苗研发进展,市场信心逐渐恢复,指数在年底前强劲反弹,12月1日达到3 662点,全年表现优异。

美股熔断事件

在2020年3月,美股在短短10天内4次触发熔断机制,这是史无前例的。新冠疫情蔓延导致投资者对经济前景极度悲观,引发恐慌性抛售。此外，油价暴跌和全球经济活动急剧放缓也加剧了市场的恐慌情绪。

熔断事件引起了全球市场的广泛关注，投资者担心美国经济衰退和企业盈利大幅下降。为了应对市场的剧烈波动，美联储和其他一些央行采取了一系列紧急措施，包括大规模购债、降低利率和实施紧急贷款计划，以向市场注入流动性。

- 降息：2020年3月，美联储将联邦基金利率降至接近零的水平，从1.5%~1.75%降至0~0.25%，以降低借贷成本，刺激经济活动。
- 量化宽松：美联储宣布无限量购买美国国债和抵押贷款支持证券，以增加市场流动性，保持金融市场的稳定。此举大大扩张了美联储的资产负债表，从年初的约4.2万亿美元增加到年底的7.4万亿美元。

这些措施迅速稳定了金融市场，缓解了新冠疫情初期的恐慌情绪。标普500指数从3月的低点迅速反弹，并在年底前创下新高。这些注入流动性的措施不仅支持了美国国内的经济活动，也有助于避免全球经济更进一步的衰退。但是，货币政策干预也引发了投资者对未来通胀、资产泡沫和财政可持续性的担忧。总的来说，2020年美联储的"撒钱"行动在短期内成功稳定了市场，支持了经济复苏，但也带来了长期的通胀风险。

买那些注定会改变世界的和注定不会被世界改变的资产

从年报看，2020年的伯克希尔-哈撒韦是全世界净利润最高的企业之一。在过去30年的《福布斯》全球亿万富豪排行榜中，只有巴菲特一个人的排名从未跌出过前六，一度和比尔·盖茨稳坐前三。在过去70年的实战生涯里，巴菲特不断抓住那些改变世界的企业，从而富可敌国。而他也用事实证明了，自己的方法论在几十年后依然有效。

研究巴菲特，是因为他身上有我们每一个投资者都需要学习的东西——一种能穿过岁月长河的经典方法论，教你赚钱、保持长寿、维护友谊、穿越阶层、德财互抬。巴菲特已经做到了改变世界和不被世界改变，这种不变与革新共存的智慧值得我们学习。

伯克希尔-哈撒韦在2020年的收入达到425亿美元，其中包括219亿美元的营运收入、49亿美元的实现资本利得和267亿美元的未实现资本利得。同时，公司计提了110亿美元以应对航空业因新冠疫情产生的损失。尽管面临新冠疫情，伯克希尔-哈撒韦仍成为2020年全球净利润排名前三的企业之一，其股价、净利润以及巴菲特的个人身家都在新冠疫情之下得到了提升。

伯克希尔-哈撒韦目前拥有36万名员工，公司大部分价值来自四项非常优质的业务。然而，巴菲特断言，未来债券和固定收益投资将不再是好的选择，全球固定收益投资面临着暗淡的前景。

回顾历史，10年期美国国债收益率此时为0.93%，而在1981年这一数字高达15.8%，暴跌了94%。在德国和日本，数万亿美元的主权债务投资者只能获得负利率的收益。巴菲特警告投资者，不要寄希望于杠杆或高风险投资来提高收益率，30年前许多银行正是因此倒闭的。

伯克希尔-哈撒韦的十大持仓股在2020年没有发生变化。苹果公司几乎翻倍的股价贡献了集团几乎全部的净利润。苹果股价在2020年从每股70多美元涨至近一倍，显示出强劲的增长势头。

回购股份

2020年，巴菲特花费247亿美元现金回购了8万多股伯克希尔-哈撒韦A股，使股东的所有权增加了5.2%，而不需要花费一分钱。巴菲特解释说，伯克希尔-哈撒韦会在价格暴跌时回购自己的股份，而不像其他公司在股价暴涨时回购。

对苹果公司的投资生动说明了回购的力量。2016年年底，巴菲特首次购买苹果公司的股票，到2018年7月，持有约10亿股，占5.2%股份，购买成本为360亿美元，每年可收到约7.7亿美元分红。2020年年底，巴菲特卖出了一小部分苹果公司股票，获得了110亿美元利润，持有的股份仍占5.4%，市值超过1 200亿美元。这一增长得益于苹果公司的股票回购。

巴菲特在年报中提及："我们多年来一直专注于提高集团的收入和进行大规模收购，但2020年这两项都未能实现，收入因新冠疫情减少了9%，也没有进行大规模收购。不过，我们通过回购约5%的公司股票，增加了每股的价值。"

巴菲特和芒格相信，长期来看，伯克希尔-哈撒韦的利润将会稳定增长。尽管一些业务会随着时间推移消失，但其他业务将带来超预期的回报。例如，2020年苹果公司的净利润达到600多亿美元，虽然其他投资和控股企业因新冠疫情表现不佳，但整体表现依然优异。

合伙人文化

巴菲特回忆了自己从1956年开始代客理财，到1962年将12个合伙人企业转为BPL的过程。他强调自己一开始就不领取工资，并保证如果年回报率低于6%，则由他未来的利润弥补。一些最早期的投资者从1959年就开始跟随巴菲特，例如著名的伙伴斯坦医生现在已经100岁了。这些老伙计保留了股票，虽然可能不关注投资内容和会计信息，但他们知道巴菲特始终视他们为伙伴。

巴菲特希望这些持股者或者合伙人保持相对固定，毕竟谁会希望朋友、邻居或者婚姻在短期内快速转变呢？

投资指数基金的建议

在股东大会上，巴菲特建议普通投资者最好直接投资指数基金。他指出，30年后当前市值最大的企业名单可能会面目全非，因此很难确保所投资的公司在未来依然存活。

巴菲特强调，对普通人来说，投资指数基金是最好的方式。这种方式不仅分散了风险，还能跟随市场而增长，不需要依赖于挑选个股的能力。他解释说，尽管一些个股在短期内可能表现出色，但从长远来看，整个市场的表现更加稳定和可靠。

最后，巴菲特感慨道："经过几十年的管理，我和查理还是无法保证结果，但我们可以确实保证将你们视为伙伴。"新冠疫情期间，伯克希尔-哈撒韦在美股连续熔断、股票指数最低点2 300点时并没有大举抄底，只小规模购买了一些股票。这是因为巴菲特更喜欢确定性，而不是冒险猜测市场走向。他强调，他的投资哲学从不考虑宏观因素，而是基于确定性的分析和判断。

2020年标普500指数的走势如图67所示。

> **思考**
>
> 1990年，巴菲特的身家达到10亿美元。20世纪90年代中期，他凭借可口可乐与GEICO保险进入《福布斯》全球亿万富豪排行

榜前五。2008年,他通过抄底美国市场成为当年的世界首富。长期来看,巴菲特的年化回报率约为20%,远超市场表现。标普500指数在55年中的复利回报为234倍,而巴菲特的复利回报则达到28 105倍。

受新冠疫情影响,美股动荡。巴菲特选择在航空股最低点时减仓,并且也没有大举"抄底"其他股票,你觉得是为什么?

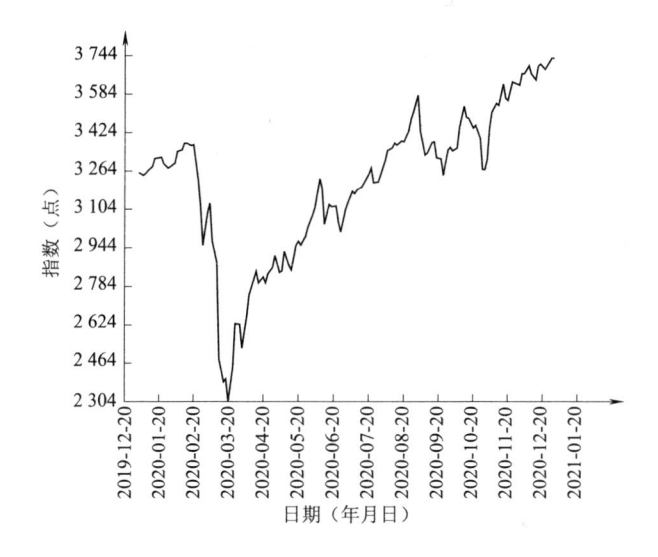

图67　2020年标普500指数的走势

2020年　　　2021年　　　2022年

投资具有持久经济优势和一流 CEO 的企业

2021 年新冠疫情持续，疫情引发的供应链中断问题在 2021 年持续发酵，导致各类商品短缺、价格暴涨，进一步推升全球通胀。

1 月 6 日，特朗普支持者冲击国会大厦，导致人员伤亡。1 月 20 日，拜登宣誓就任美国第 46 任总统，社会民生开始稳定。

受到经济复苏、政府刺激政策和企业财报的推动，美国股市表现强劲，标普 500 指数全年上涨约 27%，伯克希尔 – 哈撒韦上涨 29.57%。巴菲特在这一年的年报开篇就说从 1942 年他首次购买股票以来，始终将大部分净资产投资于股票（需要注意的是，2024 年第二季度报显示他卖出了过半苹果持仓，伯克希尔 – 哈撒韦的现金储备达到 2 769 亿美元，巴菲特持有的现金多过股票。也许是在指数连涨三年后他的思想发生了变化，或者是在合伙人芒格先生去世后他在为未来继承人做准备）。

并非股票选择者，而是业务选择者

巴菲特和芒格通过以下三种方式增加伯克希尔 – 哈撒韦股东的投资价值。

- 内部增长或收购：提高伯克希尔－哈撒韦控股业务的长期盈利能力。
- 购买优秀企业的股份：购买公开交易的良好或优秀企业的非控股部分权益。然而，当前市场上的投资机会不多，主要由于长期低利率推高了所有生产性投资的价格。
- 回购股票：通过回购伯克希尔－哈撒韦的股票来增加股东在公司中的持股比例。在过去两年，伯克希尔－哈撒韦回购了外部流通股的9%，总成本517亿美元，使长期股东拥有伯克希尔－哈撒韦所有业务的约10%。巴菲特表示，他们的胃口仍然很大，但回购将始终取决于价格。

伯克希尔－哈撒韦投资于具有持久经济优势和一流管理团队的企业。巴菲特和芒格并非股票选择者，而是业务选择者，他们注重企业的长期业务表现，而非短期市场波动。以下是伯克希尔－哈撒韦的业务四巨头。

- 保险公司集群：伯克希尔－哈撒韦全资拥有其保险公司集群，支持它们的保单承诺，扩大这些保险公司的投资资产。保险业务具有抗经济周期的特点，收入随经济和通胀增长。
- 苹果公司：伯克希尔－哈撒韦持有5.55%的苹果公司股份，高于上一年的5.39%。2021年，苹果向伯克希尔－哈撒韦支付了7.85亿美元的股息，其持股份额的利润达56亿美元。
- 伯灵顿北方圣太菲铁路公司：该公司的铁路是美国商业的主要动脉，2021年实现了60亿美元的创纪录利润，运输了5.35亿吨货物。
- 伯克希尔－哈撒韦能源：该公司在风能、太阳能和输电领域表现出色。2021年，该公司实现了40亿美元的创纪录利润，伯克希尔-哈撒韦持有该公司91.1%的股份。

现金储备

　　伯克希尔-哈撒韦的资产负债表显示，集团拥有1 440亿美元的现金及现金等价物，其中1 200亿美元以美国国债的形式持有，全部在一年之内到期。巴菲特和芒格承诺，伯克希尔-哈撒韦将始终持有超过300亿美元的现金及现金等价物，以确保公司在财务上坚不可摧，不依赖外部帮助。他们希望公司在任何情况下都保持财务稳定，让债权人、保险索赔人和股东安心。

　　在股东大会巴菲特再次提及，未来30年市值最大的企业名单可能会大变样，建议普通投资者选择投资指数基金而不是个股。

　　2021年标普500指数的走势如图68所示。

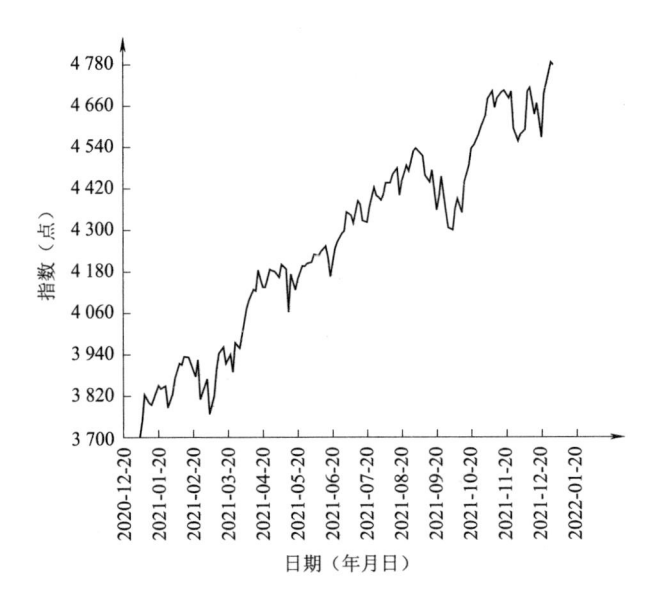

图68　2021年标普500指数的走势

思考

这一年，在新冠疫情冲击下巴菲特选择加仓和加大回购规模继续投资，而后市场的持续回暖也验证了其决策的正确性。尽管他没有抓住新冠疫情初期指数腰斩的最低位，但他长期持股和持续回购的做法还是创造出丰厚的投资回报。

投资重要的也许不是买在最低点、卖在最高点，而是持续的增长，"别人贪婪我恐惧"说起来简单，回头评论也很简单，但每个历史波动转折时的决策真的很难。

未来的人生路上，我们一定还会遇到世界级别的金融恐慌，这里面孕育着大量的机会，但也会有很多人一夜失去所有，我们该如何用规则帮自己活出属于自己的幸福人生呢？

2021年 **2022年** 2023年

投资的真相

  2022 年 2 月 24 日，俄乌冲突正式爆发，这一事件对全球格局产生了深远影响，尤其是在粮食和能源供应方面。由于战争带来的不确定性和经济冲击，全球股市在冲突爆发后出现大幅下跌。投资者对全球经济前景感到担忧，纷纷撤离风险资产。

  2022 年，通胀是影响市场的主要主题。美联储采取历史性行动，连续 7 次加息，共计 425 个基点，以应对持续的高通胀。通胀主要是由 2020 年美联储直升机撒钱，供应链中断、能源价格上涨及其他新冠疫情后经济因素推动。

  美国股市经历了自次贷危机以来最糟糕的一年。标普 500 指数全年下跌 19.44%，而伯克希尔 – 哈撒韦逆势上涨 4%。击败市场 23%

  众所周知，2022 年是超级"黑天鹅"聚集的年景，俄乌冲突导致原油、天然气价格暴涨，让本就疯狂印钱的美联储通胀率达到最高 8%。于是，美联储一路加利息导致资本市场波诡云谲。新冠疫情带来的全球地区阵痛与经济停滞，以及地区冲突下的核威胁让我们这些所谓职业投资人如履薄冰、如芒刺背，可以说 2022 年的投资是地狱难度。

加之巴菲特第三季度买了 40 亿美元台积电却在年末卖掉了 85%，这次操作并不像大家想的持有至少 10 年不卖，金额之大、速度之快实在匪夷所思。巴菲特年初持续加仓买入西方石油也成为大家谈资，"姜还是老的辣，股神还得是老巴"。在 2023 年年初《福布斯》全球亿万富豪排行榜中，巴菲特身家全球第四，达 1 093 亿美元。

在这样的年景，巴菲特会不会在年报中给予市场变动一些指引呢？或者解释一下为什么卖了过半比亚迪以及短线交易了 40 亿美元的台积电？引用真格基金联合创始人王强的原话："巴菲特的年报是我每年最期待的，简直是我的圣经，每次更新都是我的朝圣之旅，要读好几遍。"

卖出比亚迪

在芒格接受的一次长采访中，谈到巴菲特当年为什么买了比亚迪，这也许就是卖出的真相。

被问及为何投资比亚迪时，芒格解释道："首先，比亚迪是一家每年收入达 40 亿美元的中型企业，生产的是未来人类必需的产品。无论是公司的创始人王传福，还是团队里的博士，甚至整个中国社会，都在非常努力地工作，并且不断进步。中国人是一个伟大的群体，多年前他们曾以铁路工人等身份来到我们国家，没几年就凭自己的努力成为各城镇的重要且受人尊敬的人物和领导者。我们看好这门生意和这个国家。"

2008 年，芒格以 8 港元/股的价格，用大约 2.4 亿美元买入比亚迪 10% 的股份。时至今日，比亚迪的股价已升至约 200 港元/股，14 年间其投资最高赚了 30 倍（截至 2024 年 6 月 19 日，伯克希尔 - 哈撒韦从最初持股 2.2 亿股降至 1.3 亿股；2022 年 8 月 24 日首次减持比亚迪以来,伯克希尔－哈撒韦持股比例从 19.92% 下滑至如今的 5.99%,期间股价从 300 港元/股以上回落到 200 港元/股以下,伯克希尔－哈撒韦以定期抛售的形式卖出了大半持股)。

我们现在复盘看芒格当年并没有买在 2008 年最低价 6 港元/股,而是以 8 港元/股的价格买了 10% 的股份,随后很快涨到 88 港元/股,近 10 倍的涨幅也没让芒格抛售一股,巨幅过山车跌到 2011 年的 10 港元/股。

尽管最高价到最低价回撤 87.6%,但这个配置对巴菲特的仓位来说仅占几百分之一,所以不担心回撤风险,我个人猜测也许是因为仓位不重所以他们也并不太在意,如果投入百亿美元的企业在一年多的时间里涨了 10 倍他们一定会考虑卖出,短期"别人贪婪我恐惧"是他们秉承的投资信仰。

遇到这么奇怪的暴跌,芒格也没有被吓破胆。当年说看好这项未来人类必需的产品,陪伴这门生意和这个国家。直到 2020 年股价也还在 40 港元/股徘徊,而伴随着电池技术的成熟,一次充电行驶里程数和用户体验不断跃升,第一性原理终于从量变到质变,中国新能源车占比从 2020 年的 5% 升至 2023 年第一季度的 40%,比亚迪股价自然是伴随着行业成长而鱼跃龙门,投资者也赚得盆满钵满。

芒格在采访中盛赞了比亚迪及其管理团队,"在中国只有比亚迪才能和特斯拉匹敌"。那么问题来了,既然他这么喜欢,为什么要在这个时候选择卖出持有十几年,并且私交频繁、盛赞有加的比亚迪呢?

他的原话是:"太贵了,比亚迪现在 50 多倍的估值太贵了,比奔驰还贵。"如果不深入了解巴菲特和芒格的投资思路,投资者会觉得这句简短的评价自相矛盾,因为比亚迪的 P/E 常年都在几百倍,如果单纯看历史 P/E,此时并不是高位(见表 3)。

表3　比亚迪 P/E 年度数据（TTM）

2012-12	2013-12	2014-12	2015-12	2016-12	2017-12	2018-12	2019-12	2020-12	2021-12
678.33	163.83	211.94	57.5	26.43	46.46	54.84	95.34	132.18	252.94

根据巴菲特和芒格多年来的投资思路，我猜测他卖出比亚迪的真实原因是，当年买入是看好新能源汽车十几年后可以改变汽车行业格局，寻找到确定的、高速增长的地区并拥有优秀管理层的伟大企业是价值投资的精髓。所以在次贷危机时大幅抄底了比亚迪。而14年过去了，当时年销量只有20万辆的小众汽车品牌现在已经是年销量200万辆占中国新能源车市场30%份额的巨无霸了，可一个品牌占到行业30%也几乎是上升空间有限了。

再看中国和世界新能源车市场现在的市占率：中国约40%，欧洲约20%，美国约10%。未来十年，最乐观的分析师也觉得最多实现翻倍，而全球汽车市场的销量每年平均只有2%的增长。所以芒格当年是看好行业而买了最靠谱的企业，现在是觉得行业增速会开始放缓，而企业的占有率饱和，所以选择卖出定抛，把比亚迪股份从333港元/股一路砸到最低161港元/股。

这笔投资赚到了行业崛起的钱，赚到了企业成长的钱，享受了当年预测的未来，符合人类需要新能源车的美好愿景，更受益于中国人的勤勉和高效。

我们投资要学习巴菲特和芒格的思路，着眼未来人类文明变迁与行业兴衰更替。

所有权形式

巴菲特和芒格将伯克希尔-哈撒韦的资金分配归为两种所有权

形式。第一类所有权是他们投资于自己控制的企业，通常是100%的收购。伯克希尔-哈撒韦对这些子公司进行资本配置，并挑选出负责日常运营的首席执行官。伯克希尔-哈撒韦对信任的强调达到一种极端的程度，容忍度为零。

第二类所有权是购买公开交易的股票，通过这些股票被动拥有企业的一部分，对管理没有发言权。持有这些股票的目的，是对具有长期良好经济特征和值得信赖的管理者的企业进行有意义的投资，而不是短期买卖。巴菲特和芒格选择的不是股票，而是公司。

这些年来，巴菲特也犯了很多错误，伯克希尔-哈撒韦的投资组合中包括少数真正具有非凡经济效益的企业、许多享有良好经济特征的企业以及一大群处于边缘地位的企业。资本主义创造了越来越多的输家，同时也提供了大量改进的商品和服务。熊彼特称这种现象为"创造性破坏"。

公开交易市场的一个优势是，偶尔可以以极好的价格买进一些极好的企业。股票交易的价格往往离谱，有时高得离谱，有时低得离谱。有效市场只存在于教科书，控股企业则几乎从来没有便宜的估值。

> 现在来看，我的成绩单只是平平。在伯克希尔-哈撒韦58年的运营中，我的大部分资本配置决策都不怎么样。在某些情况下，我的一些坏棋被大量的运气挽救了。还记得我们从美国航空公司和所罗门兄弟公司的灾难中逃生吗？我确实逃脱了。
>
> 令人满意的业绩来自十几个真正正确的决策——大约每五年一个。

秘方

1994年8月，伯克希尔-哈撒韦完成对可口可乐公司4亿股股票的收购，花了7年时间，总成本为13亿美元。1994年伯克希尔-哈撒韦从可口可乐公司获得的现金股息是7 500万美元。到2022年，股息增加到7.04亿美元。巴菲特和芒格预计股息将继续增加。

美国运通的情况大致相同。伯克希尔-哈撒韦对美国运通的收购基本是在1995年完成的，耗资13亿美元。这项投资的年度股息从4 100万美元增加到3.02亿美元。巴菲特和芒格预计这一股息也将继续增加。

这些股息收益虽然令人满意，但远非壮观。然而，它们带来了股票的重要收益。截至2022年年底，伯克希尔-哈撒韦投资可口可乐的价值为250亿美元，而投资美国运通的价值为220亿美元。

58年和几个数字

1965年，伯克希尔-哈撒韦拥有一家历史悠久但注定失败的新英格兰纺织企业。随着这项业务走向消亡，伯克希尔-哈撒韦需要重新开始。1967年，伯克希尔-哈撒韦将资源转移到保险和其他非纺织业务上，开始了新的旅程。这是一条崎岖不平的道路，涉及所有者的持续储蓄、复利的力量、重大错误规避以及美国国运。

2022年年底，伯克希尔-哈撒韦是标普500指数成分股中8家巨头的最大所有者：美国运通、美国银行、雪佛龙、可口可乐、惠普公司、穆迪、西方石油和派拉蒙环球。伯克希尔-哈撒韦还拥有伯灵顿北方圣太菲铁路公司100%的股份和伯克希尔-哈撒韦能源92%的股份。伯克希尔-哈撒韦的10家控股和非控股巨头使其比任何其他美国公司更广泛地与美国经济未来保持一致。

巴菲特表示，伯克希尔－哈撒韦将始终持有大量现金和美国国债以及广泛的业务，并持有大量现金应对金融市场的恐慌。首席执行官将永远是首席风险官。伯克希尔－哈撒韦没有终点线。

美国的活力对伯克希尔－哈撒韦的成功至关重要。巴菲特已经投资了 80 年——超过美国历史的 1/3。

没有什么比拥有一个伟大的合作伙伴更好

巴菲特和芒格的想法很相似。巴菲特需要一页纸来解释的内容，芒格常用一句话总结。此外，芒格的版本总是推理更清晰，表述也更巧妙，以下是芒格的一些想法。

- 世界上到处都是愚蠢的赌徒，他们的表现不如耐心的投资者。
- 希望能知道自己最后会死在哪里，然后打死都不去。
- 如果你不在乎自己是否理性，你就不会努力，那么你将保持非理性并得到糟糕的结果。
- 耐心是可以学习的。注意力持续时间长，能够长时间专注于一件事是一个巨大的优势。
- 你可以从历史人物身上学到很多东西。阅读你钦佩和厌恶的历史人物。
- 如果你能游到适合航海的地方，就不要在正在下沉的船上抛锚。
- 一个伟大的公司在你离开之后照常运转，一家平庸的公司不会如此。
- 沃伦和我并不关注市场泡沫。我们寻找好的长期投资，并顽固地长期持有它们。

- 投资没有 100% 确定的事情。因此，使用杠杆是危险的。一串奇妙的数字乘以零将永远等于零。不要指望一夜暴富。
- 如果你想成为一个伟大的投资者，你必须不断学习。当世界变了，你必须改变。

巴菲特在芒格的名单上添加一条自己的规则：找一个非常聪明的高级合作伙伴——最好比你年长一点，然后你要非常仔细地听他说什么。

在这封致股东的信中，巴菲特没有提到台积电、西方石油和比亚迪，也许是因为巴菲特不习惯在还没完成交易时对持仓有任何评价，要等他交易完成后才会有所诠释。

2022 年标普 500 指数的走势如图 69 所示。

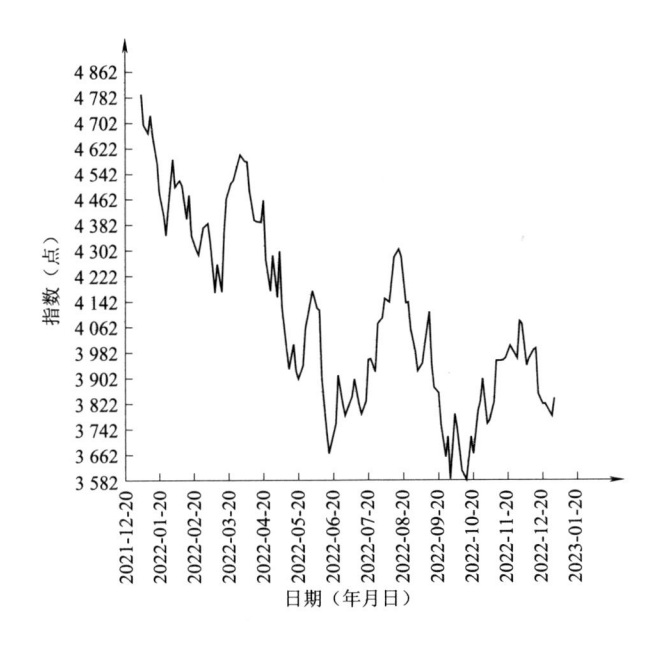

图 69　2022 年标普 500 指数的走势

思考

这一年的致股东的信篇幅比之前稍短，在黑天鹅频出的年景里巴菲特竟然丝毫没提到地缘政治冲突、新冠疫情、通胀、加息缩表，或是对未来的预判，字里行间只传达寻找伟大的企业这几个字。你觉得这是为什么，是因为这些事情长期不重要吗？还是这些因素并不在巴菲特的思考范围之内？

2023年

功成不必在我，而功力必不唐捐

2023年年底，查理·芒格先生去世了。在股东大会上，巴菲特缅怀了芒格，解释了巨额现金储备、抛售苹果等决策，展望了公司的未来。巴菲特在股东大会上的说话速度明显比上一年慢了很多。

93年的投资智慧

第一，查理·芒格。在大会正式开始之前，巴菲特用一段开场影片致敬去世的查理·芒格先生，并回忆道："我俩都以尽可能让自己开心的方式生活，查理非常喜欢学习，刚才的短片中也提到了，他对好多事物感兴趣，我们在一起度过的时间甚至比独处要更加开心。他活了99.9岁，除了从军的时候，他从来没有自己出去锻炼过。他根本没有想过自己吃得营不营养、健不健康，但还是活了99.9岁。"然后，巴菲特独自呢喃："不知道我哪一天会离开，这也是一个很大的幸事。"

第二，2 000亿美元巨额现金。我们现在可以投资的钱比以前更多，这是我们的常态。而且我觉得是合理的，可预测的。持有的现金包括美国国债在第一季度结束时到达约2 000亿美元，这个钱我们想要花，但是花的话，我们一定要找到合适的标的。希望风险足够小，回报足够大。相对于股票市场上的可用资金，以及世界各地的冲突，持有大量现金具有吸引力。

第三，减持苹果。当被问及是否认为苹果的投资魅力较2016年有所下降时，巴菲特的回答有些回避，先说持有的是公司而不是股票，跟一开始抛售比亚迪一样说这家公司还是非常优秀，随后直言：抛售苹果源于希望避免未来高得多的税率，而非对其长期前景判断。

如果美国的企业所得税率调涨以应对财政赤字，美股抛售潮会随之而来吗？2017年时任美国总统特朗普颁布的税收改革，将美国的企业所得税率从35%降至21%，同时还做出了一系列其他变革，这些相关减税措施将要到期，2025年将开启税务讨论，讨论的内容包括是否调整企业所得税率，拜登呼吁将企业所得税率提高到28%。因此，巴菲特暗示卖苹果股票是赶在2025年美国政府税务谈判之前进行。

巴菲特的操作一向具有风向标意义，比如2023年美国银行危机前抛售了持有多年的银行股。如果企业所得税率提高，必然导致公司的盈利能力下降，即使P/E不变，由于盈利变少了，股价也会跟随下跌。可能巴菲特认为苹果未来的涨幅不足以抵销未来税收的增长，那么这其实就暗示了他对苹果未来股价的态度。

第四，亏损清仓派拉蒙全球。派拉蒙全球是一笔亏钱的投资，巴菲特承认他负全责，伯克希尔-哈撒韦于2022年第一季度买入该公司，在2022年就跌了44%，之后在2023年再跌12%。2024年巴菲特选择清仓，他并没有具体解释公司哪里不好，而是说这个决定让他更深入地去思考，人们在闲暇时间会做什么，运营一个娱乐公司的原则是什么，不管是体育类还是电影类的，在以前的采访中，巴菲特就表示，流媒体公司有太多竞争者，导致价格战，巴菲特最后说，这笔投资让我更聪明了，也让我更穷了。

其实巴菲特有很多笔亏损的投资，上笔亏损是在2016年买入航空股，然后在2020年清仓。这些投资都反映巴菲特对股市也会有误判，也会在遇到突发事件的时候不知所措，比如航空股他就卖在最低点，但每次错误都会让他去反思，从上面巴菲特反思的问题，也能看出他问的问题更本质，从一个企业如何能够成功的角度出发，来指导下一步的投资。

第五，美债和美元无法被替代。当被投资者问及，美国国债规模已经是次贷危机前的6倍，债务规模的快速扩张是否存在风险，巴菲特回答道："最乐观的猜测是，美国国债在很长时间内都会被市场接受，因为除了美国国债没有其他更好的选择，考虑到通胀威胁全球经济状况，以及美元作为世界主要储备货币的地位等各方面因素，美国国债的规模并不算特别大，问题不是美国国债的绝对规模在威胁美国金融体系，而是通胀和未来的美元价值在威胁整个系统，所以，我不担心美国国债供应的绝对数量有多少，而是担心财政赤字的前景。美联储需要立法者的帮助，来控制美国不断增长的赤字。"

第六，为何增持化石能源。在被问及在拉斯维加斯，太阳这么好的地方，为何还要继续投资化石能源时，阿贝尔表示："当你考虑能源部门内正在进行的转型时，我们正在从传统资源转向可再生资源，但这种转变不会一夜之间发生，这种转变将需要许多年，而且当我们使用像太阳能或风能这样的可再生资源时，它们是间歇性的，我们需要尝试将其与电池混合使用，但目前还做不到完全从碳资源转型。"巴菲特则附议："我们有足够的资金来实施它，但有些事情确实需要一定的时间，若储能技术无法突破，太阳能永远不会是唯一的电力来源。"

第七，首次确认阿贝尔将完全接管投资决策。巴菲特说自己现在每天只工作两个小时，很快整个投资流程就会完全交到团队手中，资本配置应完全由阿贝尔来负责，"我不希望有几百个人每人管理十亿美元，我的阅读速度、体力和工作效率都在下降，比 30 年前低了很多，如果子公司管理层有更好的人去汇报工作，为什么要来找我。"

第八，如果只有 100 万美元和年轻的身体该如何投资。之前巴菲特就说过，如果给他 100 万美元，他能做到年化 50% 的回报率。巴菲特说："如果是我，我会拿起相当于以前的穆迪手册，然后开始一页一页地看，找那些有吸引力的小公司，你必须热爱这个游戏，这个找到低谷股票的游戏，不能只是为了钱，而要把公司所属行业摸透。"

问答环节的最后，巴菲特以一句俏皮的告别语结束，他笑着说："我不仅希望你们明年来，我希望我明年也能来。"

资本市场宏观情况

2023 年是资本市场的好年景。2022 年，美国经历了较严重的通胀。美联储为了压制通胀，避免像 20 世纪 80 年代那样对经济造成损害而连续加息，利率从 2022 年 3 月近乎 0 加到 2023 年 8 月的 5.25%～5.50%（见图 70）。

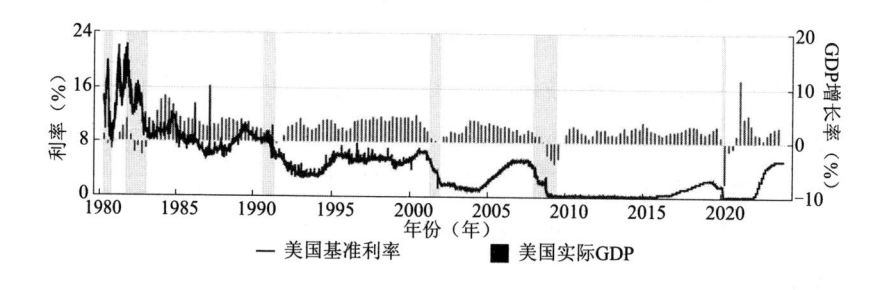

图 70　美国基准利率

然而资本市场却渐渐适应了高利率的压力，从 2022 年的下跌中慢慢重拾升势。2022 年标普 500 指数下跌 18%，2023 年全年却上涨了 26%。在利息如此之高，通胀也没被有效控制的情况下，经济增长依旧没有放缓，堪称当代经济学奇迹。

巴菲特也不是没有看到 AI 芯片的机会，他在 2022 年的一个季度内买了 40 多亿美元的台积电，如果持有时间再久些可以翻倍，可惜下一个季度他就清仓 90%。持仓近 50% 的苹果公司可能也让巴菲特觉得没必要再选择其他。可惜苹果公司一如既往的慢市场一步，美中不足的是迟迟未推出自己的 AI 产品。

2023 年，新冠疫情影响减退，人们生活重回正轨，巴菲特在上半年高利率环境下觉得商业银行会承压，抛售了大量银行股，使其第三季度免受净值波动的困扰。也许因为经历过 20 世纪 80 年代高通胀对经济的持续性伤害，巴菲特整体偏向保守，手握巨额现金、持有稳健的好企业，让其 2022 年跑赢市场 22%，却在 2023 年市场大涨时跑输 9%。

下面我们来看 2023 年伯克希尔－哈撒韦致股东的信精彩部分。

致 / 股 / 东 / 的 / 信

在伯克希尔－哈撒韦，我们的目标设定范围更有限：那些信任伯克希尔－哈撒韦，并将他们的积蓄托付给伯克希尔－哈撒韦，且没有预期将来会转售这些股份的投资者（在态度上类似于那些希望通过储蓄来购买农场或租售房产的人，而不是喜欢用多余资金购买彩票或热门股票的人）。

专家永远应该被忽视。毕竟，如果有能够可靠预测明天的人生赢家，他会随意分享宝贵见解，并增加竞争性购买吗？这就好比找到了金子，然后把标明金子位置的地图递给邻居。

1942年3月11日（我第一次购买股票的日子）以来，我不记得有任何一段时间，我没有将大部分净资产投入股票中。到目前为止，一切都很顺利。在那个命运多舛的1942年的一天（巴菲特12岁），我"扣动扳机"的那一刻，道琼斯工业平均指数跌破了100点。放学时，我损失了大约5美元。很快，情况发生了逆转，现在该指数徘徊在38 000点左右。他们所需要做的就是静静地坐着，不听任何人的话。

伯克希尔-哈撒韦的目标很简单：我们希望拥有全部或部分经济效益良好、基本且持久的企业。在资本主义中，一些企业会长期蓬勃发展，而另一些则会被证明是个"无底洞"。要预测哪些企业会成为赢家、哪些会成为大输家比你想象的要困难得多。那些声称他们知道答案的人要么是自欺欺人，要么就是江湖郎中。我们特别青睐那些未来能够以高回报率投入额外资本的稀有企业，拥有一家这样的公司，然后静静地坐着，几乎可以创造无法估量的财富，甚至持有者的继承人也可以过上一辈子的悠闲生活。我们也希望这些受青睐的企业由能干和值得信赖的管理者运营，这更难做出判断。伯克希尔-哈撒韦在这方面也有过失望。

人不是那么容易被看透的，真诚和同情很容易被伪造，现在和几百年前一样。

所有的股票回购都应该取决于价格。如果以高于商业价值的价格回购股票，那么明智的做法就会变得愚蠢。

可口可乐和美国运通给我们的启示是什么？当你发现一家真正出色的企业时，请坚持投资下去。耐心总是有回报的，选择一家出色的企业可以对冲许多不可避免的糟糕决策。

偶尔的情况下，市场和/或经济会导致一些基本面良好的大型企业的股票和债券出现明显的错误定价。的确，市场机制能够也必将在不可预测的情况下失灵甚至消失，就像 1914 年的 4 个月和 2001 年的几天那样。如果你认为现在投资美国比过去更稳定，那就回想一下 2008 年 9 月的情况。通信的速度和技术的奇迹使世界范围内的即时瘫痪成为可能，自烟雾信号以来，我们已经走了很长一段路，这种突然的恐慌不会经常发生，但它们会发生。

伯克希尔 – 哈撒韦能够以巨额资金和业绩的确定性迅速应对市场动荡，这偶尔会给我们提供巨大机会。虽然股票市场比我们当初进场时大得多，但今天的活跃市场参与者既不比我在学校时情绪更稳定，也不比我在学校时受过更好的教育。不管出于什么原因，现在的市场表现比我年轻时更像赌场，赌场现在存于许多家庭中，每天都在诱惑着居民。

金融活动中的一个事实永远不应该被忘记。华尔街——用这个词的比喻意义来说——希望它的客户赚钱，但真正让它的客户热血沸腾的是狂热的活动。在这种时候，任何一样可以被推销的愚蠢的东西都会被大力推销，不是每个人都这么做，但总有人这么做。

伯克希尔 – 哈撒韦的一条投资规则从未改变也不会被改变：永远不冒资本永久性损失的风险。得益于美国的顺风和复利的力量，如果你在一生中做出了几个正确的决定，避免了严重的错误，那么我们经营的领域将一直得到回报。

2023 年前三季度伯克希尔 – 哈撒韦的业绩其实并不出彩，公布的年报中，由于保险业务的巨大增长，第四季度营业利润大幅增长。伯克希尔 – 哈撒韦第四季度的净利润为 375.74 亿美元，税后营业利润增长了 28%，达到 85 亿美元，2023 年的净利润为 962.23 亿美元，每股收益为 6.6412 万美元，第四季度现金储备甚至达到 1 676 亿美元。1967 年伯克希尔 – 哈撒韦的现金规模是 1 600 万美元，而今天则超过 1 600 亿美元，就目前的现金等价物美国国库券头寸来看，远超必要水平，巴菲特称，类似次贷危机的恐慌虽然不会经常发生，但是一定会发生，而我们能够以巨额资金和确定性的业绩，快速应对市场波动，我们有一条以前没有变，以后也不会改变的投资规则，绝不冒永久性资本损失的风险。

年报显示，截至 2023 年 12 月 31 日，公司持仓的公允价值总额的约 79% 集中于美国运通、苹果、美国银行、可口可乐、雪佛龙。另外，公司 2023 年的回购总额为 92 亿美元，高于 2022 年的 79 亿美元，但低于 2021 年创纪录的 271 亿美元。

2023 年 11 月，查理·芒格先生去世了，巴菲特在致股东的信开头称其为永远的伯克希尔-哈撒韦建筑师，巴菲特本人则像是公司的总承包商，每天将芒格的愿景付诸实施，在某种意义上，芒格既像哥哥，也像慈父。

巴菲特称，可口可乐和美国运通，分别只占伯克希尔-哈撒韦净值的 4%~5%，但意义重大，它们通过盈利和分红的增长带来回报，巴菲特预计这两家公司 2024 年将继续增加派息，而且他肯定不会改变持股。这些企业有点像巴菲特提倡的"现金奶牛"，持续不断产生的现金使他在当下可以吃到稳定的美国国债利息，如果市场发生剧变他也能够快速以低价购入股票，拿桶去接天上掉下来的金子。

巴菲特看好西方石油公司在美国持有的大量油气资源，以及它在碳捕集方面的领先地位，将无限期保持对西方石油的投资，但是对于收购和管理西方石油公司没有兴趣。

在信中巴菲特承认，伯灵顿北方圣太菲铁路公司上一年由于收入下降，导致盈利下降幅度超出了预期，虽然燃料成本也有所下降，但华盛顿颁布的工资涨幅却远远超出了国家的通胀目标，而且这种差异可能会在未来再次出现。不过，巴菲特称，国家的发展离不开铁路，而铁路行业的资金需求始终是巨大的，因此百年之后，伯灵顿北方圣太菲铁路公司仍将是美国和伯克希尔-哈撒韦的重要资产。此外，对于曾被巴菲特赞誉为四大掌上明珠之一的伯克希尔-哈撒韦能源公司，巴菲特在致股东的信中提到，我犯了一个代价高昂的错误，没有考虑到公用事业的行业监管会不利于公司发展。

让我们看一下，巴菲特的接班人格雷格和阿贝尔。93岁高龄的巴菲特，早在2021年伯克希尔-哈撒韦的年度股东大会上，就确认阿贝尔将接替他成为企业的首席执行官，现年61岁的阿贝尔，目前是伯克希尔-哈撒韦非保险业务副董事长，负责这家美国第八高市值的公司的所有非保险业务（保险业务多年来一直由阿吉特·贾因主理），包括铁路、汽车公用事业、制造和零售业的近100家公司。

阿贝尔于1962年出生在加拿大的阿尔伯塔省，从阿尔伯塔大学获得会计学学士学位后，在普华永道担任注册会计师，开启了他的职业生涯。1992年，30岁的阿贝尔离开普华永道旧金山办事处，加入一家小型电力公司，并于1998年升任总裁一职，之后，这家小型电力公司经过多轮扩张，最后演变为后来的伯克希尔-哈撒韦能源公司。

阿贝尔于2008年成为伯克希尔-哈撒韦能源公司的首席执行官，在阿贝尔的带领下，短短十年就发展为一家专注于煤炭、天然气、水力发电、风能、太阳能、地热能和核能的综合性能源公司，拥有约2.4万名员工，2022年的收入超过250亿美元。阿贝尔于2018年担任伯克希尔-哈撒韦能源公司董事长一职，同时在伯克希尔-哈撒韦董事会获得席位，并被任命为该集团非保险业务副董事长，在进入后，阿贝尔参与了公司的一些重大收购，包括2005年收购太平洋电力公司，2013年收购内华达公用事业公司，以及2020年收购道明尼能源公司的管道业务，阿贝尔还创办了一家小型房地产经纪公司,这家公司现在是伯克希尔－哈撒韦最成功的持股之一。已故的芒格对他的评价是,"阿贝尔在成为商业领袖方面非常出色,无论是作为思想家,还是作为实干家。他也是一台庞大的学习机器,可以说他在学习各种东西方面和沃伦一样出色"。巴菲特本人对阿贝尔也有非常高的评价:"阿贝尔和我一样了解资产配置,这对我们来说很幸运,我认为他在与我相同的框架内做出这些决定,我们已经制定这个框架 30 年了,既聪明又厚道还务实。"

巴菲特现在是伯克希尔－哈撒韦首席执行官、董事长兼投资主管,在他卸任后,这些职位将由包括阿贝尔在内的几个人担任,巴菲特的两名投资副手将负责伯克希尔－哈撒韦庞大的投资组合,而巴菲特长子霍华德可能成为非执行董事长,届时伯克希尔－哈撒韦将迎来迥然不同的管理风格。

巴菲特是一个喜欢站在聚光灯下的投资人,而阿贝尔行事则更加低调,不过他不会像巴菲特那样几乎不干涉公司的运营,反而将更多地成为一位亲力亲为的管理者,目前尚不清楚旗下公司高管,是否会像对待巴菲特那样渴望与阿贝尔打交道。过去 50 年,伯克希尔－哈撒韦以其独特的投资理念和投资公司定位而闻名,稳健成了其主基调,而在接下来的时间内,它可能更专注于做一家运营公司,通过提高运营效率和盈利能力来实现自身的增长,或许对股东更加友好。

当前宏观环境对巴菲特十分友好,大量资金受益于温和通胀的资产端,伯克希尔－哈撒韦持有的所有资产类型的统一特征是,物价上涨我就上涨,包括喜诗糖果、可口可乐、吉利、冰雪皇后,等等。巴菲特加仓的能源股,这些资产都是顺通胀的,随着物价上涨,这些公司的收入自然而然地上涨,并且由于品牌效应,收入增长得更快。当然,自始至终,巴菲特的超额回报底层来源,都是美国经济发展更加强大。

66年，26万倍

市面上能找到的巴菲特年报是从1977年开始的，而他其实在1956年就回到家乡创业理财了。1956年年中开始创业所以不能算一整年，他自己回忆说那半年他击败了市场4%，赚了大概4 500美元。从1957年开始是有完整记录的，如表4所示。

表4　巴菲特1957—1964年业绩

年份	巴菲特回报率（%）	标普500指数回报率（%）
1957	10.4	−14.3
1957—1958	55.6	18.3
1957—1959	95.9	28.3
1957—1960	140.6	24.5
1957—1961	251.0	53.3
1957—1962	299.8	35.2
1957—1963	454.5	60.7
1957—1964	608.7	81.6

算上分红，1957—1964年股票指数涨了约82%，而巴菲特代客理财赚了约609%。1965—2023年的伯克希尔-哈撒韦有清晰记录显示（见表5），股票指数算上分红58年涨了约30倍，而巴菲特赚了4万多倍。通过数学计算可知，巴菲特职业理财生涯1957—2023年，这66年间赚了26万倍。

表5　巴菲特1965—2023年业绩

年份（年）	伯克希尔－哈撒韦每股市值年增长率（%）	标普500指数年增长率（%）
1965	49.5	10.0
1966	（3.4）	（11.7）
1967	13.3	30.9
1968	77.8	11.0
1969	19.4	（8.4）
1970	（4.6）	3.9
1971	80.5	14.6
1972	8.1	18.9
1973	（2.5）	（14.8）
1974	（48.7）	（26.4）
1975	2.5	37.2
1976	129.3	23.6
1977	46.8	（7.4）
1978	14.5	6.4
1979	102.5	18.2
1980	32.8	32.3
1981	31.8	（5.0）
1982	38.4	21.4
1983	69.0	22.4
1984	（2.7）	6.1
1985	93.7	31.6
1986	14.2	18.6
1987	4.6	5.1
1988	59.3	16.6
1989	84.6	31.7
1990	（23.1）	（3.1）
1991	35.6	30.5
1992	29.8	7.6
1993	38.9	10.1
1994	25.0	1.3
1995	57.4	37.6

(续表)

年份（年）	伯克希尔-哈撒韦每股市值年增长率（%）	标普500指数年增长率（%）
1996	6.2	23.0
1997	34.9	33.4
1998	52.2	28.6
1999	(19.9)	21.0
2000	26.6	(9.1)
2001	6.5	(11.9)
2002	(3.8)	(22.1)
2003	15.8	28.7
2004	4.3	10.9
2005	0.8	4.9
2006	24.1	15.8
2007	28.7	5.5
2008	(31.8)	(37.0)
2009	2.7	26.5
2010	21.4	15.1
2011	(4.7)	2.1
2012	16.8	16.0
2013	32.7	32.4
2014	27.0	13.7
2015	(12.5)	1.4
2016	23.4	12.0
2017	21.9	21.8
2018	2.8	(4.4)
2019	11.0	31.5
2020	2.4	18.4
2021	29.6	28.7
2022	4.0	(18.1)
2023	15.8	26.3
1965—2023年复合回报率	19.8	10.2
1964—2023年总回报率	4 384 748	31 223

注：统计数据的具体时间为整个公历年。除1965年和1966年统计至9月30日。1967年统计的是至12月31日的15个月的数据。

无限游戏，高山仰止，景行行止。巴菲特坚信优质的公司必然会创造价值，他总能发觉那些被低估的优质企业，并长期持有，等待价值释放，伯克希尔－哈撒韦的成功告诉我们，投资不是一场赌博，而是一门艺术。

2023年标普500指数的走势如图71所示。

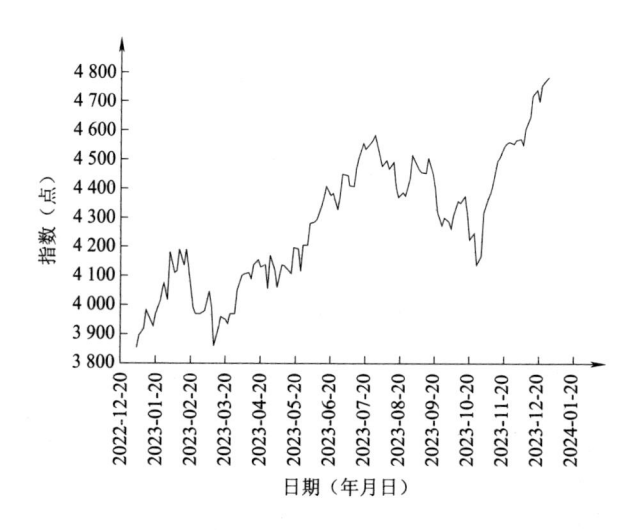

图71　2023年标普500指数的走势

思考

2023年和2024年上半年是美股少有的大牛市。2024年6月13日，苹果公司再次夺回美股市值第一。我们在学习巴菲特的长赢之道时，也羡慕苹果这样市值上万亿美元的大公司。相信我国的经济总量很快就能达到世界第一，并且在发展的过程中，不仅要大，更需要强。这可能需要几代人的努力，愿你我从自身出发，从现在开始。

跋

感谢读到这里！你是不是也跃跃欲试想要开启属于你自己的全盛时代——"三十年一千倍，六十年十万倍"？

在你觉得"书上得来终觉浅"，准备"绝知此事要躬行"之前！请务必听我一言：人生最重要的不是投资资本市场，而是投资我们自身，能复利的也不只是钱，还有你的工作经验、人脉、行业认知和社会地位。

对年轻的投资者来说，重要的事情并不是投资，而是尽快提高年薪。

因为不是每个人都能成为职业投资者并靠吃金融交易这碗饭生活，这里面涉及性格、成长环境、认知、爱好等很多因素，成功的概率实在是太低了，就算是职业玩家，无法击败市场而亏钱的也不是少数。

但好在你不需要成为职业交易者也能获得长期最大回报，当你在自身领域通过升职加薪而穿越阶层的时候，你自己对世界的认知和心态也会慢慢发生转变，理财应是辅助，用闲钱理财才可能走得长远。当你有一定积累（不单单是钱，也是认知）的时候你会如虎添翼。

我还想多唠叨几句：永远只买确定性未来，而不是便宜！

巴菲特出生于 1930 年，出生没多久就发生了美股崩盘，他父亲作为股票经纪人失业了，只能在经济大萧条下回老家帮忙打理杂货店。1920 年的镀金时代到 1929 年开始崩盘，随后 1931 年本杰明·格雷厄姆半价抄底，但到 1932 年破产，世界经济强国的股市如同绞肉机一般，并伴随着两位数的失业率和持续大萧条，这对巴菲特父亲那一代人的打击是巨大的（见图 72）。

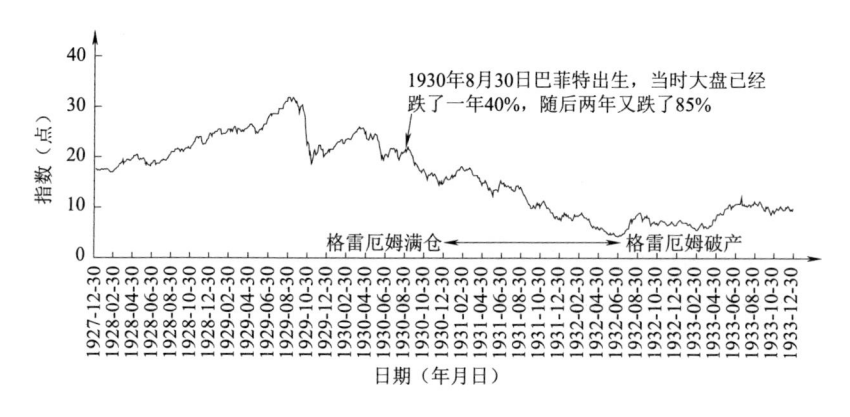

图 72 1927—1933 年道琼斯工业平均指数走势

而我们这一生未来几十年也一定会遇到很多次市场腰斩的时刻，我们会经历各式各样的不顺。虽然人类会战胜这些短期的困难，未来将长期看涨，但短期内我们账户亏得每一分钱也都是我们辛辛苦苦赚来的，所以请切记：君子不立危墙之下！当系统性不可逆风险来临，敬畏市场和不确定性有助于我们走完这幸福的一生。

还是要再次提示风险，大家还记得 1975 年巴菲特连续跑输市场，亏损近 6 成本金吧，那时候芒格借钱炒股而致破产，后来才有了与巴菲特的紧密合作。随后 1987 年股市闪崩，巴菲特最多亏掉

37%。2000 年巴菲特没买互联网，被媒体嘲讽，股价也跌了一半，随后的 2008 年虽然巴菲特成为首富，但市场低点时身家也曾腰斩，浮亏超过一半。所以我们一定要明白投资股票市场是有巨大风险的，需要先明白我们未来将经历什么，必须谨小慎微、如履薄冰地思考和抉择，不要用自己无法承担的钱去投资，小心才能使得万年船。切记：投资是为了改善我们生活，保护我们家人，不要本末倒置。

以上是对投资的风险提示，最后再说一点，也是最为重要的一点：你一定要相信自己可以，坚持自己的梦想并用自己的努力去圆梦，不要听信任何人对你说的你不行。

1955 年，巴菲特想辞职创业、代客理财的时候，他的导师——伟大的"价值投资之父"格雷厄姆，1932 年曾亏光破产，后来好不容易再次富有。那么，30 年金融交易经验的从业者，亲生父亲给当时巴菲特的建议是什么呢？

> 不要做股票经纪人去推销股票，更不要自己创业代客理财，自己的钱不要都放到股票里，现在股价实在是太高了，历史上从来没有过这么高的价格，你最好不要现在喊别人或自己买股票，赚不到钱的，你最好就在格雷厄姆合伙人公司认真工作，或者去市政服务类公司工作两年积累商业经验，等标普 500 跌回到 30 点附近，风险少一些了再入市。

而格雷厄姆更是在一年后——1956 年直接宣布退休，把自己的钱撤出了金融市场，以身作则规避股价过高风险！

那一年巴菲特 26 岁，他面对自己的导师与亲生父亲的劝谏，不可能不迷茫！然而，年轻的巴菲特没有迟疑，毅然在格雷厄姆退休后拒绝合伙人的邀请，辞职回家专职代客理财，开始了近 70 年

跋

的全盛时代，不仅给投资者带来了巨大的财富效应，而且让我们从迷雾中看到了清晰的灯塔，践行真正的价值投资！

感谢巴菲特没有听从父亲与恩师的建议，否则我们可能见到的只是一个普通的商人，而看不到如此长的坡和这么厚的雪滚出的一整个时代，而且这个时代还远没有完结！

从 1965 年开始算，巴菲特的伯克希尔 – 哈撒韦公司的财富增长年化表现为 19.8%，比标普 500 指数的 10.2% 高了近一倍，与他 1956 年致合伙人的信的远景目标一致，这个一致他用近 70 年做到了。而他自己回忆说，十几岁到 26 岁创业代客理财之前的投资回报率更是比指数高得多。

怎样的回报目标是可行的呢？

把"这个月翻倍"当作目标的人，一年内亏光的概率极大，甚至未来某天亏光几乎是确定的。但每日阅读 10 小时以上，甚至连吃饭、遛弯都在思考如何更好投资的人，每年努力追求 20% 的平均正回报率的目标是不是可期呢？

巴菲特近 20% 的年化回报率在各大投资名家中不算高，但是他回撤低、不破产、能够持续复利创造正阿尔法值！于是这么多年过去了，他还是金融世界首富。做空世界之辈也好，数字搏击也罢，哪怕是诺贝尔经济学奖得主、期权定价模型提出者都远远不及其项背。

穿越时间往回看，巴菲特应该是 1941 年第一次买股票，1952 年入职格雷厄姆的公司，1956 年辞职创业做代客理财。1956—1990 年的 30 年间，标普 500 指数涨了约 10 倍，年化 8% 左右，从 40 多点涨到 300 多点。1990—2023 年，标普 500 指数从 300 点涨到 4 000 多点，又是 30 多年十几倍，年化 8% 左右。

那么市场还有机会吗？

我们来回忆一下：改变大家生活方式的智能手机问世至今有多

久？只有不到 6 000 天。与人类历史相比实在太过于短暂。然而就在这短短十来年，我们的生活已经发生了惊人的变化，多少伟大企业创造了万倍的回报。

购物社交平台也是类似。10 年前你能想象一个手机软件会让生活得到如此大的改善吗？而这些软件才刚刚上线 3 000 多天。所有这些东西都是新事物。未来我们需要发展和学习的技能可以为我们指引方向，合理利用它们，会给新世界带来福祉。

再看我们，中国经济和财富增长已经进入中期高质量发展阶段，而资本市场是实体企业收入、利润的基本面映射。但上市企业鱼龙混杂，只有盈利能力极强的公司才会带来长期确定性的超预期回报，这类优质标的是稀缺的。按巴菲特的逻辑来寻找持续正向循环的成长型企业：需要企业在朝阳行业内技术和议价能力领先，市占率与市值较高，市场竞争优势明显且经营稳健无劣迹，大股东无作恶可能，毛利率与 ROE 增长持续向好，收入与利润循环至少达到五年一倍，财务结构健康，信息透明，现金流充足，上下游控价能力极强。这样的好企业是稀缺的，需要我们探寻，也值得我们陪伴。

正如前言所说，我们的居民储蓄会由现在 3% 在权益类资本市场增长到对标发达国家的平均 20%~40% 水平，这个过程必然发生且就是我们这代人的事，会像当年经商和买房一样塑造无数属于我们这代人的财富神话。

所以，中国价值投资这条滚雪球路才刚刚开始，每个时代也必然会产生自己的可口可乐、苹果、美国运通。市场充满了风险，也随时都有机遇，期待未来不确定的惊喜与惊吓的同时，如何甄别用更稳、更扎实的脚步前行是我们每个人的修行与思考。

愿每一个家庭都能有幸福美好的终局，这个目标不只是账户财富的增加，更是学习价值投资后带来的不疾不徐，活到近百岁还快快乐乐的一生值得。

"看他起高楼，看他楼塌了"的例子很多，可"会走路的书本"巴菲特依然守住了财富不是吗？因此，市场还是有机会的，普通家庭长大的男孩凭借坚韧与勤勉、正直与善良，靠着正阿尔法值和复利也成了如今富可敌国的状态。

复利追求的不只是我们的财富，更是我们生命的质量。

梦想是如少男少女初恋般的期待，而志向却是像养家糊口、孝顺父母一样，必须坚韧践行的使命与决心。

未来你一定会看到很多次股指腰斩、经济危机甚至战争，而我们是否可以保持正阿尔法值、低回撤、复利，保持平均年化26%，这看似简单的目标呢？过程一定非常难，但此刻正是修行时。

巴菲特近70年的万倍回报你应该看懂了，那么最重要的问题来了：背后的辛苦和对价值的坚守，你愿意吗？